天人之际

中国传统思想

巩宝平 著

中国文化四季

马新 主编

山东大学出版社

山东省中华优秀传统文化传承发展工程重点项目
中华优秀传统文化传承书系

课题组负责人

马　新

课题组成员
（以姓氏笔画为序）

马丽娅	王文清	王玉喜	王红莲
王思萍	巩宝平	刘娅萍	齐廉允
李仲信	李沈阳	吴　欣	宋述林
陈树淑	陈新岗	张　森	金洪霞
赵建民	贾艳红	徐思民	郭　浩
郭海燕	董莉莉	韩仲秋	谭景玉

中国传统文化是中国历史发展中物质文化与精神文化的结晶，也是人类文明史上唯一没有中断的独具特色的文化体系，是中国历史带给当今中国与世界的文化遗产。

早在遥远的旧石器时代，我们的先民为了生存，打制着各式各样的石器，也击打出最初的文化的火花。随着新石器时代的到来，以农业生产为前提的农业文明发生了，我们的先民筚路蓝缕，耕耘着文明的处女地，孕育着中国文化的萌芽，绚烂多姿的彩陶文化与精致绝伦的玉石文化是这一时代的文化地标，原始宗教与信仰、语言、审美及创世神话也纷纷出现。

进入文明的门槛后，先民们开始了艰辛的文化积淀。商周时代的礼乐文明与青铜文化代表了这一时代的杰出成就，甲骨文与金文则成为这一时代的文化符号。至春秋战国，中国文化史上的“寒武纪大爆发”开始了，无论是物质文化，还是精神文化，都进入一个创造和迸发的时代：这一时代，出现了“百家争鸣”，从孔子、老子、墨子到孙子、孟子、庄子等贤哲，无一不在纵横捭阖，挥斥方遒，发散出理性的光芒。这一时代，出现了《诗经》《楚辞》，还出现了《左传》与《国语》以及不可胜数的人文经典。这一时代，又是科学与技术的辉煌时代，铁器与牛耕技术的出现，奠定了此后2000多年中国农耕文明的基础；扁鹊的医术与《黄帝内经》的理论，成为中医药文化的基石；墨子、鲁班、甘德 、石申，启迪了我们的科学探索，民间无数的工匠们在纺织织造、建筑交通以及各种手工工艺上都进行了卓越的创造。春秋战国时代既是中国文化的启蒙时代，也是中国文化的奠基时代。

随着秦汉时代的到来，海内为一，中国文化进入凝炼时代，形成了大一统的文化特色。这一时代，不仅有了大规模的驰道、长城以及宫殿的兴建，还有了统一的度量衡与文字；这一时代，不仅牛耕技术继续向全国推进，还有了精耕细作技术，使其成为中国农耕文化的首要特征;这一时代，不仅有“独尊儒术”与经学的繁荣，也有汉大赋的飞扬与汉乐府的古朴；这一时代，商品贸易“周流天下”，工商政策与商业理论富有特色，全社会在衣、食、住、行方面的水平明显提高。生活的精致化与生活水平的不断提高，使得20世纪的权威史学家汤因比也动了想去中国汉代生活的念头。

魏晋南北朝与隋唐时代，是中国文化史上的交融与繁荣时代，周边游牧民族文化的涌入，西部世界的宗教文化及其他各种文化的东来，使这一时代形成了空前的中西文化碰撞与冲击。在此后到隋唐时代的融合发展中，实现了文化的大繁荣。道教虽产生于汉代，但其发展与传播则是在魏晋南北朝与隋唐时代；佛教也是在汉代传入，它的发展与繁荣同样是在魏晋南北朝与隋唐时代。这一时代，玄学与禅宗是思想史上的两大硕果，书法、绘画、雕塑以及音乐、舞蹈方面，更是群星闪耀，唐诗的地位在文学史上是无可替代的，唐三彩的艺术魅力同样穿越千古。这一时期的农耕文化、工商文化以及其他各文化形态也都取得了长足的发展，特别是中外文化交流之活跃、之丰富，使中国文化与外部世界的文化产生了有力互动，隋唐长安城是当时世界文明的中心所在。

宋元明清时代是中国文化的扩展时代。随着文明的进步与文化手段的变化，随着市民社会的兴起与社会结构的变化，面向民间、面向市民与普通民众的文化形态迅速扩展。宋明理学的主旨是给民众套上牢牢的精神枷锁，但是与汉代经学相比，它也是儒学民间化的一种体现。从宋词到元曲，从“三言二拍”到话本小说，再到戏剧的兴起和四大文学名著的问世，无不体现着这一特色。这一时代，既有明末清初试图开启民智的三大启蒙思想家，又有直接面向社会生产与社会生活的《天工开物》《本草纲目》以及《农政全书》。这一时代，中国文化在积淀着中国文明丰厚底蕴的同时，也在准备着自己的转身，准备着与新文化的拥抱。

从中国文化的发展可以看出，其历史之悠久、内容之丰富、价值之巨大，可谓蔚为大观，令人叹服。在新的历史时期，把握与了解这些渐行渐远的文化宝藏，并将其传承给青年一代，是摆在我们面前的世纪难题。

自 20 世纪 80 年代以来，学术界与文化界一直在孜孜不倦地去破解与完成这一难题，为此付出了艰辛的努力，推出了一批又一批面向青少年群体的“中国传统文化”类读物或教材，可谓琳琅满目，数目繁多。毋庸置疑，文化学者们的这些努力，对于研究与普及中国传统文化发挥了重要作用。但是，若作为当今面向青少年群体的普及性著作还有若干不适应之处。比如，有的著作篇幅过大，往往动辄四五十万字甚至上百万字；有的著作理论性偏强，在理论性与知识性的结合上还不够；还有的著作对有关知识点的叙述不够均衡，轻重不一。更为重要的是，随着社会主义核心价值体系建设的推进，尤其是习近平总书记所提出的对中国传统文化的“四个讲清楚”，对中国传统文化的研究和普及提出了更高的要求。为此，我们组织了 10 余所高校的相关研究人员，共同编写了这套适合当代青少年阅读的中国传统文化读物——《中国文化四季》，旨在为青少年提供一套富有时代特色的中国传统文化专题知识图书。

在编写过程中，我们深刻地感受到中国传统文化源远流长、博大精深，是中国文明 5000 年进程的辉煌结晶——既有筚路蓝缕的春耕，又有勤勤恳恳的夏耘；既有金色灿然的秋获，又有条理升华的冬藏。所以，我们以“中国文化四季”

作为总领，旨在体现5000年文明进展中最具代表性的精华篇章。在专题确定与内容安排上，也着重体现中国文化在春耕、夏耘、秋获、冬藏各个演进环节上的标志性成就。整套丛书由16册组成，包括：

《精耕细作：中国传统农耕文化》

《货殖列传：中国传统商贸文化》

《大匠良造：中国传统匠作文化》

《巧夺天工：中国传统工艺文化》

《衣冠楚楚：中国传统服饰文化》

《五味杂陈：中国传统饮食文化》

《雕梁画栋：中国传统建筑文化》

《周流天下：中国传统交通文化》

《人文荟萃：中国传统文学》

《神逸妙能：中国传统艺术》

《南腔北调：中国传统戏曲》

《兼容并包：中国传统信仰》

《天人之际：中国传统思想》

《格物致知：中国传统科技》

《传道授业：中国传统教育》

《止戈为武：中国传统兵学》

我们希望通过各专题的介绍，使读者既可以有选择地了解中国传统文化的有关知识，又可以全面地把握传统文化的基本构成。

为适应青少年的阅读需求，我们吸取了以往此类图书的优点，尽量避免其缺陷与不足。在全书的内容设计上，打破了传统的章节子目式的编排方式，每章之下设置专题，以分类叙述各门类知识；在写作时，尽量避免以往一些读物的“高深”与“生冷”现象，以叙述性文字为主，做到通俗、易懂、生动;另外，各册都精心配备了一些与各章内容相对应的中国传统文化图片等，做到了图文并茂。

需要说明的是，这套丛书作为“中华优秀传统文化传承书系”被纳入山东省“中华优秀传统文化传承发展工程”重点项目，得到中共山东省委宣传部和有关专家的大力支持与指导 。为不负重托，我和 20 余位中青年学者共同合作，以对中国传统文化的挚爱为基点，精心施工，孜孜不倦，以打造一套中国传统文化的精品作为出发点和最终目的。全书首先由我提出编写主旨、编写体例与专题划分；各专题作者拟出编写大纲后，我对各册大纲进行修订、调整，把握各专题相关内容的平衡与交叉，以更好地体现中国传统文化的四季风情；然后交给各专题作者分头撰写初稿；初稿提交后，由我统一审稿、统稿、定稿，并补充与调整书内插图。这套丛书若能蒙读者朋友错爱，起到应有的作用，功在各位作者；若有缺失与不足之处，我当然不辞其咎。

我们由衷地希望通过全体作者的努力，使本书不再只是枯燥乏味的知识叙述，而是青少年真正的学习伙伴，让中国优秀传统文化能够浸润到每一个青少年的心灵深处。

马 新

2017 年 3 月于山大高阁书斋

目錄

概　述

第一章　先秦诸家

第二章　两汉经学

第三章　魏晋玄学

第四章　隋唐佛教

第五章　宋明理学

第六章　明清实学

第七章　近代思潮

1

概述

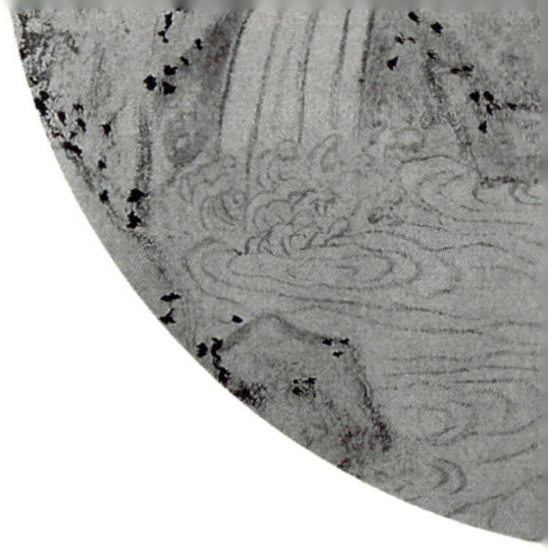

中国传统思想源远流长，体大思精，是中华民族传统文化的核心。在数千年的思想发展过程中，各种思潮与观点相靡相荡，相争相融，评短论长，思想家们探讨各种具有鲜明时代与民族特色的思想范畴，具有重要的历史贡献与理论价值。中国传统思想史承载着探究天人之道，明晰古今事物之理，弘扬世间真善美德，谋求生民万世太平的任务，需要去糟取精，去伪存真，古为今用，在前人的研究基础上，将中华传统思想之精华发扬光大，为重建文化自信、文化强国寻找历史哲学上的理论启迪与精神资源。

中国传统思想渊源有自，早在4000年前中原地区就产生了巫史文化和敬神鬼天地的思想。至西周时期，又诞生了更为成熟的礼乐文明，并被记载在《诗》《书》《礼》《乐》《易》等文化元典中，成为后世思想发展的渊薮。春秋战国时期，随着西周东迁，分封衰败，周天子威权旁落，诸侯互斗争霸，各国变革蜂起，礼乐文化陷入崩坏。士人四处流散，或隐于一隅，潜心旧学；或设帐授徒，传播新解；或四处奔走，实践治道。他们在学术理论上互相交流和批判，某些观点尖锐对立，争鸣不已，涌现出了孔子、老子、墨子、孟子、庄子、荀子、韩非子、孙子、惠施、公孙龙等杰出的思想家，形成了儒家、墨家、名家、法家、道家、兵家、阴阳家、杂家、纵横家、小说家、农家等不同学派，从而迎来中国历史上第一个思想启蒙与解放运动。他们探讨天人、道德、义利、王霸、仁礼、德刑等理论范畴，寻找“治国、平天下”的大道，充满经世致用的现实关怀和以道自任的理想情怀。先秦之后，中国思想家围绕天人之道、万物之理两大主题展开，谈论天道、人道、鬼神之道，分析名理、玄理、性理之义，离不开上古至东周时期“六经载道，诸子谈理”所确立的核心范畴与思想基础。可以说，一部中国传统思想史就是先秦思想的衍生和扩展史。

秦汉时期，中国走向政治、经济和思想、文化的大一统局面。自汉武帝“罢黜百家，表章六经”，将儒学上升为政治意识形态之主导，尊儒之风渐盛，儒家所推崇的《易》《书》《诗》《礼》《春秋》《论语》《孝经》等先后被奉为“经”，

研究这些经典的“经学”由此而生，并在西汉后期演化为今文经学与古文经学两个支派。两派互相争锋，此消彼长，大致经历了今文经学一枝独秀，今、古文经学两家争鸣，谶纬思潮影响下的经学，以及今、古文经学合流的过程。汉代经学为大一统政治提供了宝贵的理论指导，提升了儒学的地位，具有重要的历史贡献，但它依靠政治、依托阴阳五行说将儒学不断地政治化、神秘化，存在很大的理论缺陷，故在东汉末走向衰落。今古文经学仍以其他的形式延续并影响着之后历代学术与政治。

承经学发展之敝，魏晋玄学顺势而起，成为汉唐之间的重要思潮。魏晋玄学名士学主道家，兼综儒佛，阐发《周易》《老子》《庄子》等哲学经典的玄妙之理，并以玄学观点来解释儒学。魏晋玄学大致经历了正始玄学、竹林玄学、西晋玄学几个发展阶段，涌现出何晏、王弼、嵇康、阮籍、向秀、裴頠、郭象、张湛、僧肇等一批著名的思想家，他们通过解说古代经典、清谈辩论、撰写玄言诗文等方式，讨论天人、有无、本末、动静、声乐、自然、名教等思想范畴，阐发儒、道思想新义，提出“名教即自然”“越名教而任自然”“名教自有乐地”“自然即名教”等观点。魏晋玄学一扫两汉经学的神秘与繁琐之弊，弘扬人性自由，追求玄妙之理，探求自然之道，丰富和提升了中国本土思想的理论范畴与思辨水平，为中国本土思想的发展和中外文化的互鉴做出了巨大的贡献，是中华传统思想文化儒、释、道三足鼎立格局最终形成的关键环节。

隋唐时期，我国结束了长期的纷争与动乱，又迎来一个大一统时代。得益于魏晋时期儒、释、道的初步融合与士庶的广泛支持，佛教进入一个佛学人才辈出、佛经传译、宗派纷立的高峰期。天台宗、三论宗、法相宗、华严宗、律宗、净土宗、禅宗、密教等八大宗派先后创立，兴盛一时，提出“法界缘起”“三谛圆融”“一念三千”“八不中道”“四重二谛”“六相圆融”“见性成佛”“念佛往生”等理论命题，形成相对严整、体系分明、特色显明的中国化佛教宗派，并不断外传，影响广远，成为佛教发展的显著标志和突出成就，是隋唐时期思想园地中的一

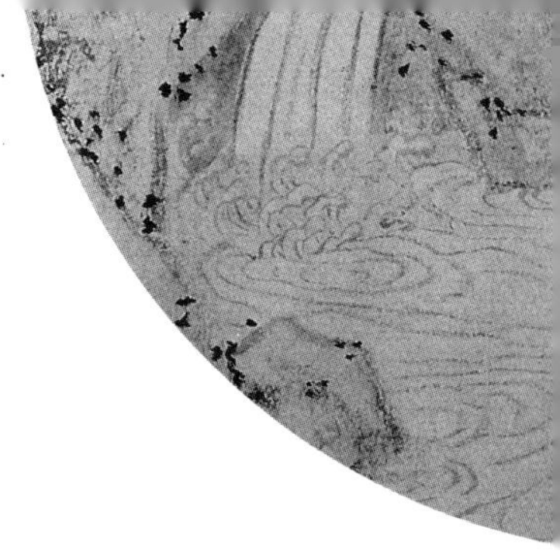

朵奇葩。除了汉传佛教之外，藏传佛教也得到长足发展。佛教在隋唐独领风骚，登峰造极，尽管至唐代后期转衰，盛势难再，但其精妙义理，特别是有关心性之说、修性之法等，依然深深地影响着中国思想文化发展的走向，为宋明理学的兴起提供了重要的理论参考资源。

接续中唐之后儒学复兴的潜流，经过一批儒者前赴后继的努力，理学终成为宋辽金元明时期的主流思潮。理学家以接续道统自任，传承和化用儒家传统文化资源，融合佛、道思想，探讨理、心、性、气、欲、道、太极、知行、义利、善恶、道器、静、敬、工夫与本体、格物与致知等议题，宣扬儒学“内圣外王”的主张，涌现出周敦颐、张载、二程、朱熹、陆九渊、陈献章、王阳明、刘宗周等一批杰出的思想家，其中又以程朱理学与陆王心学最有影响力，是理学的核心。他们集中探讨性即理、心即理，论述理与气、理与性、理与心、理与物等不同思想范畴的关系，并在理学内外互相争鸣，如鹅湖之会、王霸义利之辩、王学后派内部之争等，推动了儒学的发展和儒、道、释融合的进程，成为中国传统义理思想、思辨精神发展至巅峰的代表，具有重要的历史贡献和思想价值。当然，理学因其自身存有某些理论缺陷，加之在后学的演绎与发展中流于空谈性理，蹈空务虚之弊日显，故在明代后期和清初，学界出现对理学的批判和修正的潮流，纠正其弊，实学思潮由此而兴。

从明朝中期至清代中期，学界针对阳明心学、程朱理学末流的空疏学风，提出批评与修正，兴起一股由虚返实、经世致用的实学思潮，经历了兴起、发展、高峰和衰落四个阶段，持续数百年，影响广远。在实学思潮中，学界先后产生了东林学派、泰州学派、蕺山学派、颜李学派、乾嘉学派等学术群体，涌现出一批杰出的思想家，如罗钦顺、王廷相、高攀龙、孙奇逢、黄宗羲、方以智、傅山、顾炎武、王夫之、李颙、颜元、戴震等。他们提出“实体”“实理”“实政”“实教”“实心”“实念”“实才”“实功”“实言”“实行”“实习”“实践”“实用”“实风”等充满崇实色彩的观点，并从本体论、认识论、方法论、世界观、

事理论、理气论、知行论、实践论、修养论等不同角度，纠正当时空虚学风之弊，提倡去虚而务实，主张研习和践行有益身心、启蒙思想、利国利民的致用之学。明清实学思潮逆宋明理学发展之流而上，力纠其弊，既是反理学的产物，也是对理学发展的有益补充。它弘扬传统文化中学以致用的优良传统，修正与完善宋明理学，荡涤传统礼教中的陈腐思想，促进思想解放，崇实黜虚、勇于批判的精神激励后学，为今人留下一笔富贵的精神财富。

从 1840 年鸦片战争至辛亥革命这一段时间，列强入侵，国门大开，清政府被迫对外开放，旧有制度与文化渐渐衰败没落，新生事物不断涌现，如海水般潮起潮落，激荡着国人的头脑。一批有识之士开眼看世界，学习西方文化，从器物、制度和思想等不同层面步步深入，不断地反思和改良中国传统，寻求救国救民之路。魏源、严复、张之洞、康有为、梁启超、孙中山等一批思维敏锐、见识卓远的思想家、改革家应运而生。他们先后提出“师夷长技”“中体西用”“托古维新”“启蒙与革命”“民主共和”等主张，各种观点你方唱罢我登台，形成林林总总的思潮，涌动在古老中国的大地上，时沉时浮，此消彼长，影响深远。

综上可见，中国传统思想经历先秦诸子争鸣、两汉经学、魏晋玄学、隋唐佛学、宋明理学、明清实学、近代思潮等不同发展阶段，形成每个时代的鲜明思想主题与主流，而在不同时段的思想潮流汹涌澎湃中，不同学派之争和学派内部之间相争相融杂糅其中，政治势力与学术之间一张一弛，外来文化与本土文化的相靡相荡，相互影响，共同推动中国传统思想的革新除旧和向前发展。

在中国传统思想史上，思想家们围绕天人、古今、有无、动静、一两、体用、损益、形神、心物、名实、知行、性情、义利、理势、经权、力命等理论命题，提出“天人合一”“厚薄古今”“轻重有无”“动静相宜”“万物一马”“理一分殊”“明体达用”“亦损亦益”“形神分合”“心物不二”“知行相成”“知行合一”“性情之辨”“重义轻利”“循理顺势”“经权之变”“尊命黜力”等主张，集中地体现出中华文化尊道贵德、明理笃行、中道而行、情理合一等民族特点。

传统思想历经千年的洗汰与熔炼，至今仍然精糟并存，需要我们博学审问，明辨慎思，去糟存精，去伪存真，发扬其粹。中国传统思想史的根本任务是探究天人之道，明晰古今事物之理，弘扬世间真善美德，谋求生民万世太平，即所谓“究天人之际，通古今之变”[①]，“明明德”“止于至善”[②]，“为天地立心，为生民立命，为往圣继绝学，为万世开太平”[③]。中国传统思想既是精义入神、利用安身的为己之学，如儒家的“成仁取义”、道家的“道法自然”、佛家的“慈悲为怀”等思想，可以陶冶情操，提升德智。同样，它也是正德厚生、兼善天下的为人之学，所以“以天下为一家”[④]、“四海之内皆兄弟”[⑤]、“保天下者，匹夫之贱与有责焉耳矣”[⑥]等先贤的叮咛，充满开放与担当精神，被无数仁人志士奉为座右铭。

---

① 《汉书·司马迁传》，中华书局 1964 年版，第 2735 页。

② （元）陈澔注：《礼记集说·大学》，上海古籍出版社 1987 年版。

③ （清）黄宗羲著，全祖望补修：《宋元学案》卷十七《横渠学案上》，中华书局 1986 年版，第 664 页。

④ 《礼记·礼运》。

⑤ 杨伯峻译注：《论语译注·颜渊》，中华书局 2006 年版。

⑥ （清）顾炎武著，黄汝成集释：《日知录集释》卷十三《正始》，上海古籍出版社 2006 年版，第 757 页。“天下兴亡，匹夫有责”即由此语转化而来。

第一章 先秦诸家

先秦时期是中华文明和思想的草创期和奠基期，大致分为夏商西周和春秋战国两个时段。前者产生了由巫史主导、以六艺之学为核心的礼乐文化，后者产生了以反思、继承和批判礼乐文化为基调的诸子之学。

夏商西周时期是中华文明曙光初露之时，诞生了礼乐文化。礼乐文化在本质上是王官贵族文化、圣王治政之学，所谓“礼不下大夫”“移风易俗莫善于乐，安上治民，莫善于礼”，它追求“正德利用厚生”“道洽政治”，希望天下太平，充满淑世的情怀。这种思想集中地体现在《易》《书》《诗》《礼》《乐》《春秋》等早期元典，深深地影响到后来的中国思想的进程与演变轨迹。后人将这些元典称为“经”，并云“五经则海”“六经譬则山海”，形象地点明了先秦元典在整个中华思想文化发展史上的重要地位和巨大价值。

春秋战国时期是中华文明旭日东升之时，诞生了诸子文化。在理论上，诸子文化本源于“六经”之学、礼乐文化，即“今异家者各推所长，穷知究虑，以明其指，虽有蔽短，合其要归，亦《六经》之支与流裔”[①]，不管是批判还是颂扬，都离不开对“六经”之学的继承。在政治上，诸子文化与诸侯争霸称雄的时局相关，即“皆起于王道既微，诸侯力政”。当时天下共主、分封而治的制度转衰，礼坏乐崩，一切都面临着革故鼎新。士人作为西周时期的低级贵族，担负着重释“六经”元典、重建传统礼乐文化的时代使命。他们授徒讲学，分门立派，将经典与礼乐文化传授到社会各个阶层，希望能得君行道，大济苍生，所谓“九家之术蜂出并作，各引一端，崇其所善，以此驰说，取合诸侯”[②]，由此形成诸子蜂起、百家争鸣的局面，迎来中国传统思想发展的第一个高峰。

诸家学派中，比较突出的有儒家、墨家、名家、法家、道家、兵家、阴阳家、杂家、纵横家、小说家、农家等，其中又以儒、墨、道、法四家为主，其他学

---

①《汉书·艺文志》。

②《汉书·艺文志》。

派则环绕其外，构成传统思想的大致格局。先秦诸子弘扬人文与理性精神，经历了由天到人、由道而德的变化，探讨了天人、道德、义利、王霸、仁礼、德刑等思想范畴。诸子百家继承优良的淑世传统，重点讨论如何使民众安居乐业、国家富强文明、天下归于太平，探讨“务为治”之道。当然，在具体实现方式上，各家主张不尽相同，出现道家的自然无为、儒家的“明德慎罚”、墨家的“兼爱天下”、法家的“法术相成”等观点，其他兵家、名家、阴阳家、杂家等各派在军事、辩论、逻辑、思维方式、学术趋势等方面展开富有特色的论述，进行积极的思想建构。他们提出的主张虽多不同，甚至互相攻讦，彼此争鸣，但“一致而百虑，同归而殊涂”，都是有识之士在乱世中寻找“治国、平天下”的大道，貌异实同，相反相成，所谓“其言虽殊，辟犹水火，相灭亦相生也”。各派思想家充满经世致用的现实关怀和以道自任的理想情怀，对后世的思想发展和政治社会的运行产生了深远的影响。在传统思想发展的历史上，每到一个关键的转型阶段，人们都会不约而同地回眸 2000 多年前的春秋战国时期，从诸子百家之学中汲取理论养分和智慧启示，为返本开新、继承发展新时代下的中国文化思想奉献出适应政治社会之需的理论与精神产品。

对于先秦时期的六艺之术和诸子百家，《汉书·艺文志》云“若能修六艺之术，而观此九家之言，舍短取长，则可以通万方之略矣”，诚哉良言。事实上，诸子百家对于六艺之学和礼乐文化，又何尝不是“舍短取长”，在反思、批判和摒弃旧学之短处，发扬、肯定并汲取旧学之长处，从而成为一家之说，守先待后，继往开来，成为一个时代思想与文化的巨子和高峰。在之后的 2000 多年思想文化发展历程中，礼乐文明与诸子之学成为源头活水，为历代思想家提供取之不尽、用之不竭的理论资源与精神动力。

一、儒家学派

儒家学派形成于春秋末期，创始于孔子（见图 1–1）。因孔子出身为人相礼的儒者，又提倡君子之儒，因而得名“儒家”。儒家思想具有深厚的历史渊源，商周时期就有专门的儒者为人相礼，是当时君王教化政治的重要组成部分。如《汉书·艺文志》所言：“儒家者流，盖出于司徒之官，助人君顺阳阳、明教化者也。”孔子本为儒者，下层士人，但他顺应春秋时期士人地位上升的时代发展潮流，援引仁道来阐释礼乐文化，提倡君子之儒，使儒者的文化内涵与外延得到扩展，后经弟子发扬光大，最终形成儒家学派。儒家主张通过修习“五经”、六艺，继承与弘扬商周礼乐文明，教导士人学习君子之道，践行仁礼，“修身、齐家”，“尊尊、亲亲”，治理国家，和谐万邦，是一门讲伦理与政治关系的学问。即如《汉书·艺文志》所言：“游文于《六经》之中，留意于仁义之际，祖述尧、舜，宪章文、武，宗师仲尼，以重其言，于道最为高。”

图 1–1 孔子像

和世界上所有学派一样，在祖师孔子去世之后，儒学内部经历了分裂与变化，史载战国时期儒家分为八派，其中对后世影响最大的是孟子和荀子两派。孟子主张人性本善，提出仁、义、礼、智“四端”说，推崇仁义之政等。荀子主张人性本恶，提出以礼美身、美政、美俗的理想，推崇隆礼重法的治国策略等。在孟子、荀子之后，历代擎起儒学大旗、继续弘扬儒道的人不计其数，如董仲舒、韩愈、二程、朱熹、陆九渊、王阳明、顾炎武、龚自珍等，在学统、道统、政统上追求平衡和中正，而其学问的主旨不外乎孔子所提倡的君子之道，如仁义

礼智、尊尊亲亲、明德慎罚、执两用中等。他们确立一家之说，只是在先秦儒学的核心理念这个基础之上，根据时代需求的变化，加以增益和扩展。下面我们从创始者孔子其人其学入手，大致了解一下儒家思想的要义。

孔子（前 551 ～前 479 年），名丘，字仲尼，春秋时期鲁国陬邑昌平乡阙里（今山东曲阜）人。孔子的祖先原为宋国贵族，因政治避难，迁至鲁国。孔子一生凄苦，出生后不久父亲去世，少年与寡母相依为命，未及成年母亲亡故，晚年连失妻儿、爱徒。及至成年，孔子也是人微言轻，地位卑贱，做过看管仓库、牧场等鄙事，不时遭人冷眼，备尝生活艰辛。但孔子穷而弥坚，少怀梦想，有志于“克己复礼”“天下归仁”，从 15 岁开始学习礼乐文化、道艺之术，30 岁学有所成，之后大部分时间都在招纳生徒，四处讲学，游说国君（见图 1–2），传播仁、义、礼、智之学，提倡士人做君子之儒。在长达 10 余年的游历诸国之后，孔子返回家乡，从事教育、整理历史文献等活动。在去世之前，他都念念不忘自己追求一生的大道，大叹“天下之无道久矣，莫能宗予”。那么，孔子念兹在兹的“道”究竟是什么？它与孔子思想有什么样的关系呢？

图 1–2　周游列国（清·焦秉贞《孔子圣迹图》）

春秋以降，随着社会政治结构的转型，阶层流动异常频繁，士人地位不断上升，表现尤其明显。作为士人之列的儒者也是如此，其中鲁国儒者孔子与时俱进，授徒讲学，游说君王，呼吁士人与当政者“克己复礼”“天下归仁”“为政以德”“一言而可以兴邦”，从而使儒的内涵由相礼之艺向君子之道转化。进而言之，孔子儒学的核心思想包括仁

爱、中庸、礼义，一以贯之的线索就是君子学道爱人。所谓学，就是要学早期元典、礼乐文化，即“六经”、六艺，为修身治世打下坚实的知识基础。所谓道，就是仁、义、礼、智，即讲信修睦之道，是人之为人的根本，为修身治世的道义之基。所谓爱，就是真诚的仁爱、合礼的敬爱、正义的爱、理智的爱，分自爱、爱人、泛爱万物。所谓人，就是周围亲友同人、普通大众、黎民百姓。孔子的思想是入世之学，是为治理当时乱世而提出的政治哲学，冠名以道。只是在乱世争雄的诸侯国中，各国更多遵循弱肉强食、适者生存的丛林法则，宣扬仁爱、礼义显得有些不合时宜。但孔子儒家“为政以德”、仁礼治国之道被历史证明是治理太平之世不可或缺的部分，后世汉武帝“罢黜百家，表章六艺”，尊崇儒学，以经术治国，迎来中国古代第一个强盛时代，就是明证。

孔子开创的儒家学派和思想被后人继承和发扬，培养了无数德才兼备的文化巨子、思想大家和栋梁之才。2000 多年以来，无数儒家立志于学道爱人、立己立人、达己达人、修己安人、淑世治政，以仁、义、礼、智来修养人心，正德、利用、厚生，希望在此生立功、立德、立言，追求“为天地立心，为生民立命，为往圣继绝学，为万世开太平”[①]，在不断奉献中达到一种人生的永恒与不朽。同时，它又提倡“中庸”“中正”“中和”“先义后利”“明德慎罚”“明体达用”“天人分合”“知行合一”“礼敬有道”“用行舍藏”“进退有法”等思想，追求合情合理的处事之道与待世态度，是中华民族宝贵的精神财富，值得格外珍惜与弘扬。

二、道家学派

道家学派形成于春秋末期，创始于老子，因其主张道为万物本源，以道考察万物，故得名“道家”。道家思想渊源久远，《汉书·艺文志》载“道家者流，

① （清）黄宗羲著，全祖望补修：《宋元学案》卷十七《横渠学案上》，第 664 页。

盖出于史官”。史官是商周巫史文化、礼乐文明的重要组成部分。老子曾为“柱下史”，对于历史与时事都了如指掌，为他创立思想深邃的道家学说奠定了坚实的基础。在老子之后，杨朱、庄子、宋钘、尹文子、彭蒙、田骈、慎到、环渊等人从不同方面深入继承和扩展老子的道论，形成杨朱、庄周、黄老等不同支派，使道家学派逐渐壮大，蔚然可观。道家思想对后世政治、宗教、玄学、隐士文化等都产生了深远的影响，是中国传统文化的支柱，至今仍发挥着重要作用。下面从道家创始者老子其人其书入手，大致了解一下道家思想的要义。

图 1–3　宋・晁补之《老子骑牛图》

老子，姓李，名耳，字聃（dān），春秋末年楚国苦县（今河南鹿邑）人。据史载，老子曾作过周朝的“守藏室之史”，管理国家图书典册，了解商周礼乐文明，掌握的知识比较丰富。所以从思想渊源上来说，道家的根底要比其他诸家更深厚些，后人将道家的起源追溯到黄帝、伊尹、太公等人，也有一定的道理。后来，老子目睹乱世，怀着外游归隐的念头，离家外出，独骑青牛，向西远行。中途经过函谷关时，他被守关的令尹喜挽留，受邀写下 5000 余言，即传于后世的《老子》一书。之后，老子继续西行，一去不还，莫知所终。（见图 1–3）

《老子》的成书年代在学界多有争议，一般认为《老子》由老子本人执笔、初定，经过后人的修改、完善，最终成书于战国中晚期，但其思想在春秋末年即流传于世。全书 5000 余字，分上、下两部分，共 81 章，前 37 章讲道，后 44

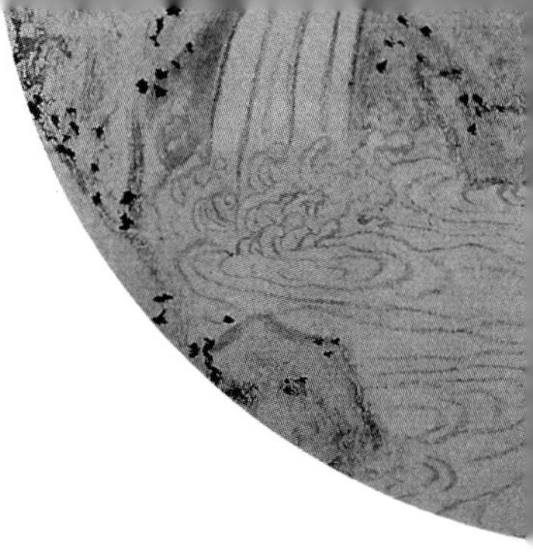

章讲德，因此又被称作《道德经》。20 世纪 70 年代出土的汉代帛书《老子》，虽将讲德诸章放在讲道诸章之后，但大意与传世本的《老子》并无迥异。全书既讲天道、人道，又讲玄德、上德，更多的是合起来讲人间的圣人如何取法自然之道、推行天道，成就“生而不有，为而不恃，成功不居”的玄德，以修身治世。所以“道法自然”是理解老子思想的关键所在。我们看到老子常常用自然万物（弯弓、婴儿、飘风、忽雨、川谷、江海等）比喻道之所在。比如：谈到“柔胜刚，弱胜强”之道时，就以流水为例，指出“天下莫柔弱于水，而攻坚者强莫之能胜，以其无以易之。弱之胜强，柔之胜刚”[①]。当然，老子还引用其他例子如人的生死来说明这个道理。如《老子》第七十六章中所言：“人之生也柔弱，其死坚强。草木之生也柔脆，其死也枯槁。故坚强者死之徒，柔弱者生之徒。”在此基础上，他引申发挥，总结出君王治兵、治国、治天下之道，所谓“兵强则灭，木强则折。强大处下，柔弱处上”[②]，“将欲歙之，必固张之；将欲弱之，必固强之；将欲废之，必固举之；将欲取之，必固与之，是谓微明。柔弱胜刚强”[③]。在老子看来，各国君主如果是取法“柔弱胜刚强”之道的圣人，他们就不会以强兵立国，而是适当地主动向他国显示弱点，保全自己的实力，同时暴露对方的缺点，让他们众叛亲离，然后自取其亡。从老子讲“柔弱胜刚强”的道理上，我们看到他既能很快领会到早年学界前辈的启发，同时又能举一反三，触类旁通，是一个聪明且善于学习的人。

通观《老子》全书，除了“道法自然”之外，还有两类关键词可以帮助我们理解老子讲天人之道、明玄德上德的思想。第一类是“无”“不”等否定性词汇。《老子》全书都在教诲世人学会从反面去观察世间万物，从首章的“无名，天地始”至末章“圣人不积”“天之道，利而不害。圣人之道，为而不争”，包括中

---

① （春秋）李耳撰，朱谦之校释：《老子校释》第七十八章，中华书局 1984 年版。

② 《老子》第七十六章。

③ 《老子》第三十六章。

间的其他各章，都在谈如何从反面看问题。如："生而不有，为而不恃，长而不宰"（第十章）的玄德，"夫唯不争，故天下莫能与之争"（第二十二章）的人道，"不争而善胜，不言而善应，不召而自来"（第七十三章），等等。第二类关键词是"正言若反"。《老子》一书充满辩证思维，大量论述两个相反的思想范畴或事物之间互相转换的道理，所谓"有无相生，难易相成，长短相形，高下相倾，音声相和，前后相随"。类似这样的例子比比皆是。如"圣人后其身而身先，外其身而身存。非以其无私邪？故能成其私"（第七章），"天下万物生于有，有生于无"（第四十章），等等。从道法自然、虚无、正反三个角度了解老子思想，可得窥其大概，而这种角度同样适用于对道家其他人物如庄子等思想的考察。

老子第一次系统地将道作为最高的哲学思想范畴提出来，全面阐述天人之道和人间玄德，影响巨大。单就道家而言，后来的杨朱、庄子、黄老道家以及由道家衍生的道教，都在修道葆身、道法自然、以柔克刚、以退为进等方面发挥了老子的学说。如杨朱学派提出"贵己""重生"思想，在某种意义上是对老子"以其无私，故能成其私"和"贵大患若身"思想的片面阐发。庄子追求"道之真以治身"、心灵皈依自然、以道观万物等观点也是对老子"道法自然"及以道"修之身，其德乃真"等思想的发挥。黄老道家讲以"道法治国"，则是对老子"无为无不为，取天下常以无事""以正治国"思想的拓展。通过老子的首倡和后学的发展，道家思想之树得以不断生长，在战国末年已经根深蒂固，枝繁叶茂，高耸参天，蔚然可观。

道家思想对秦汉之后中国传统文化的影响巨大，从帝王谋略、治国，到士人修身养性，再到本土道教的形成，乃至普通人的养生理念与思维方式，都与道家思想有莫大的关联。至今，在每个中国人的文化理念中，仍不时闪现着道家思想的影子，如"道法自然"、为人谦卑、以柔克刚、无为而为、利而不害，等等。英国学者李约瑟曾说："中国人性格中有许多最吸引人的因素都来源于道

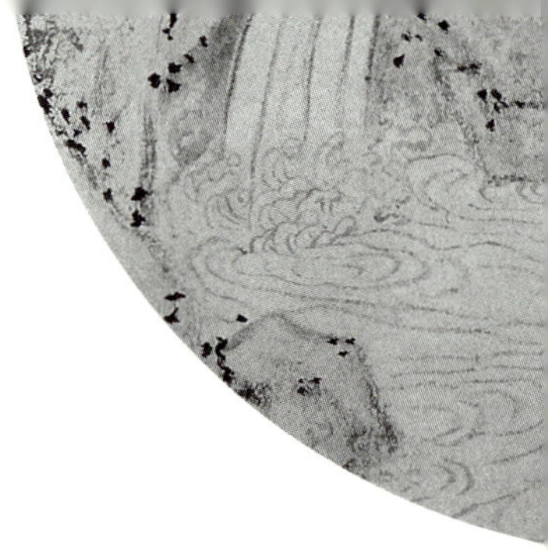

家思想。中国如果没有道家思想，就会像是一棵某些深根已经烂掉了的大树。”[①]事实的确如此。

三、名家学派

名家学派形成于春秋末期，创始于邓析。因邓析擅长刑名之术，较早地探讨名实关系、辩论是非，故名家又称“辩者”“刑名家”。名家思想的历史渊源颇深，与商周礼乐文明有直接的关系。《汉书·艺文志》载：“名家者流，盖出于礼官。古者名位不同，礼亦异数。”

春秋战国时期，诸子游说，百家争鸣，如何通过梳理概念、辨清名实来说服对方是一项非常重要的技能。由此催生了一批推崇辩论、探讨名与实关系的辩者，如邓析、惠施、公孙龙、毛公、桓团、尹文等，后人统称他们为“名家”。名家内部主要有合同异、离坚白两派，代表人物分别是惠施与公孙龙。

名家以推究、辩论名实关系为中心，擅长名词概念的分析，最早一批名家往往精通刑法。“名”指称事物的名称、概念，“实”指与名相对称的事物。名家在解释概念与事物的辩论中，提出一些似非而是、模棱两可的观点，以辩论说服、胜过对方为目的，所谓“饰人之心，易人之意，能胜人之口”[②]“合同异，离坚白，然不然，可不可，困百家之知，穷众口之辩”[③]。从名家倡始人邓析至后来的惠施，都是如此。《吕氏春秋·离谓》中记载：邓析公开招生，传授人们利用法律的漏洞来打赢官司的方法，他的教学特点就是“以非为是，以是为非，

---

① [英]李约瑟等：《中国科学技术史》第2卷《科学思想史》，科学出版社、上海古籍出版社1990年版，第178页。

② (清)郭庆藩撰，王孝鱼点校：《庄子集释·杂篇·天下》，《新编诸子集成》本，中华书局1982年版。

③ 《庄子·外篇·秋水》。

是非无度，而可与不可日变。所欲胜因胜，所欲罪因罪”。后人评价他“操两可之说，设无穷之辞”[①]。这种泯灭是非界限、无可无不可的相对主义思想，被以后的名家惠施所继承。

惠施（约前370～前310年），宋国人，战国中期名家代表人物，后人尊称其为惠子。他的一些事迹特别是与时人的辩论和某些观点被《庄子》《荀子》《韩非子》《战国策》《吕氏春秋》等书收录，尤以《庄子》为多。其中《庄子·天下》篇的“历事十物”（亦称为“惠施十事”）集中反映了他的思想。“历事十物”是指考察事物的十大命题：（1）“至大无外，谓之大一；至小无内，谓之小一。”（2）“无厚，不可积也，其大千里。”（3）“天与地卑，山与泽平。”（4）“日方中方睨，物方生方死。”（5）“大同而与小同异，此之谓小同异；万物毕同毕异，此之谓大同异。”（6）“南方无穷而有穷。”（7）“今日适越而昔来。”（8）“连环可解也。”（9）“我知天之中央，燕之北、越之南是也。”（10）“泛爱万物，天地一体也。”从这些命题来看，惠施认为世界上没有绝对的同异、大小、高低、中睨、生死、来往。所谓“天地一体”，表现出一种鲜明的相对主义色彩，后人将其归纳为“合同异”。抓住相对主义这个关键词，我们就可以理解惠施的“合同异”思想及其他类似观点，如“矩不方，规不可以为圆。凿不围枘。飞鸟之景未尝动也。镞矢之疾，而有不行、不止之时”等，它们与邓析的“操两可之说”如出一辙。

与惠施强调现实的相对性、忽略事物差别的主张不同，在名家内部还有一派强调名称的绝对性，主张重视事物的差别，代表人物是公孙龙。公孙龙（约前325～前250年），字子秉，赵国人，战国晚期名家翘楚。从现存《公孙龙子》一书来看，他强调不同事物的区别，突出事物的各种差异，著名的观点有“离坚白”“白马非马”。“离坚白”是说明“坚”与“白”这两种属性互相分离，不能同时并存于某一事物之中。以石为例，人们通过眼睛只能看到它的白色，但

---

① 杨伯峻撰：《列子集释·力命》，《新编诸子集成》本，中华书局1985年版。

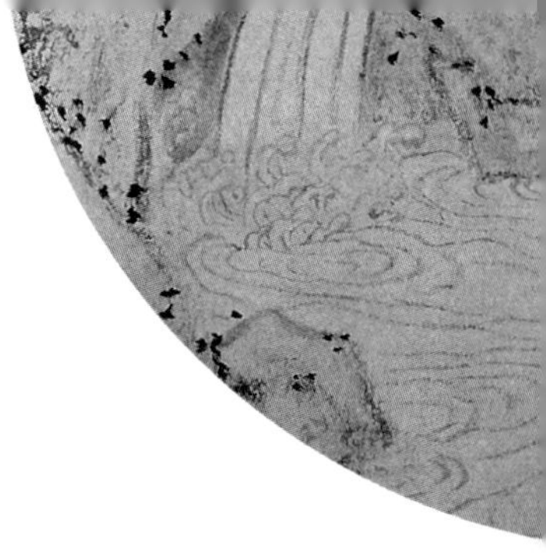

不知它的硬度，通过手掌只能感知它的硬度，而无法感知它的白色。眼睛、手掌各司其职，彼此独立。而且“坚”“白”是很多其他事物也具有的属性，石头只是石头，“坚”“白”是独立于石头之外的存在。从这两个意义上来说，坚硬、白色是分离为二的属性，没有直接的必然联系。依照这种逻辑，公孙龙认为“白”“马”“白马”三者两两之间存在颜色与形状、共性与个性、本质与形体的差别，由此推论得出“白马非马”的观点。

公孙龙通过深入分析概念、穷究其差别而得出的结论很难被人们接受，引起不少争论，他与时人辩论“白马非马”的故事流传至今。事实上，“离坚白”“白马非马”等观点只是论者在概念上偷梁换柱，从根本上割裂了一般与个别、共性和个性的关系，充其量不过是一种高级的文字游戏，可以在一定程度上起到训练思辨能力和口才的作用，达到在辩论中“持之有故，其言之成理”“控名责实，参伍不失”。它强调事物名称和属性上的绝对差别，而忽略事物实际的相同之处，与惠施强调现实的相对性而无视事物名称和实际的差别一样，都是一种片面的看法，经不起严格的推敲和事实的验证。所以，后人批评他们的论辩“不法先王，不是礼义，而好治怪说，玩琦辞，甚察而不惠，辩而无用，多事而寡功，不可以为治纲纪”[①]，有“苛察缴绕，使人不得反其意，专决于名而失人情”[②]的流弊。

名家在战国兴盛一时，秦汉之后，中国传统思想被儒、道、法家所主导。儒家提倡“敏于行而讷于言”，反对“巧言令色”；道家主张“知者不言”“道可道非常道，名可名非常名”；法家则视辩说者为“国之蠹虫”。所以，崇尚辩论、穷究名实关系的名家就基本销声匿迹。直到近代，在西方逻辑学传入我国之后，名家才又被现代学者重视起来，将它视作中国本土逻辑学的发端者，其价值逐渐得到发扬。

---

① (清)王先谦撰，沈啸寰、王星贤点校：《荀子集解·非十二子》，《新编诸子集成》本，中华书局 1988 年版。

② 《史记·太史公自序》，中华书局 1959 年版。

四、兵家学派

兵家学派形成于春秋末期，创始于孙武（见图 1–4）。他的著作《孙子兵法》传于今世，论述用兵之道，开启传统兵学理论之先河，标志着兵家学派的诞生。兵家思想同样有深远的历史根源，与姬周礼文化密切相关，史载“兵家者，盖出古司马之职，王官之武备也”[①]。

春秋战国时期，随着各国兼并战争的激增，兵家辈出，如孙子、司马穰苴、孙膑、吴起、范蠡、尉缭等。同时兵学理论著作猛增，形成四大流派：兵权谋、形势、阴阳、兵技巧。它们在内容上各有侧重，兵权谋多讲军事思想、战略策略，兵形势专论用兵之形势，兵阴阳类以阴阳五行、鬼神说论用兵之道，兵技巧类以论兵器和技巧为主，其中兵权谋派对后世的影响最为深远。一般认为，兵家以研究用兵之道为旨，包括战略、战术两大部分。兵家的开山之作《孙子兵法》主讲用兵的谋略和原则，也论及虚实、形势、技巧等其他方面，较全面地论述了兵家理论的精华，所以被称作“兵家圣典”。下面从兵家始祖孙武和兵学圣典《孙子兵法》中略窥兵家思想的要义。

图 1–4　孙武像

孙武（约前 545 ～约前 470 年），字长卿，春秋末期齐国乐安（今山东广饶）人，著名军事家、政治家，被后人尊称为孙子。他出生于齐国一个尚武的贵族家庭，祖上曾因军功受封乐安，受赐“孙”姓。后因逃避政治动乱，孙子南迁至吴国，一度隐居乡野，潜心研究兵法。数年之后，他出山问政，进献吴王兵书，吴宫教战，

① 《汉书 · 艺文志》。

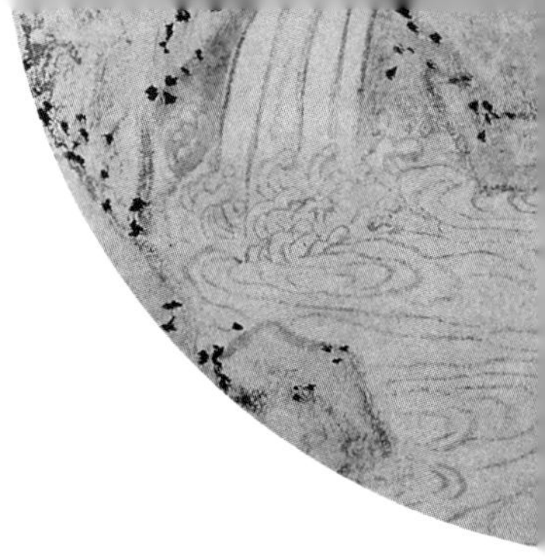

初展才华，后被委以重任，指挥吴军南征北战，辅佐吴王实现了强国、霸主之梦，同时在实践中丰富完善自己的兵学思想，著书立说，形成后世兵学圣典——《孙子兵法》，为我们了解先秦时期的兵家思想提供了很好的资料。

《孙子兵法》，又称《孙武兵法》《吴孙子兵法》《孙子兵书》《孙武兵书》等，共 13 篇，6000 余字。前 6 篇《计》《作战》《谋攻》《形》《势》《虚实》多讲谋略，后 7 篇《军争》《九变》《行军》《地形》《九地》《火攻》《用间》多讲战术。全书论述了国君和将军在迫不得已用兵的情况下，如何修道保法、克敌制胜，使国家立于不败之地。围绕如何修道保法、克敌制胜，孙子讲述慎战而不惧战的战争观、贵谋重计的战略思想、具体而微的战术思想等。

孙子的战争观是谨慎言战，但不惧战争。《孙子兵法》开篇即言："兵者，国之大事，死生之地，存亡之道，不可不察也。"他认为战争是一件关系国家生死存亡的大事，是一把利害皆具的双刃剑，用兵者必须清楚这一点，要慎之又慎，不可轻启战端。他认为战争的最高境界是"不战而屈人之兵"，所谓"上兵伐谋，其次伐交"，征伐、攻城是最坏的选择。在战略上，孙子重视战前的充分准备，要求用兵者对敌我双方实情的了解、分析和权衡一定要充分和深入，知己知彼，多加谋算，通过利用和制造各种形势，做到避实就虚，把握战争的主动权，攻其不备，出奇制胜。在战术上，孙子主张用兵者首先要发动民众，上下齐心，一致对敌，这是战场制胜的基本前提；还要考虑到交战时的天时、地利、将领素质、用间、火攻等具体事项，这里与上述兵家四派中的阴阳、技巧有重合之处。在战术中，孙子格外重视将领的素质，认为优秀的将领必须具备"智、信、仁、勇、严"的品质，缺一不可。但在这五种素质中，孙子尤重将领"智"的因素，在《孙子兵法》中多谈谋略，讲庙算，甚至不惜使诈来达到迷惑敌人、出奇制胜的目的。正因为此，后人将《孙子兵法》归为权谋类兵书。

继孙子和《孙子兵法》之后，历史上又出现了很多兵家和兵书，其中不乏杰出者，如《孙膑兵法》《吴子兵法》《六韬》《司马法》《三略》《尉缭子》《李

卫公问对》等，它们都是后人眼里非常重要的兵学经典。不过，这些后起之秀在兵学理论造诣和思考深度上，都很难与《孙子兵法》相提并论，遑论超越。明朝茅元仪《武备志》认为："前孙子者，孙子不遗。后孙子者，不能遗孙子。"非常准确地将孙子定位为兵学史上一座不可逾越的高峰。历代领兵打仗和治军者都取法孙子兵学，巧妙化用，克敌制胜，将其思想发扬光大。

秦汉之后，以《孙子兵法》为代表的兵家权谋类著作占据兵学经典的主流，崇尚谋略和智慧。因此，现代人们热衷于从这类兵书中探寻兵家思想对人生的启迪，将之运用到修身、齐家、企业管理、商场竞争甚至治理国家和对外交流等方面，国内国外，无不如此。事实上，只要遵循兵家经典的核心要义和基本精神，合理阐发和科学化用其中的精华，兵家思想在当代和未来社会实践中都会发挥更大的作用和价值。

五、墨家学派

墨家学派兴起于战国初期，创始人墨翟（见图 1–5），世称墨子，墨家之名即由此而来。墨家思想同样有深远的历史来源，与礼乐文化中的祭祀密切相关。《汉书·艺文志》载："墨家者流，盖出于清庙之守。"墨家的创始人墨翟，鲁国（今山东滕州）人，大约生活在春秋末、战国初，他初习儒学，后来别开天地，创立墨学。墨学兴盛于战国中期，极盛之时曾出现"杨朱、墨翟之言盈天下，天下之言不归于杨，即归墨""世之显学，儒、墨也"的情形。墨学的发展大致经历了前、后两个时期：前期，墨子开创墨学，宣扬"贵俭""兼爱""非攻""尚同""尚贤""非儒""非命""明鬼""非乐"等主张，

图 1–5　墨子像

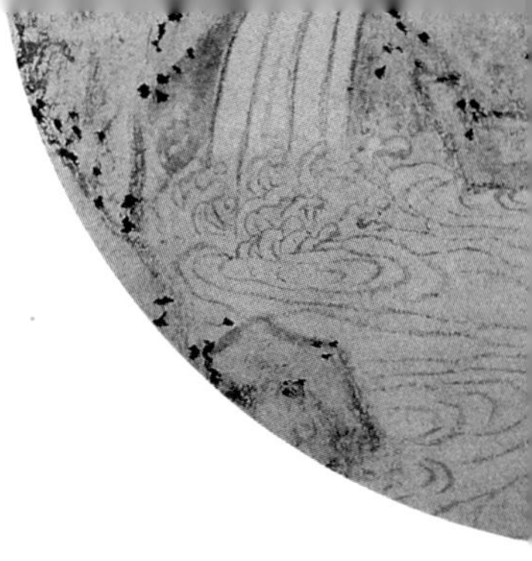

阐发对政治、伦理、战争及认识论等方面的看法。后期，墨子去世，墨家内部分化，出现三个支派：相里氏之墨、相夫氏之墨、邓陵氏之墨。它们比较关注认识论、逻辑学等方面的问题。这些都被后学收录在《墨子》一书中，构成墨家思想的主体内容。

作为一个学术团体，墨家有系统的组织和严明的纪律，有固定的经济来源，如选举贤能的“巨子”为领袖，以“墨者之法”实施管理，领导众多墨者一起学习墨家思想，并不时地奔赴各国从政，宣传和实践墨学，每位成员都定期将部分俸禄上交组织，作为活动经费。它提倡朴素的生活作风、“兼爱利人”的普世理想、勇于实践的品格和甘于奉献的精神。墨者们多出身于社会下层，生活简朴，“以裘褐为衣，以跂硚为服”，身着布衣，脚穿草鞋，为了实现兼爱利人的救世理想，他们不辞劳苦，四处奔走呼告，即使“摩顶放踵”“手足胼胝，面目黧黑”，仍弘道不已。有时墨家还派出武装力量，不惜以牺牲生命和损耗学派力量为代价，为他国排忧解难，以践行“非攻”的思想。据说，在一次帮助某国抵抗外来侵略的战斗中，上百位墨者英勇捐躯，这种无私奉献的精神难能可贵，令人为之动容。墨家百般努力，希望从战乱的缝隙中寻求一片和平的净土，这一思想对于饱受离乱之苦的下层民众具有一定的吸引力，也受到希望获得忠义之士的国君们的青睐，具备实现的条件。但是因为墨家提倡“兼爱”“非攻”的理想太高，参与战事损耗的实力又大，加之墨学后继乏人，所以无法在战乱频仍的社会中扎根长存。墨学在经过创立与兴盛两个时段之后，迅速衰落，随即陷入长期沉寂的状态。后来，幸得道教中人将《墨子》列入道藏，墨学才流传至今。下面我们从《墨子》入手，了解一下墨家的思想。

《墨子》记载了墨翟及其弟子的言论、事迹，是现在唯一一部墨家经典。全书原有 71 篇，后来亡佚不少，现存 53 篇。书中主要论述兼爱、非攻、非命、非儒、非乐、尚贤、尚同、兼爱、交利、明鬼、天志、贵义、节葬、节用、修身等观点，部分内容涉及认识论、逻辑论、战争论等方面的思想。墨家思想的主旨在

于“为万民兴利除害，富贫众寡，安危治乱”[①]，它是治理乱世、兴利天下的治政之学。墨家认为乱世的根源在于人心好战、恃强凌弱，只有人和人、国和国之间彼此主动示好，才会得到对方的爱，互相爱护，互通有无，营造和平环境，最终大家都能得到长足发展，从中获利。这就是墨子所说的“兼相爱，交相利”。这种兼爱是一种无差等、无国别的博爱。它是基于追求最终的互利而呼吁人与人、国与国之间的平等之爱，与儒家爱有等差的仁爱观截然不同。当然，墨、儒两家的差别不止于此，墨家批判天命论、奢乐论、厚葬论、侈用论，都是针对当时儒学发展到一定阶段表现出的弊端给予的有力纠正，非命、非乐、节葬、节用和非儒即从此而来。在为政治国方面，墨家主张选贤举能，统一各阶层的意志于国君，而贤君、贤臣组成的统治集团要受命于天意、鬼神，君臣要通过修身来提高自己的素养，这就是《墨子》中所言的尚贤、尚同、天志、明鬼、修身思想。另外，墨子还提倡国君向古代圣王学习，做到“不义不富，不义不贵，不义不亲，不义不近”[②]，鼓励当政者为仁，“兴天下之利，除天下之害”[③]，“上中天之利，而中中鬼之利，而下中人之利”[④]；认为大国要讲道义，使“天下之人皆相爱，强不执弱，众不劫寡，富不侮贫，贵不敖贱，诈不欺愚”[⑤]。以上这些都是墨家为乱世提供的治理之方，显示了墨者的淑世之心与道义担当，在政治理论方面具有鲜明的特色，影响深远。

除了政治学之外，墨家在哲学、军事学、数学、力学和光学等领域亦多有建树，如逻辑学、攻城术、三点成直线、杠杆原理、小孔成像原理等，这些在《墨子》中《经上》《经下》《经说上》《经说下》《大取》《小取》及之后的诸篇中都有记载。

---

① (清)孙诒让撰，孙启智点校：《墨子闲诂·尚同中》，《新编诸子集成》本，中华书局2001年版。

② 《墨子·尚贤》。

③ 《墨子·尚同中》。

④ 《墨子·非攻下》。

⑤ 《墨子·兼爱中》。

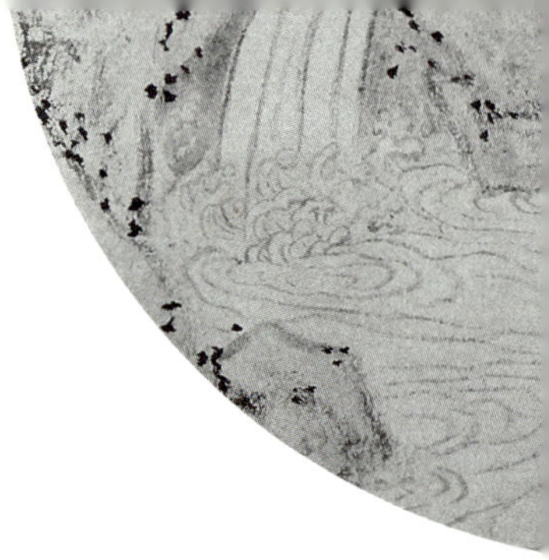

综上可见，墨子开创墨学，胸怀苍生，兴利天下，是先秦思想界的文化巨子。尽管在秦汉之后，墨学作为一个学派已然消失，但为后世留下一笔宝贵的精神财富，以其独特的方式对中国人的思维方式和文化发展产生着重要的影响。不管是宗教文化、侠义精神，还是科技思想，无不如此。

六、法家学派

法家学派的历史渊源悠久，与商周辅佐礼制的法官有关，如史书所言“法家者流，盖出于理官。信赏必罚，以辅礼制”[①]。春秋时期，经管仲、晏子、子产等政治家的提倡，至战国时涌现出李悝、吴起、商鞅、慎到、申不害、韩非等众多尚法的人物，他们在各国鼓吹法治，推行变革，提出和完善法、术、势理论，形成一个庞大的法家学派；法家被后人分为两类：齐法家和三晋法家。前者既主张以法治国，也重视礼的作用，法礼并行，与儒家存在某种意义上的互补；后者主张君主以“法”“术”“势”治国，对于臣民，不分亲疏、贵贱，一律以赏罚刑法来管理约束，与早期儒学的明德慎罚、仁礼为先等主张明显对立。总体而言，三晋法家是更为典型、具有鲜明学派意义的法家，当然其内部也存在某些分别。三晋法家在治国上形成了四派观点：一派以慎到为代表，强调“势”，即权力与威势；另一派以申不害为代表，强调“术”，即政治权术；第三派以商鞅为代表，重视“法”，即法律和规章制度；第四派以韩非（见图 1–6）为代表，糅合法家各派学术观点，集前人思想之大成，提出法、术、势并用的主张，形成更为完善的法家理论。法家思想为后世传统政治的运作提供了重要的理论指导，影响深远。

法家以治国、富国、强兵、务本为主旨，主张通过有道之君主使用法、术、

① 《汉书・艺文志》。

势，驾驭臣属，管理民众，平治天下。法家强调运用外在的制度、权力、威势来管理国家，“释情而任法”，反对用无法把握、不易操作的道德教化来治理国家，是一个具有鲜明现实主义与功利色彩的学派。就如《韩非子·显学》所言：“有术之君，不随适然之善，而行必然之道。”这个“必然之道”就是法术势综合而成的治国之道。

图 1–6　韩非子像

韩非子是战国时期法家理论水平最高的代表，下面我们从韩非其人其书入手，略窥法家思想的精义。

韩非（约前 280 ～前 233 年），战国末期人，为韩国贵族公子。他胸怀大志奇才，忧国忧民，但一生失意，充满悲剧。他常向君主进言强国之法，但不被采纳、重用；虽擅长写作，思维敏捷（从现存 10 余万字的《韩非子》一书中即可见知），但天生口吃，拙于演讲；研习刑名法术之学，尊崇黄老道学，曾求教于大儒荀子，但却宣扬法家思想。晚年，韩非一度得到韩王信任，出使秦国，但遭人陷害，锒铛入狱，客死他乡。

《韩非子》全书 55 篇，其中《孤愤》《五蠹》2 篇格外引人注目，是理解韩非子法家思想的重要篇章和枢机所在。《孤愤》篇幅较短，1000 多字，主要论述了以下几方面内容：（1）精通法术的士人（“智术能法之士”）在帮助君主治理国家时应主持公正，“明察烛私”“劲直矫奸”；（2）法术之士处于势单力薄的处境，推行法术有相当的困难；（3）提倡君主应该亲近、任用公正无私的法术之士，远离、罢免那些心怀私利、欺骗国君的当朝权贵（“贵重之臣”“当途之人”）。只有将这些智士贤能招徕到君主身边，为其效力，方可使国家富强。总之，全部内容都是在强调法术的重要性，提醒君主利用国君的威势，任用法术之士，限制权贵势力。

《五蠹》篇幅较长，达4000余字，主要有以下几部分内容：(1)从历史演变的角度谈古今物质生活、生产劳动等方面的不同，强调治理国家的原则和方法也要随之变化，所谓“事异则备变。上古竞于道德，中世逐于智谋，当今争于气力”“古今异俗，新故异备”；(2)在当时的乱世，韩非提出“以法术治国”的理念，依靠君主、法士确立和实施法制，通过恰当的赏罚来实现民顺国治；(3)在治国的具体措施上，韩非认为英明的君主只要以法、术、势治吏，做到“以法为教，以吏为师，以斩首为勇”，就会使群官都效忠国君；(4)韩非认为强国主要依靠英明的君主、法术之士、会耕织的农民、善打仗的士兵，对那些有碍于农业生产、不利于推行法术的人，如“学者”“言古者”“带剑者”“患御者”“商工之民”，一律归为寄生在国家政治肌体上的害虫（“邦之蠹”），应该依法禁止、消除。

两篇文章的落脚点均在教导君主如何利用法、术、势来治国。除此之外，放眼《韩非子》的其他篇章，不管是开篇的《初见秦》，还是后面的《主道》《二柄》《南面》《用人》《定法》《忠孝》《人主》等，即便表面上貌似解读《老子》的《解老》《喻老》篇，然而主要着力点仍是讨论如何培养英明的君主，以法、术、势来驾驭群臣，治理国家。

综观韩非一生，他追求得君行道，报效国家，希望君主英明，掌握治国道术，就如《显学》篇中所言“有术之君，不随适然之善，而行必然之道”。其中所谈的“道”就是君主法、术、势之道。对于儒、墨两家提倡的以仁爱、兼爱治国，韩非子认为是“适然之善”，可偶尔为之，一时奏效，但不能用来治理处于乱世中的国家。在“争于气力”的战国时期，强国之道就是明君以法刑治国、治吏，以术、势驾驭群臣，培养耕战之民，消除游浮之民。这种以公法治国、赏罚治民的思想在战国中期就已由著名的法家商鞅在秦国初步推行，使蕞尔小邦渐渐强大，效果颇佳。到了战国末年，韩非子继承、发扬商鞅的思想，大谈法、术、势，其中两篇文章《孤愤》《五蠹》流传于外，曾深得秦王嬴政的青睐。后来兼并六国、

一统天下就是在这位喜好法家思想的秦王手里实现的。韩非生前没有看到这一幕，是他个人的不幸；但他的思想对于结束战国乱世、推动中国历史的发展进程发挥了重要的作用，却是一个时代之幸。

综上可见，法家思想汇聚了众多政治家、思想家的智慧，以不同的形态活跃于春秋战国时期的政治舞台上，最终由韩非子集其大成，熔炼为特点鲜明的一大学派，为后世政治的运作提供理论指导。不管是儒、法合流下“阳儒阴法”“外儒内法”的治政模式，还是儒、道、法兼施的政治文化格局，法家都是其中重要的组成部分。在当前我国的依法治国理论与实践中，法家思想仍有相当的借鉴与启示作用。

七、阴阳家学派

在古代，人们常以自己独特的视角理解、解释世界的构成元素，如将世界万物二分为阴、阳，五分为水、木、金、火、土，讲“孤阴则不生，独阳则不长”“一阴一阳之谓道”“立天之道阴与阳”“阴阳合德”“万物负阴而抱阴”，讲五行相克相胜，并由此衍生出中国特色的世界观、历史观、认识论、方法论和辩证法。这种思想影响了古今以来无数中国人的言行举止与思维方式。它就是本节要讲的阴阳家学派及其思想。

阴阳家是战国时期提倡阴阳和五行说的学派，被汉代学者列为“九流十家”之一。起初，阴阳说和五行说各有其源，独立发展。阴阳思想起源于中华文明之初，是先人观察世界万物得出的一种抽象认识，初步形成于原始神话时代（如盘古开天辟地），正式形成于西周末（如当时伯阳父以阴阳说解释地震），成熟于春秋战国时期（如《老子》《周易》传中的阴阳论述）。五行说起源于上古时期治水斗争与历法月令制度，成型于商周时期（在《尚书》的《洪范》《甘誓》诸篇和《国语》中已有关于五行的记载）。在战国后期，两种学说由邹衍等一批活跃在齐国稷下学宫的学士们合而为一，集其大成，形成阴阳学派。秦汉之后，阴阳五行

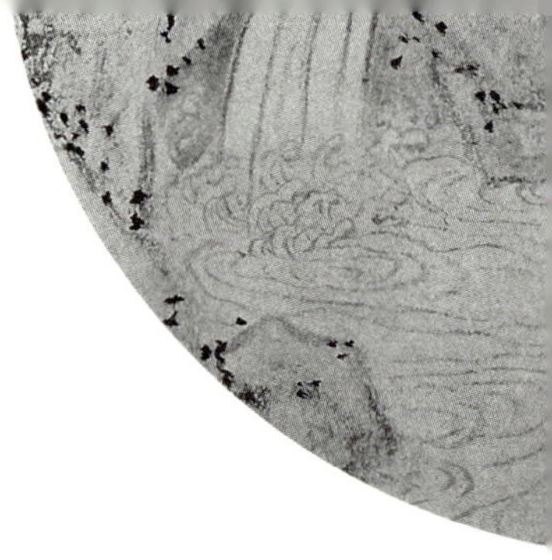

说得到不断发展，成为影响中国人宇宙观、历史观和宗教信仰等各个层面的思想，行之千年，至今未绝。阴阳学说起始于谈论自然知识，但也涉及人事、政治，反映了以“天人合一”为核心的中国传统思想格局。阴阳家学说从自然法则中引申出人事的法则，从自然的历史中推论出人类社会的历史，其最终目的在于谈论人事之得失宜忌，为封建统治者的合法统治提供理论依据。司马迁曾评价阴阳学派的代表人物邹衍的学说：“然其要归，必止乎仁义节俭、君臣上下六亲之施。”①

邹衍（约前 324 ～约前 250 年），战国中晚期齐国人。邹衍的先祖是邹人，因封邑在邹，故以邹为氏，后来邹氏家族迁到齐国。邹衍精通历法和四时教令知识，擅于谈论天事，号称“谈天衍”。他经历了稷下学宫由盛而衰的过程，其思想也带有稷下学术的烙印。作为阴阳家学派的开创者，邹衍在四季中引入“季夏”，以木、火、土、金、水德分别配置春、夏、季夏、秋、冬，解决了五德与四时不完全对应的问题；以“五行相生”理论为基础，进一步完善了“四时教令”学说，成为封建统治者政治实践的指导原则；将“五行相胜”的关系引入社会历史，提出了“五德终始”说，运用这种历史循环论来解释王朝更替，为即将出现的大一统封建王朝提供理论依据；在地理方面，提出“大九州”学说，促进了人们的思想解放。由于邹衍的思想顺应了当时的历史发展趋势，因而深受诸侯国君的青睐。据史料记载，邹衍到梁国，梁惠王亲自到郊外迎接，以宾主之礼相待；到了燕国，燕昭王行拥帚亲迎之礼，还为他建造碣石宫，以示尊宠，便于请教。《史记·孟子荀卿列传》记载：邹衍目睹当时统治者日益荒淫奢侈，不能实施德政，于是“深观阴阳消息”，写下《终始》《大圣》等 10 余万言的著述，但多失传。所幸，其说在《吕氏春秋》《淮南子》《春秋繁露》等古籍中还有一定的残存，使我们得以管窥他的思想主张。

邹衍继承并发展了齐国传统的“五行相生”学说（即木生火，火生土，土生金，

① 《史记·孟子荀卿列传》。

金生水，水生木），强调当政者要顺天时而行政令，即根据一年中生物春生、夏长、秋收、冬藏的生命活动规律，以春、夏、季夏、秋、冬五个季节对应木、火、土、金、水五种德行，每一个季节要施行相应的德行，并规定了统治者相应的具体举措。国君需要按照这五行图示来治理国家，否则就会导致阴阳之气紊乱、气候反常，危及自己的统治。此外，邹衍以“五行相胜”（土克水，木克土，金克木，火克金，水克火）学说为基础，进一步完善了“五德终始”说。五德即土德、木德、金德、火德、水德，分别对应历史上一个朝代（如邹衍以黄帝配土德，夏为木德，商为金德，周为火德），按照土、木、金、火、水的相胜顺序，不断演进，循环不已。当新王朝建立时，代表该王朝这一德的符瑞就会在社会生活、自然现象中显现。当王朝走向没落时，取代旧王朝的新德则会表现出一些征兆。“五德终始”说是周王朝的衰落在思想领域的反映，为国君易主和新旧王朝的更替提供了一定的理论依据。

邹衍之后，齐国又出现一位学者，名为邹奭，进一步完善了阴阳学说。至西汉，董仲舒则发挥阴阳家的“天人相应”说，以“天人感应”为基础，创立了一套完整的政治理论，为当政者所采用。自汉武帝时期“罢黜百家，独尊儒术”后，阴阳家学派已不复存在，但其学说中的一部分融入到儒家思想体系中，一部分为原始道教和医学等所吸收，久传不息，至今犹然，成为我国传统文化的重要组成部分。阴阳流转、五行轮回、相克相生等思想使中国人建立起一种独特的历史循环观，从《孟子·滕文公下》言“天下之生久矣，一治一乱”，到后人言“天下大势，分久必合，合久必分”“天下治久必乱”诸论，从秦取代周、汉取代秦直到清取代明，无不如此。历代王朝统治者多以五行相胜或相生之说来论证自己取得天下的正当性，这也是阴阳五行说能够传承不息的重要原因。

八、杂家学派

杂家是指战国中后期至汉初，由一些学者兼采各家之学而形成的一个综合

学派。战国后期，经过长期的割据与兼并，统一天下成为大势所趋。当诸子百家在相互诘难与融合中缓慢前进时，一些士人学者开始摒弃门户之见，以“王治”为宗旨，兼采众长，旨在为一统天下的新王朝提供一套新的理论指导思想。他们的主张因“兼采儒、墨，合名、法”[①]、内容庞杂而得名“杂家”。周秦之际，在士人横议、诸家争鸣的背景下，杂家流派兴盛一时，《吕氏春秋》（见图 1–7）是其发展至巅峰的重要标志和代表之作。它从有益于政治的实用角度，融摄先秦各家思想资源，“以为备天地万物古今之事”[②]，自成一派。

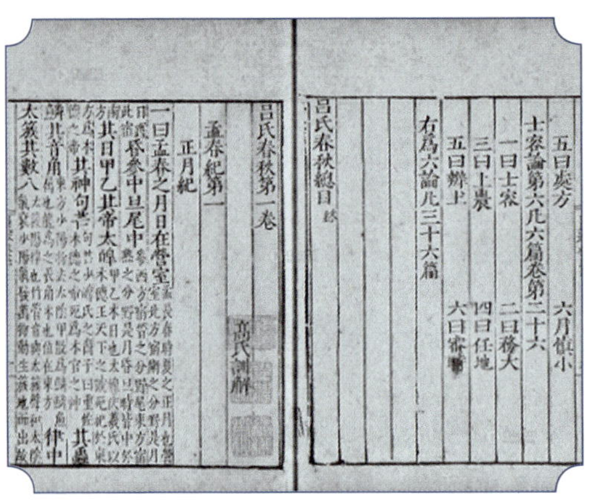

五曰處方 六月慎小
士容論第六凡六篇卷第二十六
一曰士容 二曰務大
三曰上農 四曰任地
五曰辯土 六曰審時
右爲六論凡三十六篇
呂氏春秋總目 終

呂氏春秋第一卷
高氏訓解
孟春紀第一
正月紀
一曰孟春之月日在營室
昏參中旦尾中
其日甲乙其帝太皞
其神句芒
其蟲鱗
其音角 律中太蔟其數八

图 1–7 《吕氏春秋》书影

《吕氏春秋》是吕不韦在执掌秦国大政期间，广招天下贤士数千人，令其记录各自见闻，统一编撰而成，是我国历史上第一部杂家之作。全书分 12 纪、8 览、6 论，共 160 篇，计 20 多万字。其中，12 纪以春生、夏长、秋收、冬藏为序，按照月令编排，记录天地自然现象，并对天子衣食住行诸方面作出规定，指出国家关于郊庙祭祀、礼乐征伐、农事活动的政令必须适应节令，是全书的纲要和重点。此书有尊崇黄老道家思想的倾向，主张君主无为而臣下有为。同时，它融合儒、墨、阴阳、法、兵等诸家学说之长，形成包括政治、经济、军事、思想文化等方面的理论体系。如书中吸收儒家德治、仁政学说，强调君主要有爱民之心，对人民进行道德和音乐的感化；吸取墨家“节用”“薄葬”思想，主

① 《汉书 · 艺文志》。
② 《史记 · 吕不韦列传》。

张以“义兵”“义战”实现统一；吸取阴阳家的“五德终始”说，为秦代周提供理论依据；吸取法家“因时变法”、重视耕战和赏罚必信的思想，摒弃其“严罚厚赏”的主张；吸取名家的思辨逻辑等。在编撰思想上，《吕氏春秋》摒弃门户之见，客观地正视各学派的优点与缺陷，提出“天下无粹白之狐而有粹白之裘，取之众白也”[①]，达到“齐万不同，愚智工拙，皆尽力竭能，如出乎一穴”[②]，目的就是博采众长，形成一套治国理论，为秦即将统一天下提供某种思想指导。

《吕氏春秋》是我国第一部有组织、按计划编撰的文集，它兼容并蓄，保存了各家的思想资料，尤其是经过秦国的“焚书坑儒”和战火的浩劫，诸子学说多赖《吕氏春秋》得以流传下来，故具有重要的史料价值。但是，由于《吕氏春秋》兼采诸家，存在明显的拼凑痕迹，且书中有些内容自相矛盾、重复著录等，缺乏系统性，无法形成一种独立完整的思想，最终只能是一部先秦诸子的史料杂编，无法实现其预期的咨政与思想指导的初衷和作用，故其影响有限。特别是在吕不韦政治投机失败、家破人亡之后，《吕氏春秋》从此湮没无闻，鲜为人知。

因为学术发展的惯性作用，至汉初，杂家本身及其学术理路仍具有相当大的影响，如《淮南子》融汇各家学说于一书，是杂家的又一代表作。而后，董仲舒顺应学术大融合的发展潮流，糅合道家、法家、阴阳家、名家等各派思想，改造儒学，将之充实到“霸王道杂之”的汉家制度之中，成为当政治国策略中的重要组成部分。从某种意义上讲，董子也是一位杂糅诸学之家，只是其学是以儒学来统摄他家之说，更为系统。到了汉武帝时期，当政者“罢黜百家”，以经术治国，儒学成为官方哲学、正统思想，百家争鸣不复存在，杂家亦渐消衰。从图书分类情况来看，自《隋书·经籍志》开始，除诸子著作之外，史家将一

① 刘生良评注：《吕氏春秋·用众》，商务印书馆 2015 年版。
② 《吕氏春秋·不二》。

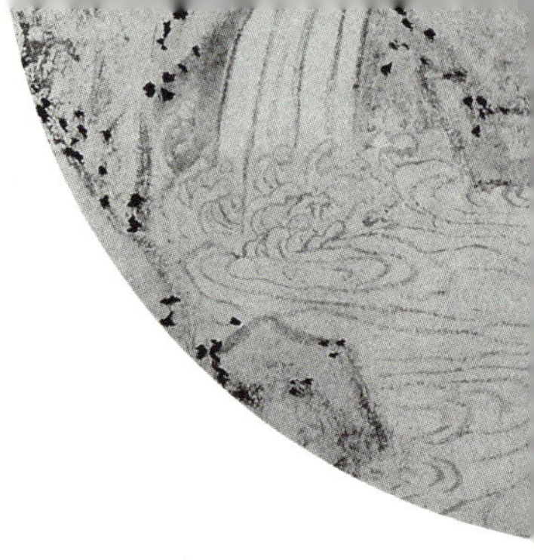

些类书、佛家、道教等方面的书籍归于杂家，其内涵发生变化，杂家学派已然消亡。

九、孔老相会

在中国思想史上，有很多哲人相会的佳话。如王子猷（王羲之第五子）雪夜访戴安道、钟会拜会嵇康、朱熹与陆九渊鹅湖寺雅会，留下不少名言、典故，但较早且对后世影响更大者，当推本节所说的孔老相会。

图 1–8　孔子见老子图（山东嘉祥汉画像石）

孔老相会指的是孔子与老子相会的典故，又被称作“孔子见老子”“孔子问礼”“孔子问道”等。在《史记》《庄子》《吕氏春秋》《礼记》《大戴礼记》《韩诗外传》《孔子家语》等先秦两汉典籍中都有相关记载。在出土的汉代画像石中也有以此为素材的作品（见图 1–8），形象地勾勒了孔老相会的情景①。从这些记载中，我们可以大致了解两位贤哲相会的概况。

大约在公元前 518 年暮春时节，鲁国国君鲁昭公应孔子及其弟子南宫敬叔的请求，配备车马与书童，委派孔子师徒一行前往东周国都洛邑（今河南洛阳）学习周礼，以完善鲁国的礼乐。而在出发之前，孔子就曾向弟子表示此行的主要目的是向“博古知今，通礼乐之原，明道德之归”的老子请教学问。依《孔

① 汉画像石孔子见老子图在山东、陕西、河南、四川、江苏等地均有出土，有 30 多幅，以山东居多，嘉祥尤然，约占总数的 80%。（参见李强：《汉画像石〈孔子见老子图〉考述》，《华夏考古》2009 年第 2 期）

子家语·观周》记载，在这次赴周学习的过程中，孔子师徒向东周守藏室之史老聃和大夫苌弘请教礼乐，并实地考察了举行礼乐的场所，“历郊社之所，考明堂之则，察庙朝之度”，收获颇大。孔子与老子相会是儒家祖师孔子与道家始祖老子两位文化巨人的会晤，是历史上儒、道两家的第一次对话，具有非同寻常的历史意义，因而被学者誉为“中国思想文化史上的重大事件”。那么他们相会到底谈论了什么？何以对后世产生如此大的影响？

从后人的相关记载来看，二人相会，谈论的话题主要围绕礼与道展开，涉及以下三个方面：一是丧葬之礼、礼仁关系，主要记载于《礼记》和《孔子家语》；二是仁义之道、人性、六经、藏书、先王治世，主要见于《庄子》；三是为人之道等，主要记载于《史记》。在论礼时，他告诉孔子：你所说的古代圣王，身体已经朽坏，但至理名言未曾腐朽，仍流芳后世。作为君子，如果得到明君赏识和任用，就驾车服冕，起而行道；如果没有这样的机会，就要适时离开政坛，避开祸患之地。他教诲孔子要像善于经商的商人一样深藏不露，做大智若愚的君子，要去掉骄傲之气与妄念，去掉无益于修身的美色与过多的想法（见《史记·老子韩非列传》）。在送别时，他告诉孔子：一个人如果喜欢议论别人，即使聪明过人和明察秋毫，也只会将自己推向死亡之路；如果总是揭发他人的缺点，即使博学善辩、见多识广，也只会使自己身临险境。作为儿子不要以自我为中心，作为大臣也不要唯我独尊，自以为是（见《史记·孔子世家》）。联系老子的道家思想，我们发现他教导孔子如何做人的道理，总结起来就是道法自然，遵循玄德，不要妄为；要与人为善，清静寡欲，内敛守中。在《孔子家语》《庄子》等文献中，多为孔子向老子请教治世之道，倾吐其仁义之道无法实施的苦闷，这些或许是道家、儒家后学加工过的故事。当初孔老相会主要是观礼、问礼，同时涉及一些为人之道。（见图 1–9）

这次相会对于孔子的影响很大。一方面，由于他全面地学习了周代礼乐，学识和名气大增，因此当他返回鲁国之后，前来请教的学生越来越多。另一方面，

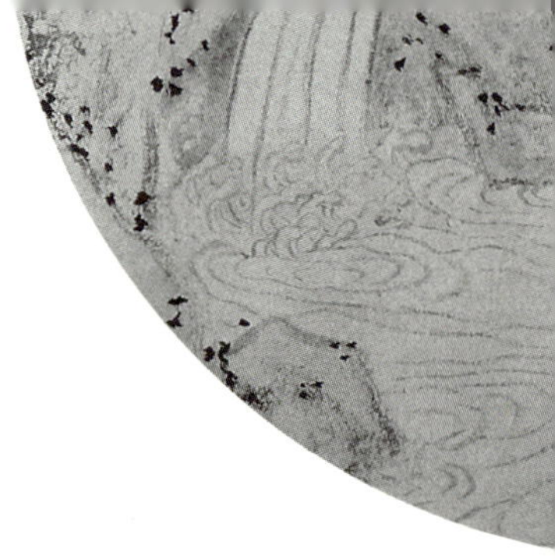

他对自己的学问进行反思，有了新的体会和进步。《论语》中提倡的用行舍藏、立人立已、讷言敏行、中庸之道等观点，都隐约可见老子思想的影子。这一切都与此次孔老相会有很大的关系。在事后谈及相会的感想时，孔子曾评价老子是“乘风云而上天”的龙，对其学问充满钦佩之情。

图 1–9　问礼老聃（明 · 仇英《孔子圣绩图》）

值得一提的是，儒家、道家后学对此皆津津乐道，但出发点多有不同。儒家乐此不疲地提及此事是为了显示自己祖师谦虚好学的精神；道家则以儒家始祖拜师本派始祖为荣，极力抬高自己的地位，从而使此番会晤的意义又在无形中被放大，其中的融汇与分歧也被无意中放大。于是出现儒、道两家后学既互补、又互斥的情形，前者可见于儒、道合流趋向非常明显的《易传》，后者可见于编撰嘲讽孔子师徒故事的《庄子》。尽管如此，总体而言，儒家求仁，道家讲柔，

皆宣扬道德，有很大的互补性，两家共同撑起中国人的精神世界，成为中华传统文化长河的主流，影响深远。可以说，孔老相会见证了早期道家与儒家求同存异、和睦相处的情形，为秦汉之后传统思想文化儒、道互补的格局奠定了坚实的基础。

十、儒墨之争

战国时期，墨家从学儒至非儒，引发“儒墨是非”，儒家奋起反驳，不绝如缕。两家皆为当时显学，巍然双峰，争鸣不已，往复以还，形成蔚为壮观的儒墨之争。从战国初期至末年，儒墨之争大致经历了墨子非儒、孟子辟墨、荀子非墨、孔鲋诘墨几个阶段。至汉代最终儒墨合流。

战国时期，墨家从儒家内部衍化而来，但又不受其所限，在深感其弊之后，转而操戈入室，对儒家某些观点提出针对性的批评和纠正，最终自成一家。史载墨子“学儒者之业，受孔子之术，以为其礼烦扰而不说，厚葬靡财而贫民，服伤生而害事，故背周道而用夏政”[①]。墨家在著作《墨子》中有直接非儒的篇章，并提出“兼爱”“尚同”“尊天”“明鬼”“敬神”“节用”“节葬”“非乐”等观点。系统而论，儒墨之争体现在以下几个方面：爱有等差与“兼爱”的对立，罕言利与“交相利”的不同，天命论与非命论的对立，不重鬼神和“明鬼”的对立，“厚葬”与“节葬”的对立，重乐与“非乐”的对立，“正名”与“取实与名”的对立。[②]在方法论和认识论上，儒、墨两家也有对立之处。如儒家提倡和而不同，墨家则希望相同无别等。借助对儒学的批判，墨学很快兴起并壮大，与儒家并称“显学”，盛极一时，所谓“墨翟之言盈天下”[③]。

① 何宁集释：《淮南子集释·要略》，《新编诸子集成》本，中华书局 1998 年版，第 1459 页。
② 参见孙开泰：《先秦诸子精神》，凤凰出版社 2010 年版，第 55 ～ 57 页。
③ 金良年：《孟子译注·滕文公下》，上海古籍出版社 1995 年版。

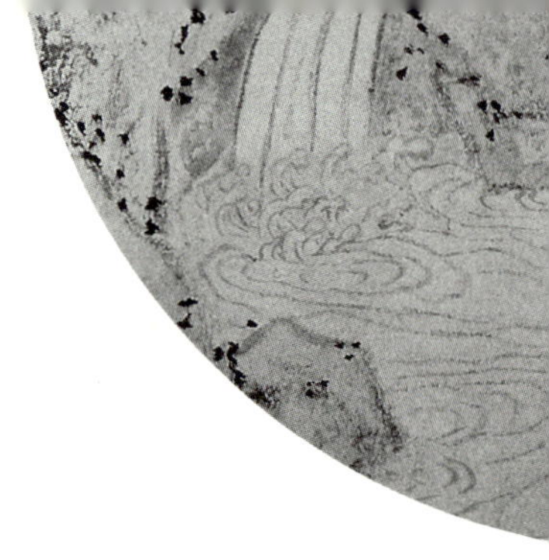

墨子非儒开启了战国时期批判儒学的序幕。最初反击墨子批判的儒家是孟子。他力斥墨学,认为其所倡“兼爱”是“无父”之学,爱无差别无异于“禽兽”。孟子认为，与墨家辩论，要“宜将剩勇追穷寇”，就像追逐跑散的猪一样，一定要关进圈栏，还要捆住它的脚，不能有一丝放松，可见墨学的发展与非儒言论对儒学的冲击之大。随后，荀子对墨学提出更全面、系统的批判。如针对“非乐”“节用”说,荀子认为先王立乐之方、之术有其大用,非乐或节用只会导致“天下乱”“天下贫”[①]。针对“尚同”说,荀子指出它是“役夫之道”[②],与儒家的“论德使能而官施之”的圣王之道不可同日而语，进而归纳墨学弊端在于“有见于齐，无见于畸”[③],“不知壹天下建国家之权称，上功用，大俭约，而僈差等，曾不足以容辨异，县君臣”，有“欺惑愚众”之害[④]。他抨击墨子不明礼义之道，就好像盲人不明黑白，聋子不辨声音，以墨学治世难以达到目的，就像打算到南边的楚国却向北一路走去。他设想如果君王以墨术治国，将使世无宁日，所谓“墨术诚行，则天下尚俭而弥贫，非斗而日争，劳苦顿萃，而愈无功，愀然忧戚非乐，而日不和”[⑤],与他的“儒术诚行，则天下大而富，佚而功，撞钟击鼓而和”之理想政治形成鲜明对比。稍后，针对当时墨家对孔子在齐国、鲁国和陈蔡等地言行的非议，孔子后人孔鲋起而反驳，在《孔丛子·诘墨》中有9章详载其辞，反映了儒墨在丧礼、品德、政治观等方面的争论。事实上，这些说辞未必全真，但从中可见儒墨之争延绵良久，成见至深，而此时二家的论争已近于尾声。(见图1–10)

除了论争之外，儒、墨二家也不乏契合之处，如尚贤、非攻、修身、崇奉

---

① 《荀子·富国》。
② 《荀子·王霸》。
③ 《荀子·天论》。
④ 《荀子·非十二子》。
⑤ 《荀子·富国》。

先王之政、提倡践行等，特别是后来孟子、荀子都不同程度地接受和汲取了墨学的批判与思想精华，从而使二者学术具有更多的相似性。不管儒、墨有何异同，存在多少异同，从根本上来说，其差异与对立是由各自代表的阶级不同所致[①]，但他们有共同的关怀，即为解决当时面临的社会政治问题提供某种方案。如汉代史家所论：“夫阴阳、儒、墨、名、法、道德，此务为治者也，直所从言之异路，有省不省耳。”[②]这一点也适用于评价其他各派思想。

孔叢子卷第六
詰墨第十八
墨子稱景公問晏子以孔子而不對。又問三
皆不對。公曰。以孔子語寡人者衆矣。俱以爲
賢聖也。今問於子而不對。何也。晏子曰。嬰聞
孔子之荊。知白公謀而奉之以石乞。勸下亂
上。教臣弑君。非聖賢之行也。詰之曰。楚邵王
之世。夫子應聘如荊。不用而反。周旋乎陳宋
齊衛。楚昭王卒。惠王立十年。令尹子西乃召
王孫勝以爲白公。是時魯哀公十五年也。夫
子自衛反魯。居五年矣。白公立一年。然後乃
謀作亂。亂作在哀公十六年秋也。夫子已卒
十旬矣。墨子雖欲謗毀聖人。虛造妄言。柰此
年世不相值何。
墨子曰。孔子之齊。見景公。公悅之。封之以尼
谿。晏子曰。不可。夫儒倨法而自順。立命而怠

图 1–10　《孔丛子 · 诘墨》书影

墨家从当初研学儒术，从中汲取思想养分，至后来别开天地，另创一家，并从独特的视角发现和界定儒家学术中的某些缺陷，加以批判和纠正，为儒、墨二学的发展做出了巨大的贡献。至汉之后，儒、墨合流，并称相用，影响深远，延绵至今，是先秦诸子留给今人的一笔精神财富，值得我们珍视与光大。

十一、儒法之争

战国时期，儒家主张礼治，以礼为治国安邦的基础；法家主张法治，以法为维持社会秩序的规范。两家治国理论水火相峙，势不两立，形成儒法相争的局面。众所周知，儒者原为相礼之士，经孔子改易，祖述尧舜，传习六艺，师

① 参见孙开泰：《先秦诸子精神》，第 55 ～ 57 页。

② 《史记 · 太史公自序》。

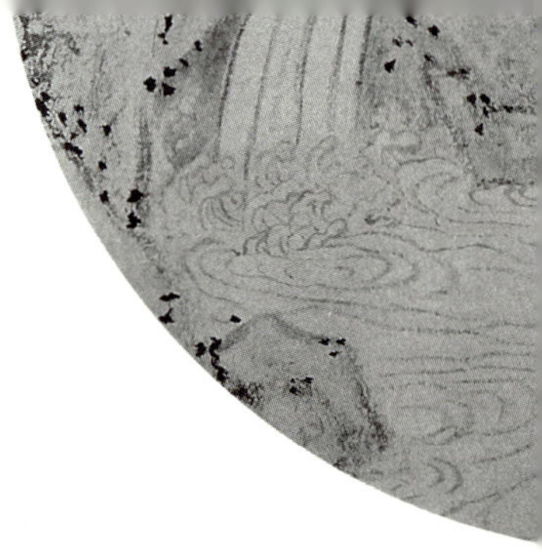

徒相传，终成儒学一派，蔚然显学。战国诸子争鸣，互相诘难，儒学因存在某些理论缺陷，遭到墨家、道家、法家等各派的围攻批判，成为众矢之的。儒家不甘示弱，先后有孟子、荀子等大儒挺身而出，著书立说，迎击其他学派的批判。儒法之争就是在这样的时代背景下产生的。

先秦儒家有孔、孟、荀之分，法家亦有齐法家、晋法家之别。孔子高扬道德理性，特别是孟子将人性善作为立论的基础，成为时人和后学批判儒家的靶子，连儒家内部的荀子也不例外。在法家方面，齐法家对于德、法皆采取温和态度，相对平正和理智，儒、法兼取的色彩颇浓，以至于汉代学者将齐法家的作品《晏子春秋》列为儒家之作。相对而言，出身三晋一带的晋法家则将德、法对立，隆法贬德，不重礼仪，视儒者为有害于政治肌体的蛀虫、不利国富民强的寄生虫。所以，儒法之争主要发生在晋法家与孔孟儒家之间。

儒法之争源于两个学派治世理念、历史观念、人性观点等方面的不同，论争内容集中反映在商鞅、韩非的著作里。在德礼、刑法两种治国手段的先后主次上，儒家推崇德治、法先王、重礼乐、和谐人心；法家推崇法治、法后王、斥礼乐、制约人心。这种分歧大致体现在以下几方面：在政治哲学上，法家主张法治，即“宪令著于官府，刑罚必于民心，赏存乎慎法，而罚加乎奸令者也”[①]，希望假于赏罚严明，治理臣民，使天下太平；儒家主张礼治，提倡明德慎罚、先教后诛，主张从人心着手，使民明德知礼，有耻且格，讲信修睦，天下大治。在历史认识上，儒家认为，上古三代是圣贤之治的黄金时代，是后世治政的榜样，主张法先王，从历史中汲取智慧，充满浓厚的历史关怀；法家主张关注当下，时势变迁，治世之法也要随时而易，不能固守陈法故制，否则就像守株待兔、刻舟求剑一样可笑，如韩非子主张“废先王之教”[②]，推行“以法为教”[③]。在国力

① (清) 王先慎撰，钟哲点校:《韩非子·定法》,《新编诸子集成》本，中华书局 1998 年版。
② 《韩非子·问田》。
③ 《韩非子·五蠹》。

发展上，法家强调耕战对于国家发展的重要性，认为培养耕地的农民和由他们提供的粮食与兵源是提升一个国家实力的根本途径，只有综合利用“法”“术”“势”等手段来驭臣牧民，并以利赏导之，才能使国富民强；儒家主张明君贤臣做好表率，引导各行各业，各司其职，达到国富民强。在人性论上，法家认为人性本恶，趋利而行，需要通过法刑来约束、规范恶性，最大限度地消除恶行；儒家认为人性向善、好学至善，需要通过礼乐来弘扬善性，化解恶性恶行。

儒、法两家的分歧虽然非常激烈，但就其理论基点和目的而论，他们皆致力于治政理论的设计，关注如何使民众一心，国家富强，二家可谓殊途同归。正因为儒、法两家互有短长，优劣并存，故在经过激烈的争鸣之后，复经秦朝“焚书坑儒”（见图 1–11）、遽兴遽亡的教训，它们彼此相融，形成一种两两互补的政治文化格局，即今人所论的“儒法互补”“援法入儒”“外儒内法”“阴法阳儒”等各种概称。儒法之争的总体趋势是走向合流，故在战国末期出现兼综儒法之学的荀子、韩非等学者。至汉初，法家、道家和儒家都经历了嬗变和创新，涌现出后世所称的“新法家”“新道家”“新儒家”，从而为其走向合流、相融提供了

图 1–11　焚书坑儒（明·张居正等编《帝鉴图说》）

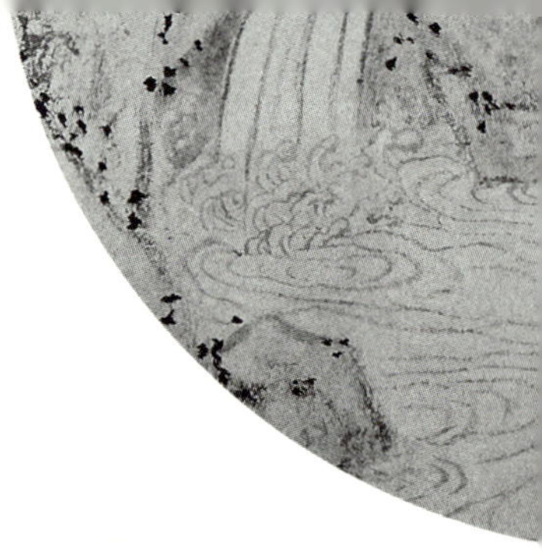

坚实的理论基础。西汉宣帝所谓“霸王道杂之”的“汉家制度”，就是在儒、法二家相融互补之中，经由政治理论家在实践中探索而成的产物。

十二、儒道之争

儒道之争始于春秋战国之际，早在史传的孔子见老子时就若隐若现，初见端倪，二人对仁义之德的看法迥异，为后来儒、道互争埋下伏笔。至孟子、庄子、荀子时，两派之争异常激烈，一改当初孔老相会时的温和与隐晦。如孟子批评道家杨朱之学，认为其所提倡的为我之学，目无君长，是“禽兽”之行，“邪说诬民，充塞仁义”，要拒绝和远离这种邪说。后来道家代表人物庄子（见图1–12）亦不甘示弱，他极尽嘲讽，针砭儒学，对儒家所提倡的仁、义、礼、孝、忠等观点进行严厉的批判，认为“孝悌仁义，忠信贞廉，此皆自勉以役其德者也，不足多也”[①]；“不知乎人谓我朱愚，知乎反愁我躯；不仁则害人，仁则反愁我身；不义则伤彼，义则反愁我己”[②]。对于道家的批判，荀子予以回击，指出老庄“有见于诎，无见于信”“有诎而无信，则贵贱不分”[③]，“蔽于天而不知人”[④]，将儒道之争推向一个高峰。在天人之道、人性

图 1–12　庄子像

① 《庄子 · 外篇 · 天运》。

② 《庄子 · 杂篇 · 庚桑楚》。

③ 《荀子 · 天论》。

④ 《荀子 · 解蔽》。

发展、为人处世、理想人格等方面，儒、道二家有明显的不同，二家的争论实为势所必至之事。

儒道之争集中反映在《孟子》《庄子》《荀子》《礼记》等书中，尤以《庄子》最多。论争内容大致可分为以下几方面：

在人性论上，有自然主义与道德主义的争论。道家主张“全身葆性”，尽力减掉附加到人性上的后天之物，损之有损，使人性回归到原始自然与本真状态，做的是减法。儒家努力为人性的发展添加仁、义、礼、孝等道德修饰物，主张不断地累加，做的是加法。

在仁义观上，有倡导以仁义修身治国与指斥仁义乱性的争论。儒家主张居仁由义，视仁义为修身、治国之本。道家对儒家所倡仁义大加抨击。如老子认为圣人不仁，仁义是道德丧失后的产物，寻找自然之道、不争之德是修身、治国之本，只有绝仁弃义，才能使民复归孝慈。庄子对此作了进一步的阐发，认为仁义之德名是“撄人心”的刑具与桎梏，伤性殉物，害人害己，“乱人之性也”①；这种仁义可能暂时奏效，但不能作为修身治国的长久之计，所谓“仁义，先王之蘧庐也，止可以一宿而不可久处”②；无限制地提倡仁义，只能导致它最终沦为争名夺利、藏污纳垢的工具，所谓“夫仁义之行，唯且无诚，且假乎禽贪者器”③，“窃钩者诛，窃国者为诸侯，诸侯之门而仁义存焉”④。道家认为，真正的仁就是出于自然本性、无任何做作和功利之心的仁，即“大仁不仁”，抛弃仁之虚名，而只取其真实相爱之初心。所谓至德之世，就是人人不尚贤能仁礼之虚名，而有相敬相爱之实际，“相爱而不知以为仁”⑤。

① 《庄子·外篇·天道》。

② 《庄子·外篇·天运》。

③ 《庄子·杂篇·徐无鬼》。

④ 《庄子·外篇·胠箧》。

⑤ 《庄子·外篇·天地》。

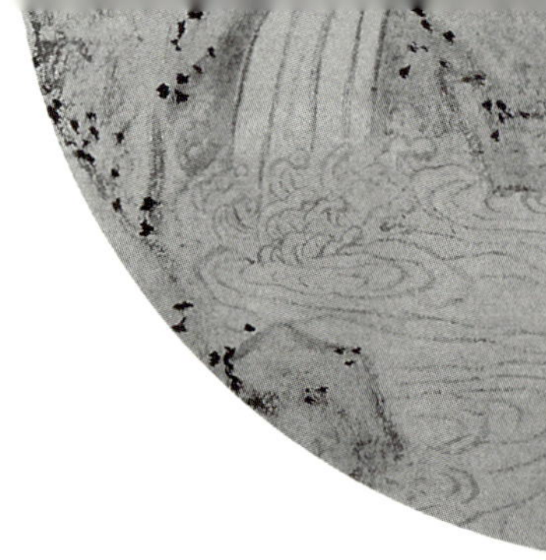

在道德终极关怀上，有以“修身”还是“平天下”为最终目标的争论。道家弘扬自然之道，认为道的最大用处在于修身，其他皆有害身心发展，所谓“道之真以治身，其绪余以为国家，其土苴以治天下。由此观之，帝王之功，圣人之余事也，非所以完身养生也。今世俗之君子，多危身弃生以殉物，岂不悲哉”[①]。而儒家力倡大学之道、仁义之德，以此“格物、致知、诚意、正心、修身、齐家、治国、平天下”。

在人生论上，有超世主义与入世主义的争论。道家提倡超世，少涉他人俗务，即使入世利人，也要顺其自然，以其无私成其有私，果而不得已，关怀的重心仍是一己之身。（见图 1–13）儒家提倡入世，有所作为，在独善其身之外，也要兼善天下，主张为人居仁由义，以礼相待。

图 1–13　元·刘贯道《梦蝶图》

政治观念上，两家有无为之治与有为之治的争论。道家提倡“无为而治”,“无为无不为”，民自正自化，共守利而不害、为而不争的大道，追求自然无为的至德之世。儒家提倡“为政以德”，以礼乐文明、仁义孝忠教化人心、敦励民风，

① 《庄子·杂篇·让王》。

以求小康、大同的治平之世。

在等级观念上，两家有平等主义与差别主义的争论。道家认为万物平等，圣人无情，以万物为刍狗，“以道观之，物无贵贱；以物观之，自贵而相贱；以俗观之，贵贱不在己”[①]，在道的面前，万物众生皆平等。儒家则讲社会中存在尊卑贵贱的等级，亲疏有别，主张“亲亲，尊尊，长长，男女有别，人道之大者也”[②]“亲亲、故故、庸庸、劳劳，仁之杀也；贵贵、尊尊、贤贤、老老、长长，义之伦也。行之得其节，礼之序也”[③]“礼不下庶人，刑不上大夫”[④]。

在理想人格上，有以天人、神人、至人、真人还是以圣人为最高标准的争论。道家提出天人、神人、至人、真人、圣人、君子等理想人格榜样，将儒家所推崇的仁义君子列于末位，视作世俗之辈，即《庄子》中所言“天之小人，人之君子；人之君子，天之小人也”[⑤]。儒家推崇贤能的圣人君子，将此作为修身治世之本与理想目标。

从阶级分析的角度看，先秦儒道思想的争鸣和冲突反映了二者在社会地位与阶级利益方面的不同，儒家代表统治阶级和中上层知识分子的利益，道家则是被统治阶级和下层知识分子的代言人。先秦之后，因为社会等级的存在和宗法政治的发展，不同阶级和阶层的斗争仍然存在，在意识形态和思想领域中，儒、道两家之争自然不会罢休，而是一如既往地持续。在汉初，黄老道家与儒家明争暗斗（如下章要讲的黄生与辕固之争）。至汉武帝时“罢黜百家，表章《六经》”，将孔学儒术推到最高权力中心。从此，在学理和政治方面，儒道之争渐渐平息，儒道之间更多的是由互争走向互补，化为士人修身与贤君治国的重要策略与路

---

① 《庄子·外篇·秋水》。
② 《礼记·丧服小记》。
③ 《荀子·大略》。
④ 《礼记·曲礼上》。
⑤ 《庄子·内篇·大宗师》

径。但在汉魏时期道教、玄学兴起之后，它们又以新的形式在学术、信仰和政治层面交织在一起，此起彼伏，生生不息。

当然，在争论之外，道家与儒家也存在某些相同或相通之处。如在天人关系上都讲“天人合一”；在方法论上皆主张秉持中正、辩证的态度；在未来世界设计上倾向于复古，在为人上皆提倡厚道处世、谦卑相待之德[①]。凡此等等，不一而足。

总之，儒、道二家在人生与治世等方面秉持的观点多有不同，争论不已，但彼此之间又不乏相同、相通之处，二者在相争中互补，在相通中互融，从而形成中华传统文化儒道互补的模式，影响着历代中国人的修身与治世理念。先秦时期儒道相争，延绵千年，在很大程度上既是学术见解不同和自由发展的体现，也是儒道互补、裨益后世的必要前提，同样是中华思想发展史上宝贵的精神财富，值得我们每一位中国人珍惜、学习和发扬光大。

十三、稷下学宫

战国时期，某些国君和贵族出于巩固自身统治的需要，招纳各方游学的贤士，设置专门机构，给予丰厚的待遇，希望得到这些贤智者的支持，从而形成一种养士的风气。这些士人既有替主出谋、为主分忧者，也有坐而论道、畅谈政治者，还有聚徒讲学、著书立说者。比较有名的如战国四君子（信陵君魏无忌、春申君黄歇、孟尝君田文、平原君赵胜）招徕门客、燕昭王筑黄金台招纳贤士、吕不韦召集幕僚编纂《吕氏春秋》等。但持续时间最久、学术影响力较大的要数齐国的稷下学宫。

① 儒、道在道德层面的争论在于选择什么样的道德，而不是要不要道德，而是选择什么样的道德。道家贬斥名实不副之仁义礼教，主张摒弃仁、义、礼、乐这些道德名号，回归真正有益人心的真实道德，直接寻找其中的纯朴与厚实。

稷下学宫是战国时期齐国数位国君在其都城临淄（今山东淄博）稷门附近建立的一所学术机构，专为来齐游学的士人提供食宿和交流的场所。它创建于齐桓公田午时期，前后历经齐国六君，长达150多年。在鼎盛之时，据说有上千名学人会聚于此，讲学授徒，著书立说，互相辩论。学宫里的学者被尊称为“稷下先生”，首领被称作“祭酒”，门徒被称作“稷下学士”。他们来自四面八方，代表儒、道、墨、法、名、阴阳、纵横、黄老等不同学派，讨论的内容主要有如何一统天下、王霸之辩、义利之辩、天人之学，名实之辩、人性善恶等方面。活跃于学宫的名家如云，如宋钘、尹文、彭蒙、季真、淳于髡、孟子、兒说、田巴、田骈、慎到、环渊、荀子、鲁仲连、邹奭、邹衍、公孙龙等。后人将这些学者统称为“稷下学派”，他们组成了一个政治智囊机构，同时进行学术交流，在战国时期的思想文化发展中具有重要的地位。

各派学者荟萃于稷下学宫，聚徒授学，议论政事，表现出很多共同的特征：（1）他们都提倡入世之学，探寻治理国家之道。（2）稷下学者多为四方游学的士人，擅长辩论，如大谈阴阳五行说的“谈天衍”“雕龙奭”，雄辩的兒说、田巴、淳于髡、鲁仲连、孟子、荀子等。（3）他们博学多长，融汇众家之长，自成一家，如黄老学派糅合黄帝之学与老子思想为一体，荀子更是集前人思想之大成而创荀学一派。当然有的学者通晓诸说，但不囿于某派，被后人视作杂家。（4）他们相互之间切磋、辩论，如公孙龙与惠施的“坚白”“同异”之辩、荀子对前人学术的综合批判、孟子和淳于髡关于“男女授受不亲”的问答、儒家内部性恶说与性善说的交锋等，是战国时期学术争鸣的典型代表。

稷下学者们多倾心学术，聚徒讲学，辩论交流，显示了当时士人的优良学风。主要有五方面：（1）授业弟子，著书立说，使学术专业化；（2）学派独立，百家争鸣，开一代新风；（3）以理服人，言行一致，反对华而不实；（4）“别有”“解蔽”，主

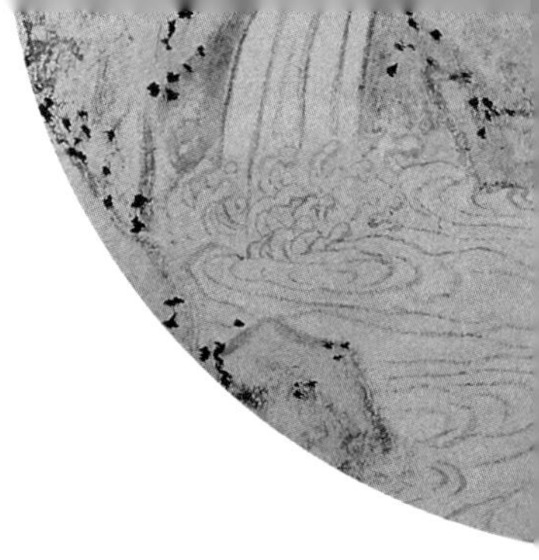

张实事求是，反对主观片面；(5) 坚持真理，取长补短，学术别开生面。[①]这种良好的学风得益于稷下学宫制定的“学则”，即学生守则，从《管子·弟子职》中的相关记载可见学生在求学问道、饮食起居、洒扫应对等方面都有章可循，秩序井然。

在稷下学派中影响较大的是黄老道学，主要代表人物有彭蒙、季真、慎到、田骈、接子、环渊等，他们“皆学黄老道德之术”，受其影响者有尹文、宋钘、荀子等人。他们的观点被后人记载在《慎子》《庄子》《管子》《黄帝四经》《司马法》等书中。黄老之学主要讲治国之术，从政治角度阐发老子之道，既讲因循自然之道，又讲具体执政之法，关键词就是“道”“法”。黄老学派诞生并兴盛于齐地，与当政者有很大关系。田氏代齐后，为了寻求政权的合理性，他们一方面追根溯源，以黄帝为祖先，另一方面又在学理上崇尚道家老子的治世学说，从血统、学统两方面建构其道统的权威性，从而论证田氏取代姜齐的正义性和政权的合法性。当然黄老学成为稷下学宫的主角，也有深刻的地域文化原因。齐地的文化素以“宽缓阔达”见长，齐国自其建立之始即确立“因其俗，简其礼”的治政理念，齐法家含有礼、法互融的精神，都表现出一种顺遂包容和权变务实的特征。至田齐时，出现容纳不同学派争鸣的稷下学宫和道、法互补的黄老思想，都与此有密切的关系。

总之，稷下学宫荟萃各方各派学者，为不同学派的交流与发展提供广阔的平台，做出了重要贡献，成为战国时期百家争鸣、学术繁荣的典型代表。由此形成的稷下学派特别是黄老之学对后世的影响至大，是中国思想文化史上一颗璀璨的明星。

① 参见周立升、王德敏：《论稷下学风》，《管子学刊》1988 年第 4 期。

第二章 两汉经学

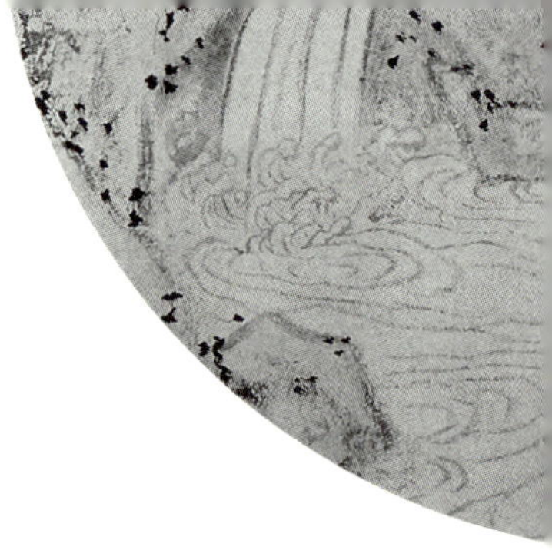

经学是指我国古代研究儒家经典特别是“五经”的学问。在汉代，自汉武帝“罢黜百家，表章《六经》”和董仲舒成功改造儒学之后，经学由无而有，蔚然而兴，迎来一个空前发展的高峰，并经历了道儒互黜、今文经学独秀、今古文经学之争、今古文经学合流与转衰的过程。

汉初天下一统，百废待兴，确立汉王朝的政治指导思想至关紧要。先是黄老道学以守成清静之道，为经济恢复和政治稳定提供理论支持，成为当时的主流思想，但它守成居多，质胜于文，非长治久安之道。以汉初陆贾、贾谊等为代表的一批儒者，充分吸取其他各家思想，补充完善原始儒学的不足，更新儒学。之后，汉武帝采纳董仲舒“推明孔氏，抑黜百家”的建议，改变旧制，设立《诗》《书》《礼》《易》《春秋》五经博士，传习、解释“五经”之学成为汉代士人的主业和正途。儒学的重要性由此日渐突显，终代替黄老道学，一家独尊，成为官方哲学和主流意识形态，为大一统政治提供崭新的理论支持。此后，借助于政治的外部支持和学术的内在发展，研究五经等儒家经典的经学走向兴盛，出现今古文经学互竞风流、互动相融的情形，成为汉代学术发展的中流砥柱。

汉代经学分为今文经学和古文经学。今文经学指研究用汉初通行的隶书抄写流传的儒家经典之学，其主流是春秋公羊学，典型代表为董仲舒、公孙弘、何休等，致力于为大一统政治提供理论指导，颇受当政青睐，长期处于官学地位。古文经学指研究用先秦六国文字（如孔子旧宅夹壁所藏古籍中的蝌蚪文）书写的儒家典籍之学。古文、今文经本指同一类古籍，只是抄录文字、书写方式略有不同，但随着学者对这两个版本典籍的深入研究，衍生出历史观、价值观和方法论等方面的差异，形成今文经学与古文经学。两派分立门户，各有师法，彼此对孔子的评价、解释经书的重点和研究方法等都存在较大的分歧，导致学界发生今古文经学之争，二者相互辩论、互相渗透，不断整合。到东汉末年，郑玄融汇其学，集其大成，实现了经学的统一。但当时天下大乱，王纲解纽，儒学失去了政治的支持，自身又发展乏力，经学随之衰落不振。

在汉代，经学的昌盛为大一统政治与社会教化提供了宝贵的理论指导，使儒学与政治更紧密地结合在一起，提升了孔子儒学的地位。但汉代经学依靠政治的支持寻求发展，以阴阳五行化的儒学作为理论依据，在微言大义与典章训诂的两极游走，将儒学引入过度政治化、符号化、神秘化和琐碎化的境地，物极必反，最终走向衰落。汉代之后，经学仍以其他的形式延续和发展，深深地影响着历代中国的政治、社会和文化，至今不息。

一、儒道互黜，经学始兴

西汉初年，面对秦末时局动乱、经济凋敝的社会现实，统治者注意吸取秦朝二世灭亡的教训，减省刑罚，轻徭薄赋，休养生息，确立了比较宽松的统治策略。这一策略从道家黄老无为的学说中可以找到理论依据，从而促使黄老道学成为汉初政治指导思想，有利于恢复经济，安定民生，稳定秩序，增强国力。尽管如此，儒学作为一种具有强大生命力和丰富内涵的理论学说，在汉初潜滋暗长，影响势力不断壮大。儒、道两家在不同场合争论历史问题、关注现实政治，表现出互黜相融之势。谈及这个话题，就不得不提到发生在汉初景帝时期的一场辩论。

当时辩论的主角为齐地儒生辕固生和朝廷学士黄生，旁有皇帝及臣子。辩论主题为：汤、武得天下是弑篡还是受命。黄生坚持汤、武弑君而得天下，认为君臣大义不变，即使君主有过，臣下也只能劝谏，不可将其诛杀并自立。辕固生则认为桀、纣失民心变为独夫，汤、武是顺应民意而杀之，不得已而为王，这是诛一独夫。辕固生还以高祖为例，进行反驳，质问黄生：依你所言，高祖代秦而履天子之位，也是不对的吗？辩论至此，双方僵持不下，景帝连忙出面打圆场，说：一个人即便不吃可能带毒的马肝，也不能说他不知道马肝的味道。进行讨论学术，如果不论汤、武受命与否的问题，也没人会以为他是傻子。于是二人的争议就此中止。之后，当朝学者都不敢再公开讨论关于汤、武是受命

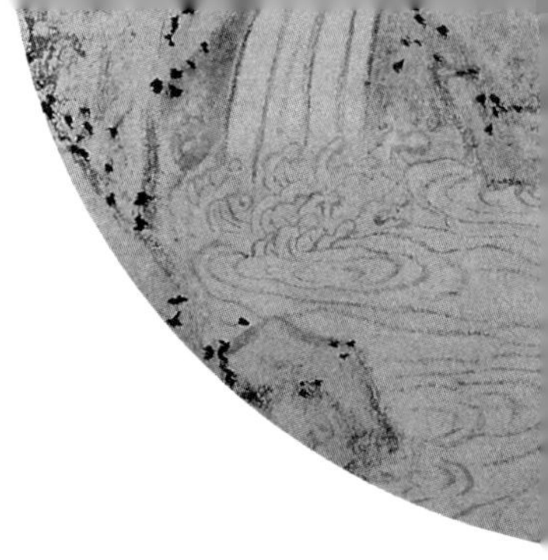

还是弑君而得天下的问题了。从这个故事中可见汉初儒家、道家在一些历史认识上的分歧，而这也涉及二者在处理现实问题时采用何种策略的争议，即以黄生为代表的黄老道家主张维持现状，而以辕固生为代表的儒者主张变革，体现了双方治世理念的不同。

事实上，在治国策略上，文帝和景帝等最高统治者崇尚黄老思想，特别是窦太后“好黄老言，不悦儒术”，并对儒术加以扼制，故使儒生无法得到当政者的有力支持与重用，前进势头暂时受阻。最典型的例子就是辕固生因非道家之言而获罪。史载，一日，太后召辕固生，问及他对《老子》的看法，其答复是“家人言”。太后怒不可遏，将他送到猪圈与野猪搏斗，欲将其置于死地。幸亏景帝暗中派人塞给辕固生一把匕首，他才刺死野猪，侥幸躲过一劫。之后，辕固生被罢免官职，长期不得重用。道、儒两家互黜的情形展露无遗。

至汉武帝时期，儒家势力不断壮大。儒、道两家的争斗进至白热化阶段，彼此力量盈缩消长，发生了根本变化。其时，不仅武帝本人雅好儒术，丞相窦婴、太尉田蚡与御史大夫赵绾及郎中令王臧等人都推崇儒术，贬抑道家，这引起窦太后的不满。故在建元二年（前 139），当得知赵绾建议汉武帝以后不要再向东宫皇太后奏事，窦太后大怒，责备皇孙，并迫使其罢免窦婴、田蚡，将赵绾、王臧下狱。在以窦太后为代表的政治老人势力的干预下，道家再次获胜，儒学试图主导政治意识形态的努力暂告失败。但儒家经典先后进入官学系统，其发展之势颇猛。特别是在武帝时，经济得到很大恢复与发展，但各种社会矛盾、民族矛盾掺杂在一起，逐渐激化，政治问题日趋复杂，当政者以黄老无为思想处理各种现实问题时已力不从心。而道家主张的自然无为，虽擅长抚治战乱后的创伤，却不善亦无意于革新进取，致使汉初数十年间各项制度沿袭以往，多有缺漏，不足渐渐暴露。恪守黄老道家思想的统治者已经认识到这些问题，意欲改革。所以有了后来立经学博士、“表彰《六经》”、尊崇儒术等各种新的举措，儒家最终取代黄老道家，成为汉朝治政的主导思想。

二、罢黜百家，表章《六经》

经学在汉武帝时期迎来了第一个发展高峰，标志性事件就是武帝遵从董仲舒建议，“罢黜百家，表章《六经》”，引入精于经学的儒生参与治政。罢黜百家、尊崇儒术，是汉代经学史和思想史上的大事，具有深远的历史影响和政治意义。

汉初，统治者不断选择各种理论学说，确立政治意识形态。起初，他们鉴于前朝速亡的教训，认为刑名法家不可用，转而采取无为而治的黄老道学，在恢复经济、稳定秩序、抚恤民生、抚平战争创伤等方面颇见成效。但随着汉朝政治与经济的发展，黄老道家思想逐渐显现出不足，在解决某些现实问题时无能为力。这样一来，儒家成了统治者的备选项，并且越来越受到重视和重用，最终跃升至官学，成为“霸王道杂之”的汉家制度中重要的组成部分，影响深远。

从儒学的发展轨迹看，汉初儒家与时俱进，积极调整自身发展方向与方法，吸收先秦各家思想，使儒学既有历史文化底蕴，又有现实可操作性，以满足当时的政治需求。汉初陆贾、叔孙通、贾谊、董仲舒等儒者都为此做出了重要的贡献。

陆贾作为刘邦的近臣，曾经常在他的面前称引儒家经典，刘邦初闻，颇为反感，曾质问：“乃公居马上而得之，安事《诗》《书》？”陆贾反驳说：“居马上得之，宁可以马上治之乎？”①他援引历史上贤明君主与残暴君主的不同结局，说明仁义的重要性，使刘邦明白“逆取”和“顺守”的不同，认识到儒学的价值，并渐生好感。后陆贾受命，著书论述秦亡汉兴、天下得失的道理，撰写成《新语》，以资借鉴，颇得刘邦赞赏，迈出汉初儒学涉政、走向复兴的第一步。此后，秦朝博士叔孙通为汉高祖制定朝仪，使儒家礼学得到了

① 《史记·郦生陆贾列传》。

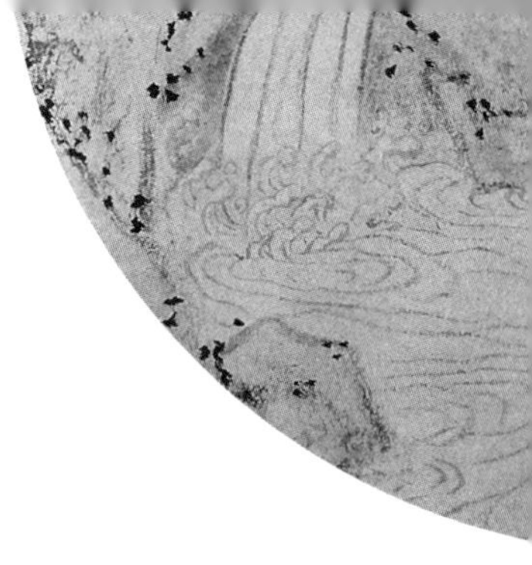

传承与弘扬，同时也让统治者明白儒家“可与守成”、定礼义等级而使皇帝具有尊荣与威严等优点。汉高祖十二年（前195年）十一月，“行自淮南还。过鲁，以大牢祀孔子”[①]。晚年刘邦过鲁，亲自祭祀孔子（见图2–1），对儒学示以崇敬之意，迥然有别于早年他溺儒冠、轻儒者的轻蔑态度。汉初儒学的复兴，亦由此见。至汉武帝时，他接受了儒者董仲舒提出的倡明经学、尊崇孔子儒术等建议，一批既好儒术、又通事变并富有远见的政治家，如窦婴、田蚡、公孙弘等积极参与其中，为儒学的发展特别是付诸政治实践做出了巨大的贡献，儒学从此进入崭新的发展时代，盛极一时。其中，董仲舒在策试中主张“表章《六经》”，尊崇孔学，重新诠释、完善与构建儒家理论，对于儒学的发展与经学的兴盛发挥了至关重要的作用。

图2–1　汉高祖幸鲁祭孔图（明彩绘绢本《圣迹之图》之一，山东曲阜孔庙藏）

① 《汉书·高帝纪》。

汉武帝曾数次召见并咨询从各地推荐而来的贤良之士。有一次，他向董仲舒（见图 2–2）询问如何总结历代兴亡治乱的经验教训，解决治国中的现实问题，以保证汉朝强盛、长久治安。针对汉武帝的征问，董仲舒连上三篇策论作答，因首篇专谈“天人关系”，故史称“天人三策”。董仲舒在策论中根据《春秋》“大一统”之义，提出以儒学实现思想的“大一统”，主张“诸不在六艺之科、孔子之术者，皆绝其道，勿使并进”。即只要不是在六艺（即“六经”）和孔子儒家思想范围之内的学说，都不得作为治政策略。这些建议被武帝采纳，儒学很快堂而皇之地进入政治的最高权力中心，地位陡升，与之相关的经学也迎来了发展的春天。这主要表现为两个方面：其一，立五经博士。立五经博士就是将《易》《书》《诗》《礼》《春秋》五部经典，每经置一博士，各以家法教授。国家只立儒学的五经博士，罢除其他各家传记博士。这就是后人所谓的“罢黜百家，独尊儒术”。其二，开创察举取士制度。察举科目主要有贤良、孝廉与茂才三种。贤良指那些合于儒学要求的德才兼备之士；孝廉指孝子和廉吏；茂才为奇才异能之士。汉武帝开创的察举制，突出了儒家经典的重要性，从制度上体现了对经学的支持与推动。

图 2–2　董仲舒像

汉武帝时期罢黜百家、尊崇儒术的文化策略基本确立了儒家思想的正统与主导地位，是中国思想史上的一件大事。它为汉代大一统政治提供了重要的理论指导，而且成为此后历朝历代治政的思想方针，延续 2000 余年，影响深远。但应该指出的是，武帝将儒学定于一尊，也只是将其确立为治国的指导思想，实际上并没有也不可能禁绝百家，即使在政治指导思想层面，“霸王道杂之”仍是汉家制度存在和体现的常态。当时儒学地位上升，但远远没有达到一家独尊的程度。

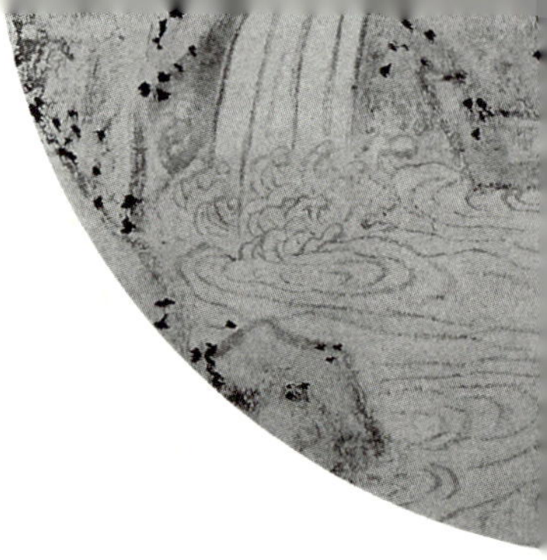

因此我们认为后人概括汉武帝“罢黜百家，独尊儒术”的说法不太准确，应该是“罢黜百家，表章《六经》，尊崇儒术”。而当代学者云“在汉武帝独尊儒术后，孔子学说死了”的说法过于悲观。事实上，孔子儒学被董仲舒等人改造后，学随术转，成为缘饰汉代“霸王道杂之”政治的儒术，是获得新生而非死亡。

三、今古文经学之争

西汉时期今文经学兴盛，在官方学术中占据主流地位。东汉时期，古文经学日益抬头，渐据上风。自西汉后期至东汉末年，今、古文经学两大派别历经数次论争，势力盈缩，互为消长，最终趋向融合，产生了深远的历史影响。

汉朝经学昌盛，首先兴起的是今文经学，倡导微言大义、经世致用。汉初，大乱过后，儒家典籍多佚失，只在民间通过师徒父子口耳相传，而且所传授的经典都是用当时流行的文字——隶书记录整理而成，故称“今文经”。汉代古文经学是相对于今文经学而论的，它的缘起与历史上著名的鲁壁藏书（见图 2–3）有关。西汉景帝年间，鲁恭王刘馀大兴土木，拆毁孔子旧宅以扩建宫殿，在一段墙壁的夹层中发现了大量古文经传，如古文《尚书》《逸礼》《礼记》《论语》《孝经》《春秋左氏传》等。据说这些书是孔子后裔孔鲋为躲避秦朝焚书而藏，和当时流行的秦小篆、隶书不同，它们是用战国时期大篆（亦称“蝌蚪文”）写成的，故被称作“古文经”。研究今文经与古文经的学问分别被后人称作“今文经学”和“古文经学”。

由于今文经学受到汉初诸帝的青睐，故朝野内外诵读今文经书蔚然成风。当时民间流传“遗子黄金满籯，不如教子一经”的谣谚，反映了今文经学兴盛一时之貌。今文经学的传经方式主要是口说师传，阐明孔子思想和儒家典籍的微言大义。在形式上恪守师法，各有所承。今文经学的宗旨是通经致用，故今文经学家密切关注时政，大讲阴阳五行、灾异谴告之论，挖掘经文中蕴含的大

图 2–3　鲁壁遗址（今山东曲阜孔庙内）

义，发前人未发之覆，彰显经典的时代价值和理论魅力，使儒家经典历久弥新，对儒家学说的解读和重构贡献良多。到西汉后期，今文经学出现两种趋势：一是由于董仲舒对公羊学中灾异、符瑞、“天人感应”等思想的阐发，导致谶纬泛滥，经学逐渐被神学化。二是由于今文经学较多地继承了原始儒学批判现实的精神，为逐渐加强专制的君主所不容，加之今文经学家解释经义时，常常主观臆断，难以令人信服，导致其发展乏力，渐行渐衰。

古文经书用战国时的篆体字抄写，与汉初通行的隶书有较大差异，时人已难于辨认和解读，故这些古文经书被长期藏于皇家秘府，几成绝学。所幸有孔安国等人立志整理先人遗学，释读了孔壁藏书中的部分内容，上交朝廷，并在家族内传习。后来，刘歆等人整理皇家所藏古文经书，使之渐为世人所知，重视并研习古文经书者不断增多，至东汉时期涌现出贾逵、许慎、马融、郑玄等知名学者。在这些学者的努力下，古文经学从无到有，由小到大，渐与今文经

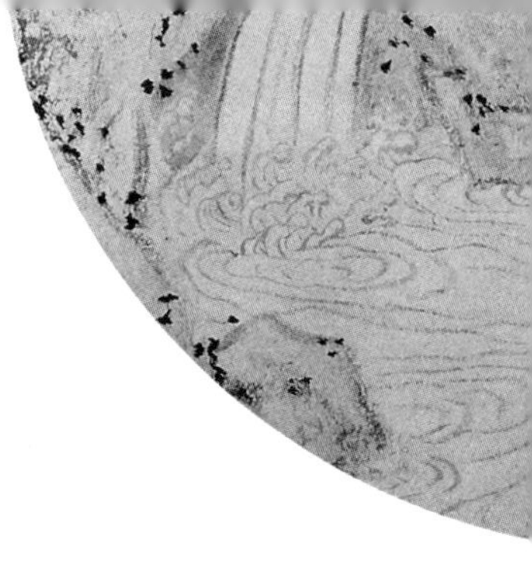

学势力相当。从西汉晚期至东汉末年，学者们研究今文和古文经书，争鸣不已，各有胜负，形成历史上有名的“今古文经学之争”。

今古文经学的论争约有 4 次，最著名的是第一次和第四次。第一次论争发生于西汉后期。刘歆奉诏在秘府校阅群书，发现并整理古文经书，向朝廷提议将《左氏春秋》《古文尚书》《逸礼》等古籍立为官学。他曾移书太常博士，直斥今文经学家对于礼制的无知，指出《左传》等古文经书的重要性。由于当时今文经学一派势力相当强大，刘歆争立古文经的愿望没有实现，但汉代今古文经学之争由此而始。第四次论争发生在东汉末年。当时公羊学大师何休精研诸经，花费 17 年撰成《春秋公羊解诂》一书，多所发明。他在《公羊墨守》《左氏膏肓》《穀梁废疾》三文中评判《春秋》三传的优劣，认为只有《公羊》的义理深远，其他存在严重的缺陷。古文经学大师郑玄读后，颇不以为然，专门著《发墨守》《针膏肓》《起废疾》三文予以驳斥。何休读后，叹服道：“康成入吾室，操吾矛，以伐我乎！”[①]认为郑玄（字康成）所写直击自己论证的要害，深表钦佩。当时京师学人称何休为“学海”，称郑玄为“经神”，足见郑玄的学术声望超越众人之上。在这场旷日持久的经学论争中，古文经学家虽然最终获胜，但并不排斥今文经学的优胜之处；相反，他们一直致力于今古文经学的融合，许慎、郑玄就是其中杰出的代表。（见图 2–4）

图 2–4　讲经图（汉画像石）

① 《后汉书 · 郑玄传》，中华书局 1965 年版。

今文经学与古文经学是在汉代经学发展过程中衍生的产物，最初的差异主要是文字、篇章和来源，后来扩大到对经书的解释、孔子的评价和治经宗旨等方面。二者互有优劣：今文经学在思想解放、学术传承和经学治世等方面发挥了重要的作用，但它重视阐发书中的微言大义，有的地方流于简单比附和盲目崇信，将儒学引向过度政治化、神秘化的歧途。古文经学追求对经书的正确理解、合理训释，视“六经”为史料，通过文字、典制的训诂，彰显经书本义，学风严谨朴实，但存在训诂不胜繁琐、缺乏现实关怀等缺陷。

总之，今、古文经学在很多方面争鸣不已，为后人留下一笔珍贵的文化遗产。至今这两种研治经学的方法仍被研究传统文化的学者借鉴和化用，发挥着各自独特的作用。

四、经学的变异：谶纬

谶纬是对谶书和纬书的合称。谶是指由巫师、方士编造，暗示吉凶征兆的图录隐语；纬是指以神学迷信附会与解释儒家经义的书。纬书出现的时间略晚于谶书。汉武帝以后，官方尊崇儒术，经学得到发展，衍生出依傍、比附经义的纬书，其中充斥着大量的神秘人物与故事，内容荒诞不经。谶书则早在汉代之前即有。二者都属于神学预言，互相掺杂，纬书中往往夹杂谶语，谶有时也依托于经。由它们合成的谶纬之学广泛流行于两汉。

谶纬在汉代的政治与思想的发展中都发挥着相当大的作用，影响颇大。在政治上，西汉末年，王莽篡汉、刘秀打天下及治天下都曾利用图谶符命，作为“改制”或“中兴”的宣传工具。如王莽让他人伪造谶文，声称代汉是受命于天；刘秀制造谶谣，扬布天下，宣称自己是真命天子。之后，他们在发诏颁命、施政用人时也多次征引谶纬。在思想上，儒学的神学化就是通过谶纬之学实现的。儒生为了保持儒学的官学地位，援引方士之术解释儒家经典，使儒学朝着神学

化的方向发展；方士则以术数知识傍附经学，提高自己的身价。于是出现了与经相配合的纬书，如《易纬》《诗纬》《礼纬》《乐纬》《书纬》《春秋纬》《孝经纬》和《论语纬》等。虽然这些纬书后来大多散失，但从今人所辑的残本中仍能见其对儒家经典与思想的神化迹象和理路。

在汉代帝王的提倡和支持下，加上俗儒的附和，谶纬之学盛行于世，跻升为官方的统治思想，流布甚广，信徒亦多。特别是光武帝刘秀在中元元年（56 年）正式宣布“图谶于天下”。据载，《河图》《洛书》《七纬》等 80 余篇谶纬类作品被钦定为解读儒家经典的重要参考书，出现“言五经者，皆凭谶纬说”的情形。当时儒生受利禄所诱，兼习经纬之学，称《七纬》为“内学”，《七经》为“外学”，谶纬之学的兴盛可见一斑。除了崇信谶纬者之外，在东汉，也有一些清醒的学者坚决抵制和反对这种盲信谶纬、妄解经典的做法，如桓谭、张衡、王充等人，他们大胆揭露和批判谶纬的荒谬无稽，呼吁正确对待经典与自然现象。

谶纬是儒学与阴阳五行说及方士术数等神学思想合流的产物，对汉代的政治、社会与思想都产生了相当大的影响。谶纬作为一种治政理念和社会思潮，其作用是双重的：一方面，谶纬对于论证政权合法性和约束君权等具有独特的作用；另一方面，谶纬既是对新政权的预言，也可能是对旧政权的否定，成为篡权工具。有鉴于此，至隋朝时，官方正式宣告禁绝图谶之学，但谶纬仍以各种形式流传于民间，经久不息。

五、以经理政

自从汉武帝“表彰《六经》”、尊崇儒学以来，儒学、经学得到空前的发展，并全面渗透到政治、社会与文化等领域，迎来了中国思想史上著名的“经学时代”。士人以解读儒家经典、服务现实政治为终生要务，如儒者以《春秋》决狱，以《易学》言灾异，以《洪范》察变，以《诗》为谏书等，开创了经学致用、以经理政的先例。

《春秋》决狱　亦称“经义决狱”，即依据《春秋》中的微言大义来审理疑难案件。它兴起于汉武帝时期，由春秋公羊学家公孙弘、董仲舒等人开创。在审判淮南王叛乱事件中，刘瑞等人主张以《春秋》大义原心定罪，就是“《春秋》决狱”的一个典型例证。淮南王刘安自恃为汉高祖之孙，加上受皇太后窦氏的支持与纵容遂生不轨之心，觊觎皇位。但叛事未起，刘安即被其孙检举揭发。皇帝命公孙弘和张汤等大臣一起审理此案，并任用董仲舒弟子吕步舒为丞相长史,“持节使决淮南狱”,以《春秋》之义正之。在审案过程中,胶西王刘瑞指出,《春秋》曰“臣无将，将而诛”，即臣下不能有叛逆之心，如有此心，即使没有行动，也要诛灭他。这与淮南王、衡山王叛乱未发但有逆上之心基本相符,故应被诛灭。这个案例反映了“《春秋》决狱”的要义就是论心定罪，即以是否有犯罪动机来定其罪罚之有无、轻重。它将儒家经义引至司法实践中，开启了后世中华法系引经注律之先河，影响深远。

以《易》言灾异　西汉著名的《周易》象数学家京房(前 77 ～前 37 年),以《易》言灾变闻名一时。在永光、建昭(前 40 ～前 27 年)年间，京房曾多次上疏，预言天将出现某些灾异。因屡屡应验而深得汉元帝的赏识，故被多次召见，询问应对之法。京房称灾异是朝廷任用中书令石显、尚书令五鹿充宗等奸佞之臣所致,劝谏皇帝及早采取治理措施。京房后被石显等人罗织罪名迫害致死。京房通过易学谈灾异，试图干预政治，虽然最终告败，但以易学解释灾异的思想对后世政治文化产生了很大的影响。

以《洪范》察变　夏侯胜专攻今文《尚书》，尤精《洪范五行传》。他曾辅佐昌邑王刘贺承继大统，登基为帝，任光禄大夫等职。但刘贺行为放荡失礼，令朝中要臣霍光和张安世等人大为不满，欲废之，另立新君。夏侯胜察觉后，一再提醒刘贺，并当面进谏，说:“天久旱不雨，以谋可乘之机也。一旦他们作乱，皇上怎么办？”霍光等人听后大惊失色，担心密谋废帝之事走漏风声，于是召来夏侯胜询问详情。夏侯胜称他依据《洪范》中的说法推测,因为皇帝不理朝政,

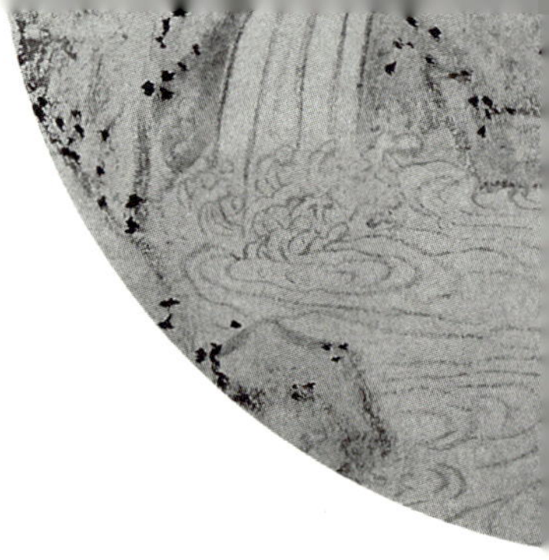

上天久阴不雨，往往预示着“下人伐上”。听了这番解释，霍光松了口气。其实，夏侯胜多半是洞察了朝政危机的征兆，然后用《尚书》中的片言只语来警告君臣。他的这番话使霍光加快废除昌邑王的步伐，终将其贬流南国，另立刘询为帝，同时也促使统治阶层更加重视经术的学习与应用。

以《诗》为谏书 在诗学方面，有翼奉借《诗经》解阴阳灾异之说，宣扬以儒家政治思想为内核的变革理论；王式以《诗经》为谏书，使自己在政治中免遭不测；申公假借《诗经》解说治乱之术，并推动儒家诗学成为官学；等等。

总之，汉代统治者尊崇儒学经术，士人以《春秋》《易》《书》《诗》《礼》诸学评议和参与时政，治理国家，促使儒学深入至政治文化领域。这种以经理政的思想对后世中国封建社会政治的运行与发展产生了深远的影响。

六、石渠阁会议

位于西汉皇宫之内的石渠阁，本为皇家藏书之所，至汉宣帝时也成为博士、诸生以及朝臣们讨论经学的重要场所。甘露二年（前 52 年），这里迎来一次盛大的学术会议。会上，汉宣帝与 20 余位名儒时贤坐而论道，针对汉初以来经学内部的某些问题，提出解决方案。这次学术盛会史称“石渠阁会议”，它在“汉代四次学术性的大会议”[①]中显得格外醒目。

众所周知，在汉武帝“表章《六经》”、尊崇儒术后，研究经学的人越来越多。学者对“五经”内容的理解不一，解释各异，由此引起经学内部的争论。在以经治国的政治文化策略的引导下，统一“五经”异同成为当时政治与思想界亟

① “汉代四次学术性的大会议”的说法来自顾颉刚先生。四会分别是昭帝始元六年（前 81 年）的盐铁会议、宣帝甘露二年（前 52 年）的石渠阁会议、平帝元始元年（1 年）的千人未央宫会议和章帝建初四年（79 年）的白虎观会议。（参见顾颉刚：《秦汉的方士与儒生·序》，上海古籍出版社 2005 年版。）

须解决的问题。另外，汉武帝末年穷兵黩武，连年征战，父子因巫蛊之祸互相残杀，致使汉朝内耗不断，国力下降，昭帝时朝政长期由外戚和权臣把持，人心涣散，士气低落，如何统一思想也是当时统治者面临的难题。为了统一儒家经学，加强思想统治，汉宣帝下诏让太子太傅萧望之和精通“五经”的儒者韦玄成、刘向、薛广德、施雠、梁丘临、林尊、周堪、张山拊等人，齐聚石渠阁，讲论“五经”异同。

此次会议的大致程序是：先由一人提出某个问题，其他学者予以解答，最后由宣帝亲自评判、裁定。会后，对“五经”的讨论均被记录整理，编订成册，条陈上奏，即《石渠奏议》(又称《石渠论》)。在后世的流传中，这些论集多已散佚，幸赖于某些类书、丛书的载录，其断片残句才被保存下来，我们据此可察其概貌。此外，石渠阁会议上增设经学博士，讨论今文经学内部的齐学、鲁学问题，提拔精通经学的儒士，推动了经学的发展。如在宣帝、元帝时期，《穀梁春秋》适应当时“稽古礼文”的要求，地位不断上升，古文经学势力日渐壮大。《大戴礼记》和《小戴礼记》编成于稍晚的元帝时期，《礼》学亦得到长足发展。这些都与石渠阁会经学大讨论密切相关。

值得一提的是，在此次会议上，《穀梁春秋》受到统治者的重视，取得了与《公羊春秋》并重的学术地位，是《春秋》经学和古文经学发展中的关键环节，而这与当时的宗法礼制建设有关。从学理上而论，《公羊春秋》突出《春秋》大义、拨乱反正、“大一统”、等级制等思想，有利于强化中央集权和大一统政治，但也存在削弱宗法伦理道德的缺陷。事实上，治国不可一味强调经义律法，礼义教化与道德建设亦刻不容缓。《穀梁春秋》宣扬宗法情谊、亲亲之恩，有其理论上的优势，可补充《公羊春秋》的不足，故得到当政者的重视，地位渐升。

石渠论议是西汉统治者在尊崇儒术的基础上进一步强化和巩固政治意识形态的重要举措。它标志着儒学与政治的深度结合，不仅提高了儒家经学的地位，

而且加强了封建宗法伦理政治，确立了皇帝在政统、学统中的最高权威，无论对政治还是对学术发展都具有重要的历史贡献和深远的影响。

七、白虎观会议

东汉建初四年（79 年），汉章帝聚集群臣，依照石渠阁会议，在白虎观召开经学讨论大会，即“白虎观会议”，希望通过官方力量自上而下地统一今、古文经学与谶纬之学，确定治学与治世的规范，“永为后世则”。在一个多月的时间里，数十位与会者集中探讨了 40 多个问题，涉及政治、军事、经济、社会、文化、伦理和历史等领域，涉及面广，内容亦丰。会上基本确立了以“三纲六纪”为核心的封建政治伦理，预示着今、古文经学走向融合的趋势，是经学史上一次具有重大转折意义的会议。

自汉武帝时尊孔崇儒、“表章《六经》”起，今文经学就一枝独秀，取得长足发展。但不久之后，古文经学初兴，与今文经学在某些方面发生分歧，且分歧日渐增大。在西汉中后期，发生今、古文经学之争，今文经学虽暂居上风，但受到古文经学的冲击，急需利用皇权压倒对方。另外，在董仲舒融合阴阳五行说建构新儒学后，宣扬“天人感应”“君权神授”，特别是用神学解释经学的风气愈演愈烈，谶纬之学得到迅速发展，成为与今、古文经学并立的思潮，影响颇大。为了稳固儒学的统治地位，促进经学与谶纬学的进一步结合，协调各派学术，纠正歧义，统一标准，章帝刘炟依照议郎杨终的奏议，仿照西汉石渠阁会的先例，调集各地儒生，在洛阳白虎观召开学术大会，讨论“五经”异同，白虎观会议由此而来。

会议的大致程序是：先由五官中郎将魏应秉承天子旨意发问，复经诸儒讨论、发表见解后，再通过侍中淳于恭上奏，最终由章帝亲自裁决。会后，汉章帝命史臣班固总结会议所论，撰成《白虎通义》一书，亦称《白虎通》《白虎通德论》（见图 2–5）。

《白虎通义》全书包括 43 个条目，涉及社稷、礼乐、诛伐、谏诤、灾变、农桑、圣人、三纲六纪、宗族、嫁娶、丧服等，主要阐释其概念、说明其要义，并引经据典加以论证。一方面，它侧重通过解释经义来阐发儒家的社会政治理论，体现了汉代经学致用的特征，即所谓“以经术缘饰吏事”。特别是书中肯定“三纲六纪”，将“君为臣纲”列为“三纲”之首，是皇帝利用经学论证君主专制合理化的典型代表。另一方面，它作为官方组织讲论“五经”同异、统一经义标准的结果，掺杂经学与谶纬学而成，体现了时代文化特征。如从其所引经传来看，它极尽杂糅之能事，将《易》《诗》《书》《春秋》《礼》《乐》《论语》《孝经》等儒家经书和各种逸文、谶纬等糅合在一起。出现这种情形，从学理上而言，是因为《白虎通义》延续了董仲舒以来今文经学的神秘化发展趋势，以阴阳五行说为理论依据，解释自然现象、礼仪制度、风俗习惯、伦理道德等。可以这样说，如果说汉代儒学和经学神学化开始于董仲舒的《春秋繁露》，那么这一过程完成的标志就是《白虎通义》。

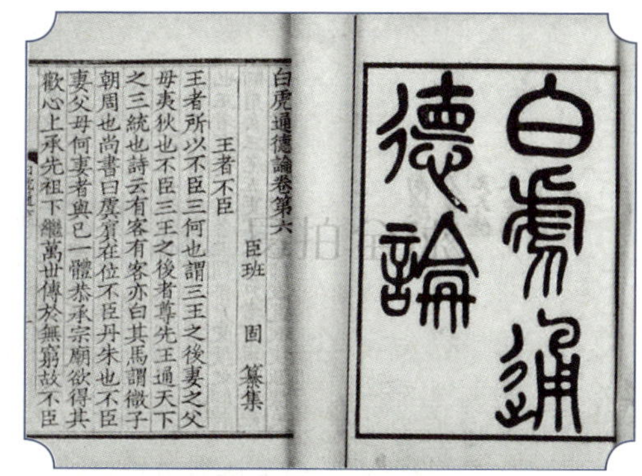

白虎通德論

白虎通德論卷第六

臣班固纂集

王者不臣

王者所以不臣三何也謂三王之後妻之父母夷狄也不臣三王之後者尊先王通天下之三統也詩云有客有客亦白其馬謂微子朝周也尚書曰虞賓在位不臣丹朱也不臣妻父母何妻者與己一體恭承宗廟欲得其歡心上承先祖下繼萬世傳於無窮故不臣

图 2–5 《白虎通》书影

总之，白虎观会议由皇帝亲自主持，参与决断，规模较大，历时亦长。它讲论五经异同，统一经义，阐发圣人之道，综合今、古文经学及谶纬之学，缓解了今、古文经学长期争斗的矛盾，主张经学为君权专制服务，强调封建伦理纲常，在一些重要的问题上形成某种共识，为汉代政治提供垂世之则，具有重要的学术意义和现实价值。但是白虎观会议重视古文经学和谶纬，助长其发展之势，使原来居于官学主流的今文经学渐被古文经学取代，同时民间宗教则借助谶纬思潮上扬而成为东汉原始道教的重要来源，因此它也被当今一些学者视

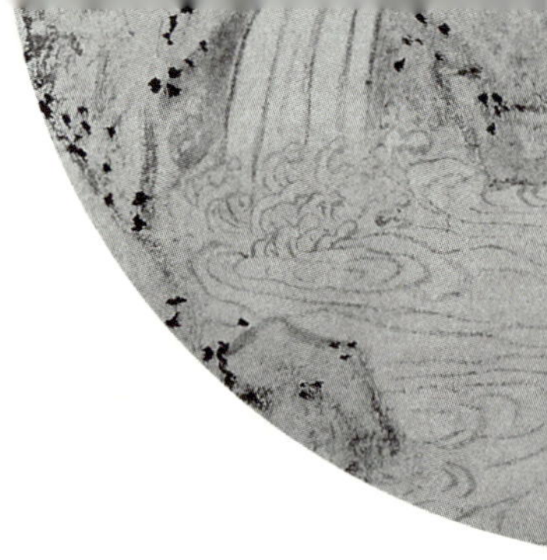

为“经学走向破产的标志”或“经学思潮由盛转衰的标志”。我们需要客观评价白虎观会议在历史上的作用。

八、贾　谊

新中国成立后，毛泽东主席曾经写过两首诗，悼念一位西汉思想家。一首云：

贾生才调世无伦，哭泣情怀吊屈文。
梁王坠马寻常事，何用哀伤付一生。

另一首云：

少年倜傥廊庙才，壮志未酬事堪哀。
胸罗文章兵百万，胆照华国树千台。
雄英无计倾圣主，高节终竟受疑猜。
千古同惜长沙傅，空白汨罗步尘埃。

图 2–6　贾谊像

诗中提及的贾生就是贾谊（见图 2–6）。诗人对贾生的才华赞誉有加，称其“才调世无伦”“少年倜傥廊庙才”“胸罗文章兵百万”，并对他的政论文《治安策》赞誉有加，列为“西汉一代最好的政论”。事实上，贾谊在哀伤、悲愤的一生中，写下了很多文章，评论时政，切中时弊，为当政者建言献策，在汉初政治制度与思想文化建设中做出了巨大的贡献。

贾谊（前 200 ～前 168 年），河南洛阳人，世称贾生，汉初著名的思想家、政

治家和文学家。贾谊少有才名，文帝时任博士，迁太中大夫，因受人排挤，被外调为长沙王太傅。三年后又被召回长安，为梁怀王太傅。梁怀王不幸坠马而死，贾谊深感歉疚，抑郁而亡，年仅 33 岁。

贾谊虽英年早逝，但他通经博学，见识卓远，有佳作传世，被收录于《新书》中。其作大体可分为三类：一类是专题政论文，如《过秦论》；一类是就具体问题所写的疏牍文，如《陈政事疏》；还有一些是杂论。其著作以政论文为主，评论时政，文风朴实，语意酣畅，被鲁迅称为“西汉鸿文”。

贾谊的政治思想主要体现在以下几方面：第一，以民为本的仁政思想。贾谊认为，秦朝灭亡的教训在于“仁义不施”，要使汉朝长治久安，必须施仁义、行仁政。他清醒地认识到广大民众在国家治乱兴衰中发挥着至关重要的作用，故行仁政的主要内容就是爱民，只有与民以福、与民以财，才能得到民众的拥护，国家才能长治久安。第二，礼法结合，突出礼制。贾谊的礼制思想不同于先秦诸子，他主张在不废除法治的前提下，实行礼治，并提议改革礼制，上书《论定制度兴礼乐疏》，以儒学与五行说设计一整套礼仪制度，代替秦制，丰富和发展了先秦儒家的礼治思想。遗憾的是，由于当时文帝刚即位，改革的条件还不成熟，故其建议没有被采纳。第三，维护中央集权和政治大一统。针对汉初中央政府和地方诸侯割据势力之间存在的矛盾与隐患，贾谊主张“众建诸侯而少其力”。这个建议相当有见地，比起晁错的强行削藩，既实在又高明。汉武帝时，主父偃建议推恩分封，其实就是对贾谊这一主张的继承和发挥。

贾谊的思想来源丰富，颇具时代特色。有学者说：“贾谊的思想主要为儒家内容，也有法家成分，甚至还有道家色彩”，“显示出汉初以儒家为主的各家学派合流的趋势，显示出儒家经过加工改造，最终将成为封建社会统治思想的发展趋势”[①]。这一看法比较符合历史事实。在论者看来，贾谊既认识到汉初制度残

① （汉）贾谊著，王洲明、徐超校注：《贾谊集校注》，人民文学出版社 1996 年版，第 8 页。

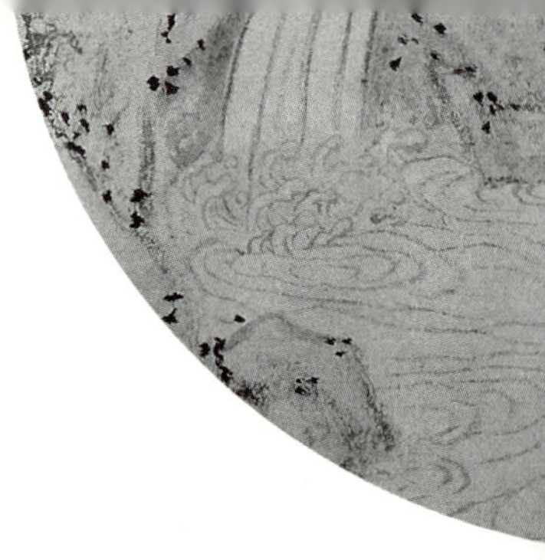

缺不全、人们捐弃礼义廉耻的社会现实问题，指出当政者不能一味遵行黄老之术，推崇无为而治；又提出新举措，倡导制礼仪、明尊卑、施仁义、行法治，为汉朝统治者擘画了一个仁以爱民、礼以尊君、不废法治的治国理政模式。后世所称的“汉家制度”主张“霸王道杂之”，其理论创始于齐法家与荀子，而在汉代首先对之进行系统论证者，应为贾谊。

贾谊在中国历史舞台上就像一颗耀眼的彗星，虽迅速陨落，但他以过人的才智与远见，在政治与文化领域提供了许多具有预见性和开拓性的建议，这些建议先后得到实施，颇有成效，影响深远。

九、董仲舒

历数汉代思想界的文化巨子，有位学者一生立德立言，成就灼灼其华，格外引人注目。他曾经“三年不窥园”，专研经典，学有所成，被誉为“群儒首”“儒者宗”。他曾为汉武帝进献“天人三策”，弘扬孔子之术、六艺之学，“为两千多年的中国封建社会确立儒家学说为核心的统治奠定了理论基础”①，成为汉武帝推行“罢黜百家，表章《六经》”政策的重要谋划者。他因公羊春秋学而名垂青史，将儒学与阴阳五行糅合在一起，构建了新的儒学理论，成为一代春秋公羊学大师，亦因以春秋大义言阴阳灾变而获罪，身险囹圄，几致丧命。他辅佐君王、诸侯，倡言“大一统”“三纲五常”，宣扬“天人感应”“君权天授”，大谈“天不变，道亦不变”，提出仁人“正其义不谋其利，明其道不计其功”的道义观，成为后世政治理论的重要组成部分。他就是汉代杰出的思想家董仲舒。

董仲舒（前 179 ～前 104 年），广川（今河北景县广川）人，汉代思想家、政治家、一代名儒。在青年时期，董仲舒广闻博知，学有所成，设帐授徒。汉

① 庞朴主编：《中国儒学》第 2 卷，东方出版中心 1997 年版，第 44 页。

景帝时任经学博士，主讲《公羊春秋》，门下弟子众多，声名渐广。他勤奋好学，据说曾在三年多的时间里，深研经义，没看过附近的菜园，留下“三年不窥园”的美谈。功夫不负有心人。通过不懈的努力，董仲舒德学精进，最终贯通“五经”，董仲舒长于议论，善为文章。他一生专攻春秋公羊学，重构儒学，著述颇丰，其思想集中体现在《春秋繁露》（见图 2–7）一书中。

董仲舒以《公羊春秋》为依据，综合儒家和法家、道家、阴阳家、墨家等各派学说，建立了新的儒家政治哲学与伦理思想。其主张大致包括以下三方面：

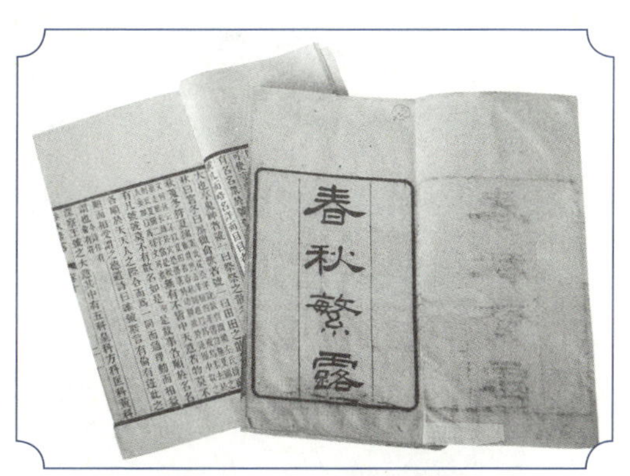

图 2–7　《春秋繁露》书影

其一，“君权天授”论。董仲舒认为，上天具有神性，是主宰宇宙万物的最高权威。他认为君主代表天意来治理国家，是治理人类社会的最高权威。君主的权力来源于天，为君权的合法性与正当性寻求理论根据，因此备受当政者的青睐。

其二，“大一统”观。“大一统”主张来自《公羊春秋》，包括政治“大一统”与思想“大一统”。政治“大一统”是指通过士大夫官僚政治建立统一的君主专制和中央集权制，思想“大一统”是指通过“罢黜百家”、尊崇儒术来统一意识。在西汉前期封国割据、边患严重的背景下，“大一统”观为维护大一统政治提供了制度与思想上的保障，有利于政治稳定、文化发展和边疆安定。

其三，“三纲五纪”论。董仲舒在继承先秦儒家关于父子、君臣、夫妻等人伦思想的基础上，吸收法家“臣事君，子事父，妻事夫”的主张，根据阳尊阴卑的理念，把这三种关系明确称为“王道之三纲”。东汉《白虎通义》又对此加以完善和发挥，提出“君为臣纲，父为子纲，夫为妻纲”。从此，“三纲”思想

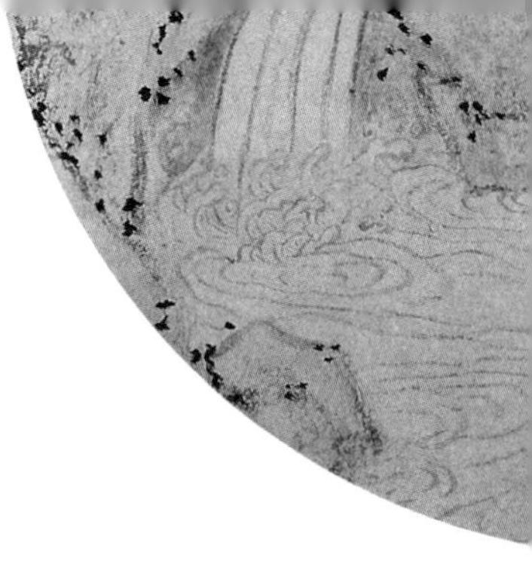

得以正式确立。“五纪”是董仲舒根据孟子的仁、义、礼、智四“善端”，再加上“信”而形成的“五德目”。从宋儒朱熹开始改称“五常”。“三纲五纪”将儒家思想与君主专制、父家长制等密切结合，同时也推广与完善了儒家道德哲学。（见图 2–8）

图 2–8　“天理国法人情”横匾（河南内乡县衙门楣）

董仲舒融汇先秦诸家思想，完善早期儒学中的政治哲学、伦理道德，提出“君权天授”“大一统”“三纲五纪”等主张，推动了先秦儒学的进一步发展和各派思想的深度融合，为汉王朝政权的合法性与国家的长治久安提供了根本依据，奠定了中国传统君主专制和中央集权的理论基础。在相当长的历史时期内，他的这些思想有效地维护了国家统一与社会稳定，具有很大的进步意义和历史贡献。

十、扬　雄

在汉代有这样一位学者，他为人平易宽和，口吃不善谈吐，但文采熠熠，擅长作赋，思想深邃，精通易学。他历仕汉成帝、哀帝、平帝、新朝王莽，但不逐富贵，不忧贫贱，随遇而安，修养颇高。他就是本节要讲的扬雄（见图 2–9）。

扬雄（前 53 ～ 18 年），字子云，四川成都郫县人，西汉著名思想家、文学家、政治家。他自幼好学，博览群书，及长，雅好儒道，深沉善思，清静无为。其治学反对西汉今文经学通经之法，避其繁琐与神秘之弊，不讲章句，只求训诂，通晓要义，所谓“不为章句，训诂通而已，博览无所不见”。扬雄怀有大志，以传弘圣人之业自任，一心研读圣人之书，不以产业为意，“不汲汲于富贵，不戚戚于贫贱”。他曾模仿《易经》《论语》作《太玄》《法言》，既是研读儒家两本经典的津梁，又是今人研究扬雄思想的主要资料。《太玄》主旨是建立一个以“玄”为宇宙万物本源的哲学体系，反映了作者的宇宙论、本体论思想。《法言》采用语录体，仿照《论语》，设为问对，义正辞易，以修身说为基点，弘扬纯正的儒学，反映了作者的人性论、伦理道德观、政治学说等。

图 2–9　扬雄像

扬雄一生致力于弘扬儒家思想，其学术主张有以下几方面：一是援道入儒，丰富儒家义理。他贬斥诸子与黄老之学，但并非不分精华和糟粕地盲目排斥一切，而是有选择地吸收道家思想中的合理成分，完善儒学的内涵。二是主张“善恶混”的人性论。扬雄既不赞成孟子的性善说，也不同意荀子的性恶说，提出

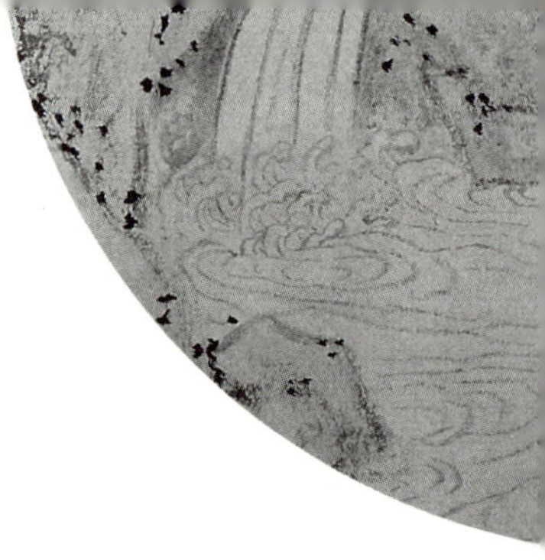

人性“善恶混”说，认为人可以通过修身去恶兴善。三是强调学行结合的道德修养论。扬雄把学习作为人之成人、成器的重要条件，认为像尧、舜、禹、汤、文、武、仲尼这些先王圣人都是学而后成的。凡人要想入圣，必须经过学行结合、去恶取善的道德修养方可达到。

扬雄的思想具有鲜明的时代与个人特征。就时代特征而言，汉代中期之后，官方罢黜百家，尊崇儒术，孔子儒学与经学受到士人的重视和推崇。扬雄生活于西汉后期，受此风气影响，独崇孔、孟，鄙薄诸子。如在《法言》中，他称赞孔子是先秦最伟大的圣人，与诸子比较，就像月亮与列星一样。另外，西汉武帝时期，以董仲舒为代表的儒生援引阴阳五行说来诠释和完善儒学，喜谈灾异，导致谶纬之学兴盛。扬雄继承孔子“不语怪、力、乱、神”的求实精神，主张理性地对待谶纬，批评近世迷信化的儒学，摒弃谶纬迷信，使儒学纯洁化。就个人特征而言，他好道喜儒，性习所染，在其思想中有明显的儒道合一的痕迹，是后世士人构筑精神世界与修养之途的榜样。

总之，扬雄崇儒习经，兼采道家，立德立言，弘扬儒学，为中国传统思想文化的发展做出了杰出的贡献。

十一、王　充

东汉时期，谶纬之风弥漫朝野，人们更加迷信上天鬼神。受此风气影响，经学的发展亦有误入歧途的迹象。面对这种局面，一位学者挺身而出，以大无畏的批判精神疾虚妄，黜迷信，问孔、刺孟、非儒、疑经，匡正旧说谬误，为人们打开了一扇理性看世界的窗口。他就是王充。（见图 2-10）

王充（27 ～ 97 年），字仲任，东汉会稽郡上虞县（今浙江上虞）人，汉代著名的思想家。他幼年丧父，但聪颖好学，年长入京，师从著名学者班彪，刻苦读书。史载王充因家贫无钱买书，曾在京师洛阳书市的摊位前“蹭”书看，因记忆

颇佳，过目成诵，所以博览众书，学富五车。王充习儒读经，希望“朝为读书郎，暮登天子堂”，但仕途不顺，无功可称，唯喜著书。在晚年，他闭门潜思，不参加任何乡人亲友的婚丧庆吊之事，专门著书立说，立言甚丰，但流传至今的仅有《论衡》一书，集中反映了他的一些思想主张。

图 2–10　王充像

在东汉前期，谶纬神学盛行，王充提倡“重效验”“疾虚妄”的求实精神，激烈抨击流行于世的各种迷信思想和社会现象。史载，王充自小喜欢思考，曾巧用物理常识，戳穿道士的骗人把戏。一天，他在集市上游逛，看到一个老道士将一尊雕像摆在桌上，雕像会自动点头或摇头，以此行骗敛财。他很好奇，走近仔细观察，发现雕像的头是用铁做的，而脖子是活动的。随后他又发现道士的尺子，一头是磁铁，另一头是铁制品。只要把尺子带有磁铁的一端对着塑像左右或上下挥动，塑像的铁头就会摇动或点首。在发现其中奥妙之后，王充当场揭穿了道士的骗术。成年之后，王充仍然坚持求实黜虚、勇于质疑的精神，对种种虚妄现象加以揭露、批判与纠正，并提出正确的观点，形成一家之说。王充的思想内涵丰富，特色鲜明，他的学术主张和贡献大致有以下几点：

其一，天道自然观。王充直接继承了荀子“天人相分”的思想，分析其因，并吸取道家自然无为说，形成天道自然的思想。他认为，天是物质之天、自然之天、无为之天，既没有情感，也没有知觉。天地合气而生万物与人类，万物因这种气的自然运动而生，彼此相胜是因为各自气势的优劣所致，并非上天有意安排。

其二，天人不相感论。王充发扬荀子“天人相分”的思想，强调“人不能以行感天，天亦不能随行而应人”。他认为社会的政治、道德与自然界的灾异无关，所谓“天人感应”说，只是人们以自己的想法比拟天意的结果，不足为信。

其三，人死气灭无鬼论。王充认为人有生死，生是由于人的精气血脉尚存，死是因精气灭亡，一如火灭。他对于人的精神现象特别是鬼作了科学的分析与解释，认为人们往往在睡觉、患病和精神失常时见到鬼，它是人的精神幻觉所致，所谓“皆人思念存想之所致也”，没有什么神秘可言。基于对人死无知、不为鬼的认识，王充抨击了当时盛行的厚葬、淫祀之风。

其四，今胜于古。王充反对奉天法古的思想，认为今人和古人相齐，气禀相同，没有什么充分的理由说古人胜于今人，甚至颂古非今。这种见解与西汉董仲舒宣扬“天不变，道亦不变”的思想形成鲜明对比，具有一定的历史进步性。

其五，批判传统儒学。王充在《论衡》中批判传统儒学特别是经学，质问孔孟，怀疑古经，在《儒增》《问孔》《刺孟》等篇，公然向圣人与经典挑战，有的论述言之有理，持之有据，在儒学经术盛行的东汉，这种理性的精神殊为可贵。他勇于和善于质疑前人所论，追求事实真相，在客观上推动了经学的健康发展。

总之，王充通习儒学，实事求是，不僵守、盲从前人旧说，反对章句之学，崇实黜虚，明辨是非，指陈圣贤经典的得失，有理有据，自成一家之言，为汉代学术的发展做出了独特的贡献。

十二、郑 玄

在今山东高密双羊镇郑公后店村村西，有一座始建于唐贞观年间的郑公祠（见图 2-11），供奉牌位、花果，世代纪念着一位汉代贤士。他一生勤于学习，攻读经书，贯通古今，集今、古文经学之大成，形成“郑学”，为天下所宗，被时人称作“经神”。他与今文经学大师何休展开学术辩论，令对手大呼：“康成

入吾室，操吾矛，以伐我乎！”他德高望重，教化乡里，感化盗贼，显现儒者美俗的本色。他不为权贵所动，甘于清贫，志于学术，传授经学，被后人誉为“海岱宗师”。他就是郑玄。

图 2–11 郑公祠

郑玄（127 ～ 200 年），字康成，北海高密（今山东高密）人，东汉经学大师。郑玄自少时就一心向学，遍读群书，师从第五先、张恭祖等名儒，通习“五经”，在关东（指函谷关以东）一带闻名远近。后经友人卢植推荐，他西入关中，拜经学名家马融为师，深造其学，长达 7 年。（见图 2–12）当郑玄告辞返乡时，马融感叹：“郑生今去，吾道东矣！”意指他的思想将随着这位弟子的东归而发扬光大。郑玄回乡后，虽一度因家境贫困，在东莱为人打工，耕种田地，但很多人随他求学，成百上千，德学之高，名重州里。不久，他受朝廷党锢之祸的打击，被禁从政。之后，郑玄闭门不出，专注经学。在解除党禁后，他屡拒朝廷权贵的征辟，保持士人气节，做到了“富贵不能淫，贫贱不能移，威武不能屈”，尽显儒者本色。

郑玄在一生中整理古代文献，将儒家今、古文经学中的诸多派系和纷纭的经说，加以改造和整饬，是一位博通的经学家。他研治经学，不守一师之说，不尊一派之书，既通晓今文经学，又集古文经学之大成。他融合今、古文经学之长，以自己渊博的学识遍注群经。《后汉书 · 郑玄传》载：“凡玄所注《周

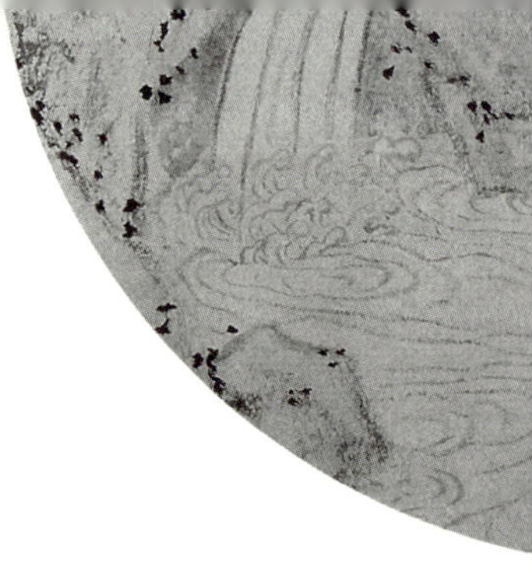

图 2–12　清·柳岱《马融传经图》

易》《尚书》《毛诗》《仪礼》《礼记》《论语》《孝经》……凡百余万言。”据学者考证统计，他的著述共约 60 种。在郑玄的经注出现之后，原来各守门户的今文经学和古文经学的壁垒渐被消除，经学进入了新的发展境地。

郑玄通过遍注群经阐发了一些政治伦理主张，为后人更好地理解儒家经籍和他的思想提供了重要的参考。如郑玄认为，人格化的天神是宇宙万物的创造者和最高主宰，天象与人事互相呼应。他在注《尚书五行传》中曰“五行先见变异以谴告人”，体现出一种谴告说，实则宣扬天人感应思想。他指出，如果君主的行为符合天神的意志，上天就会降下种种嘉瑞以示隆兴；反之，上天则会降临各种灾异，以示警告。此外，郑玄认为人的生死、贵贱、贫富、祸福等都是由天命决定的，人应恭顺天命，服从统治。在他看来，人只要按照天意行事，就有可能招致好的结果。这种认识固然有其历史局限和理论缺陷，但却是稳定民众思想和警示统治者的理论利器。再者，郑玄尊崇儒家的孝、忠观念，积极维护君主专制与中央集权制度，具有鲜明的正统意识。他崇尚《礼》学，强调礼是治国的根本，针对当时腐败政治，主张革除弊政，提出“顺民”和“任贤”等主张。他把儒家的治国理念视作经典的本义和永恒的政治法则，认为“君君，臣臣，父父，子子”可以维护等级秩序，使国泰民安。

总之，郑玄通习今、古文经学，融会贯通，遍注群经，集汉代经学注解之大成，形成“郑学”，盛行一时，在经学发展史上做出重大的贡献，影响久远。

第三章 魏晋玄学

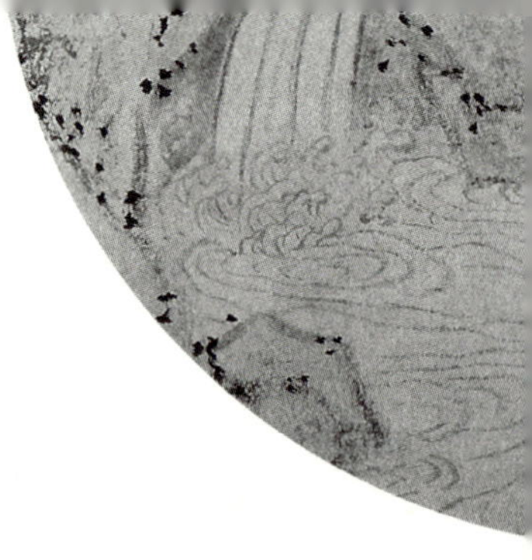

魏晋玄学发端于汉末三国时期，经过西晋、东晋、南北朝的发展，演化为一场激荡于汉唐之间数百年的文化思潮。玄学之“玄”，出自《老子》所言“玄之又玄，众妙之门”，是老子眼中主宰天地万物之“道”的一种境界。至魏晋时期，一批名士重新注解和阐发三部先秦经典——《周易》《老子》《庄子》的精深义理，讨论有无、本末、天人、体用、一多、动静、言意、声乐、名教、自然等思想范畴，表达自己对宇宙、时政、社会与人生的看法。因三书被时人称为“三玄”“诸玄”，所以相关著述和研究者有“玄学”和“玄学家”之称。

魏晋玄学家注释和阐发老庄道家经典，运用道家思想注释儒家经典《论语》《周易》等，建立“以无为本”的哲学本体论，赋予古老哲学范畴以新的意义，沟通道家与儒家的关联，提出“名教即自然”“越名教而任自然”“名教中自有乐地”等观点，主张“儒道兼综”，而其探讨的核心问题仍是天人之道的关系，关注修身与治国。就理论旨趣而言，魏晋玄学家以清谈的形式探究“玄远”“玄虚”的“虚胜之道”，表达一种高妙的玄思，阐述深奥的义理，具有较强的思辨色彩。在玄学风气盛行之时，儒家所提倡的“礼法”“名教”“天道”“人道”等哲学观念，都被玄学家们植入道家理念，将一切万有归于“虚无”与“自然”，盛行清谈、玄谈，提升了儒、道两家的理论思辨水平。

魏晋玄学远承先秦易学和道家的天玄、玄同、玄德说，中继扬雄的太玄论，近接东汉末年士人清议之风，大致经历了正始玄学、竹林玄学、西晋玄学几个主要发展阶段。玄学的主要代表人物有何晏、王弼、嵇康、阮籍、向秀、裴頠、郭象、张湛等，他们的谈玄方式有解说古代经典式、清谈辩论式、撰写玄言诗文式，治学路径有援道入儒、以佛释道、以儒统道，从而形成以道合儒、以道入儒、以儒攻道、道佛互动互融的局面。魏晋玄学上承两汉经学，下启隋唐佛学及宋明理学，风行数百年，促进儒、道深度融合，大大推动了儒、释、道三学合一的进程。它张扬人性自由，追求玄妙之理，弘扬道家自然之道，在中国思想史上独树一帜，影响深远。如学者所见：“魏晋玄学家对于自然秩序、社会

伦理和人生价值充满睿智的、缜密而深邃的理论探索和哲学思考，为中国学术文化积累了一份极为宝贵的思想财富。”①

一、正始玄学

正始玄学，亦称“正始玄音”“正始之音”，指三国魏废帝曹芳执政时期（240～249 年），在北方洛阳的士大夫中间兴起的解读先秦经典、大谈其中玄理的风气。他们通过注解《老子》《周易》，谈论“无有之辨”，以无为本，兼综儒道，阐明义理，开启玄学之先河。

正始时期，士人远承先秦易学和道家的天玄、玄同、玄德说，中继扬雄的太玄论，近接汉魏之际的清谈之风，议题从论才性名理转至抽象玄理。他们以此为线索，重新解读《老子》《庄子》《周易》三部古代经典（即“三玄”），并从道家特别是老子的角度探讨万物本源，比较儒、道异同，论其精深义理。当时谈玄名士众多，如何晏、王弼、夏侯玄、裴徽、钟会、傅嘏、管辂等，声名尤著者当推何、王二人。他们在玄学的倡导、组织和理论建树方面贡献至大，被后世奉为玄学鼻祖。围绕“三玄”，当时的士人精研、会讲其中精深玄理，蔚然成风（见图 3–1）。《晋

图 3–1　明·吴伟《谈道图》

① 张国刚等：《中国学术史》，东方出版社 2002 年版，第 230 页。

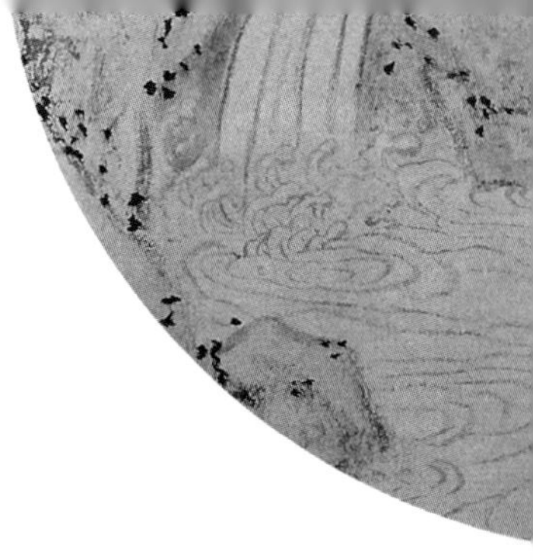

书·王衍传》载：“魏正始中，何晏、王弼等祖述老、庄，立论以为天地万物皆以‘无’为本，‘无’也者，开物成务，无往不存者也。阴阳恃以化生，万物恃以成形，贤者恃以成德，不肖恃以免身。故无之为用，无爵而贵矣。”

图 3–2　王弼像

何晏通过论道、无名，分析“有”“无”“道”“自然”与“圣人”之间的关系，将“无”作为宇宙万物的本源，创立以无为本的无本论，作为认识自然世界与人类社会的指导原则，奠定了魏晋玄学的核心命题——“有无之辨”。王弼（见图 3–2）亦从“有无”之辨出发，探讨本末、言意、动静，提出“名教”出于“自然”论，同尊孔、老，调和儒、道，引发了之后玄学家关于儒、道异同及名教与自然的长期争论，发魏晋玄学理论建设与争辩之嚆矢。应该说何晏、王弼是正始玄学的创始者和核心。

除了何、王之外，正始名士也有明确谈玄的作品。如夏侯玄所著《本玄论》一文，宣扬自然无名论，即以自然为道之本体，以自然为万物之用，认为无形无名是万物之宗，与王弼的贵无论交相辉映，构成正始玄学崇无思想的主体。另一位正始名士钟会的玄学造诣亦深，他主张《易》无互体说，精练名理，对才与性的关系有详尽的分析。它们与何、王之说一起构筑了正始玄学的主体，名噪一时，影响深远。

正始玄学家针对当时社会道德失范、儒家名教异化的现实，基于老庄道家的虚无生有观和易学本末、变常说，主张“以无为本”的本体论，援道入儒，补足儒家治世理论上的缺陷，调和自然与名教之间的矛盾，为当时的社会与政治提供理论依据和思想武器。尽管其中有些观点未必妥当、精致，甚至彼此之间出现冲突，但在客观上促进了儒、道融合发展的趋势，催生了新的思想潮流。当时玄

学家讨论有无、本末、体用、一多、动静、言意、自然与名教、儒道异同等问题，为之后玄学的发展开出一系列崭新的命题，具有重要的理论价值和历史贡献。

二、竹林玄学

竹林玄学，亦称“竹林清音”，是指在三国曹魏统治后期，以竹林七贤——嵇康、阮籍、山涛、向秀、阮咸、王戎、刘伶为首的一批士人共聚河内山阳（今河南修武），出儒入道，倡导清言谈玄，崇尚人性自然，或阐明儒道义理，或针砭批判时政，或标榜不羁之行，深深地影响到当时士风，引领和展现了新的玄学风貌，被后人称为“竹林玄学”。（见图 3–3）

图 3–3　清 · 华喦《竹林七贤图》（局部）

在三国曹魏统治晚期，随着高平陵政变的发生，曹魏政权旁落，司马氏集团成为实际的控制者。之后，司马氏大肆排除异己，杀害士人，其中不乏像何晏、夏侯玄这样的名士，出现“天下多故，名士少有全者”[①]的情形，学界弥漫着恐怖的气氛。而当权者又极力标榜名教，提倡忠孝，试图证明和维护现实统治的合法性。然而，如此歪曲利用儒家礼教思想，难以令人信服。

① 《晋书 · 阮籍传》，中华书局 1974 年版。

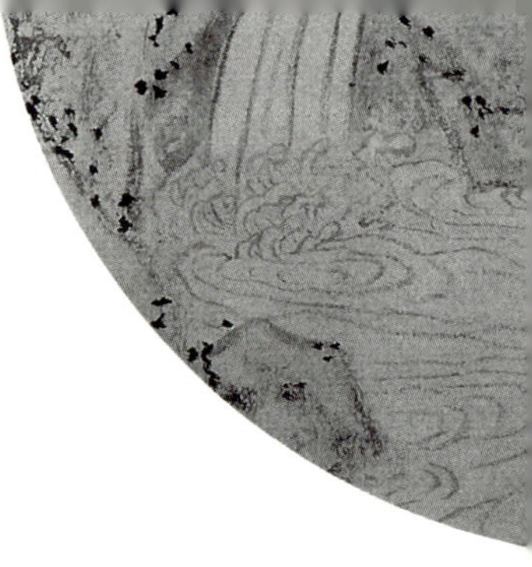

因此当何晏、王弼等玄学主将死于党争或恶疾之后，正始玄学中所倡结合名教与自然的理想终归幻灭。在白色恐怖与政治高压的影响下，士人处于苦闷而无助的困境中，自然想到先秦道家及其对儒学的批判，借此排遣心忧，表达政见，以“竹林七贤”为代表的名士团体反名教、重自然，以行为放达的形式追求内在的精神自由和人格独立，蔑视世俗政权和封建礼法，竹林玄风由此而起，兴盛10余年。这些名士坐而论道，继续探讨前人的“贵无”与“崇有”，宣扬“名教不合自然”，主张“越名教而任自然”，并以怪诞言行拒不入仕，表达他们对当政者所倡虚伪礼教的不满，实际上也是士人对当时黑暗政治无奈的哀叹与无力的反抗。不少人后来选择了妥协与入仕，有的则抗争到底，甚至付出生命。而随着“竹林七贤”或亡或仕，竹林玄学也走向衰亡。

竹林玄学的代表人物有：嵇康、阮籍、山涛、向秀、阮咸、王戎、刘伶，亦即著名的“竹林七贤”。七贤既非有组织的学术团体，亦无统一的中心，各自思想倾向不一，只是彼此意气相投，因时局所迫、特定机缘而相聚一处，清言谈玄。七贤大致又可分为两类：第一类是以嵇康、阮籍、向秀、刘伶、阮咸为代表的正统派。他们具有一定的玄学理论建树，并通过著述和行动表达对生命的深刻感悟，对精神自由与人格独立有执著的追求，标榜高洁，批判现实中被严重扭曲与丑化的儒家礼教，提倡纵情自然，抛弃礼法。第二类以山涛、王戎为代表的妥协派。他们虽曾加入竹林谈玄行列，但没有什么理论建树，后来脱离七贤之列，折节入仕，混迹官场，与当权者同流合污，人格相形见绌，为同仁所鄙。①

因为时代背景和政治氛围的缘故，竹林时期的玄学家一改以往为名教存在

① 这里将七贤大致分类，是从每位贤者的思想演变、分化而论。若细而观之，即使是正统的竹林玄学名士，如阮籍、嵇康，在思想上也经历了变化，他们早期喜好老庄，但也尊崇儒学，并不主张废弃名教。只是到了后来，目睹司马氏集团和门阀政治下的权贵鼓吹虚伪的礼教，以掩饰自己不合礼法的丑行，遂发出“越名教而任自然”的呼声，并示以狂放之行，遂将正始玄学“名教本于自然”的观点发展至一个极端，以致将道家自然无为与儒家纲常名教截然对立，并给予名教以猛烈批判。

寻求合理性的路径，转而采用激烈的态度和形式，公开批评虚伪的名教礼法，主张越名教而任自然，在理论上走向名教与自然的对立，推动玄学走向新的发展境地，嵇康、阮籍（见图 3–4）就是典型的代表。如嵇康主张顺从人性自然，反对儒家礼教思想，“非汤武而薄周孔”，“轻贱唐虞而笑大禹”，认为纲常名教与自然人性存在冲突，提出“自然论”“越名教而任自然”“越名任心”“声无哀乐”“言不尽意”“养生论”等各种观点，补充完善了玄学理论。其中“越名教而任自然”的主张针砭虚伪的纲常名教对人性的束缚，奏响了竹林玄学的最强音。阮籍认为名教非社会中本有，亦非必有之物，那些典章制度、仁义道德是使“天下残贼、乱危、死亡之术”，它们的出现无益于世，反而可能滋生“扬声名于后世，齐功德于往古”的伪君子和利禄之徒。这些礼法之士就像在裤裆中存活的寄生虫和蹿上跳下的小丑猕猴一样无用可笑。他主张要废除掉些虚伪的礼教，打破束缚人性的礼法，顺从自然，回归道家的自正自化、自然而治之途。竹林名士除了著书立说，同样以其不羁之行对抗虚伪的名教、蔑视虚伪之士，抛弃礼法约束，顺遂自然本性。比如：嵇康与友锻铁不已而冷遇权贵之士钟会，阮籍抛开“嫂叔不通问”之礼而与嫂话别，居母丧而吃肉喝酒，等等。毫无疑问，竹林玄学在批判黑暗政治、推动玄学发展和促进人性觉醒等方面发挥了巨大的作用，具有不可忽视的历史贡献，但它本身也存在某些理论缺陷，玄学家个体在思想与言行中表现出某些矛盾之处，对士风民风产生了一定的消极影响，需辩证地看待。

图 3–4　阮籍像

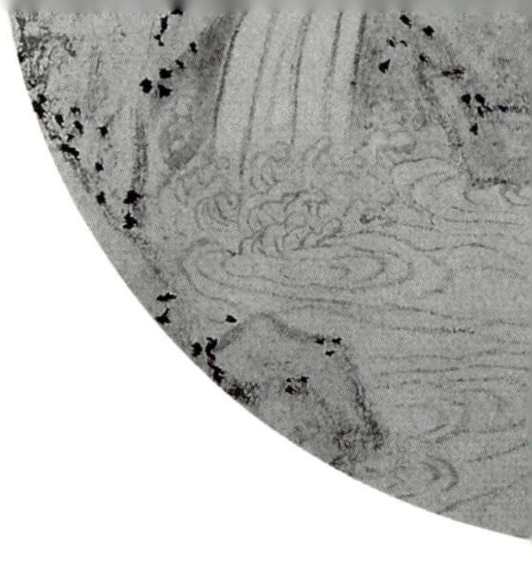

总之，竹林玄学继续接着正始玄学，谈论有无、自然、哀乐、自然与名教等各种议题，主张越名教而任自然，推动玄学理论的发展，富有浓厚的批判精神，反映了当时士人独立意识的觉醒和政治批判意识的进步，具有重要的理论意义与历史贡献。

三、西晋玄学

西晋玄学，亦名“中朝玄学”，指晋惠帝元康（291 ～ 299 年）和晋怀帝永嘉（307 ～ 313 年）两个时段即西晋中、后期的玄学思潮。这一时期的代表人物既有著作传世的裴頠、欧阳建、郭象等玄学理论家，又有谈玄名士裴楷、乐广、王衍、庾敳、王承、阮瞻、卫玠、谢鲲等（见图 3–5），史称“中朝名士”，另外成书于西晋中期的《列子》也是体现其时玄学发展情况的重要典籍①。针对竹林玄学极端崇尚虚无、名教与自然两分的弊端，他们融合儒、道之学，分别提出崇有论、

图 3–5　元 · 赵孟頫《谢幼舆丘壑图》

① 参见朱义禄：《玄学思潮》，上海社会科学院出版社 2006 年版，第 385 页。

独化论，纠正玄学发展中崇无论的偏弊，弥合名教与自然之间的分歧，将玄学理论的发展推升至新的高度。

裴頠有感于近世“时俗放荡，不尊儒术”的偏激之风，撰写《崇有论》，批判玄学家“口谈浮虚，不遵礼法，尸禄耽宠，仕不事事”，抨击当权者标榜玄学，推崇清谈，不依礼教。他提出“崇有”的主张，认为世界万物以群“有”为本，彼此以“理”相联，相互作用，群有是“自生”而来，非无中生有，无是有的残余。他公开批判无本论，回应玄学家的辩难，捍卫儒学名教，拯救乱世衰风，纠正了玄学思潮发展的偏激之处。从其本意来看，裴頠企图论证现实存有者的合理性，特别是当政者提倡的名教与封建等级制的合理性，以儒家仁、礼、忠、信之道来消除当时放达纵欲之弊。另外，谈玄名士乐广以“约言析理”闻名于世，也重视礼法，认为自然不离名教，“名教中自有乐地”。但裴、乐二人都无法从理论上重树儒家名教的权威，如何弥合儒家名教说与道家自然论之间的裂隙，仍是摆在玄学家面前的难题。稍后，向秀、郭象综合“贵无”“崇有”之说，提出“独化于玄冥之境”的命题，论证“名教即是自然”，才在很大程度上改变了这种裂隙待弥的现状。

向秀、郭象反对“贵无论”“以无为本”的观点，分别提出“自生”“自化”和“独化”之说，并在此基础上，论证儒家名教存在的合理性。他们认为，万事万物都是相互联系的，各有其受之于天性自然的本分，不得改变，不同的人只有各安其分，才合乎自然。而仁义、刑礼就是自然存在，一切名教之属，皆自生自成，需要我们遵守，不应质疑或背离甚至抛弃它，而选择从现实生活之外寻找自然理想之世界。特别是郭象的“独化论”，它主张“无待与自生”“独化于玄冥”“冥内以游外”“逍遥与安命”“自然即名教”等观点，认为圣人“虽寄坐万物之上，而未始不逍遥也”[①]，“圣人常游外以冥内，无心以顺有，故虽终日挥形而神气无

① （晋）郭象注，（唐）成玄英疏：《庄子注疏·逍遥游》，中华书局2011年版。

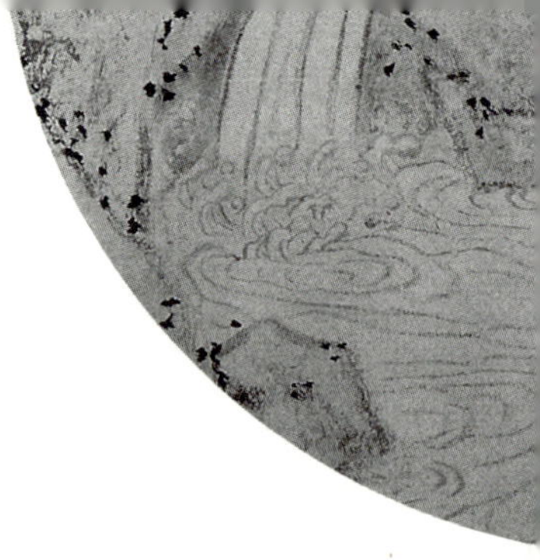

变”[①]。向秀、郭象二人前后相继，通过注解《庄子》，阐发庄子的“内圣外王”思想，建构新的玄学理论，舍小异，求大同，关注名教与自然的一致性，解决儒、道思想之间的对立，基本上完成了统一“贵无”和“崇有”及“自然”和“名教”的任务，使玄学理论臻于完善、圆融，更好地为现实政治与社会服务。

作为西晋玄学的一个环节，《列子》较多地承袭了王弼的“贵无”论，并隐含某些“独化”论的因素，被现代学者视为“郭象的先声”[②]。同时它又提倡享乐主义，大肆鼓吹纵欲享乐，接续竹林玄学的语调，顺自然而斥名教；宣扬命定论，认为人生际遇被无法变更的“命”所主宰、支配，人只能顺从这种以盲目必然性为核心的命之安排。这些主张都是西晋玄学的重要组成部分，为之后东晋张湛通过注《列子》宣扬玄学奠定了一定的基础，具有深远的历史影响。

西晋玄学既标志着魏晋玄学达到一个理论高峰，同样也意味着玄学从此由盛转衰，其独特的历史地位与意义即在于此。

四、玄学雅会

在魏晋谈玄名士的相会中，他们的言语之间带有一种哲理思辨或诙谐幽默的色彩，如南朝宋刘义庆《世说新语·文学》中记载，正始玄学时期“王辅嗣弱冠诣裴徽”，双方谈无论有，体现出一种哲思的魅力。以下再举《世说新语》中所载其他玄学名士雅会的例子，领略一下当时玄学家的言谈风格与思想特点。

三国后期，魏晋玄学进入“竹林七贤”时代。魏国两位名士初次相会，通过简短的言语对话，碰撞出思想的火花。一位是出身官宦家庭、“精有才理”的才子钟会（225 ～ 264 年），他在朝为官，是正始年间名士，与何晏、王弼

① （晋）郭象注，（唐）成玄英疏：《庄子注疏·大宗师》。

② 朱义禄：《玄学思潮》，第 386 页。

等玄学大家相善；一位是曹魏宗室的女婿、“美词气，有风仪”的才子嵇康（223～262年），为“竹林七贤”之首，当时辞官在家，甘守清贫，偶与高士交往。一天，钟会和朋友拜访嵇康，恰逢他在自家大树下与好友一起打铁。嵇康对这些来访者不闻不问，一副旁若无人的样子。最后钟会撑不住了，欲起身离去。这时嵇康冷不丁地问道：“何所闻而来？何所见而去？”钟会从容地回答：“闻所闻而来，见所见而去。”[①]问者问得突兀：你听到什么来访我？见到什么而离开我？答者答得精巧：我听到所听到的，然后来拜访你；见到我所见到的，然后离开你。没有一字怪怨，但又不失体面地化解当时的尴尬局面，自有一番玄妙在其中。（见图3–6）

西晋后期，由“中朝名士”[②]主导的玄学清谈之风弥漫全国。一天，名士阮瞻（“竹林七贤”阮咸之子）拜访玄学前辈王戎（“竹林七贤”之一）。王戎问道：“圣人贵名教，老庄明自然，其旨同异？”[③]这个问题既涉及儒家主张的纲常名教与道家崇尚的自然无为之间的实质差别，又涉及当时比较热议的思想话题——名教与自然的关系，不易解答。阮瞻比较巧妙地避开话锋，给出一个无可无不可的答案：“将无同！”意即：大概没有什么两样。王戎听完后，“咨嗟良久”，赞叹阮瞻的才思。本来阮瞻的原意可能就是说儒、道主张相同，但这个模棱两可的答案又是一

图3–6　清·任熊《嵇康锻铁》

① 《晋书·嵇康传》。

② （南朝宋）刘义庆：《世说新语·文学》刘孝标注引东晋袁宏《名士传》，以裴叔楷、乐广、王衍、庾敳、王承、阮瞻、卫玠、谢幼舆（即谢鲲）为“中朝名士”。

③ 《晋书·阮瞻传》。

个言有尽而意无穷、引人遐想不已的回答。事实上，史书没有明言王戎是否品出“将无同”的本意，却引来后人的猜度争议，至今不已，成为绵延1700多年的“学术公案”。究其缘由，主要因为它涉及魏晋玄学的重要思想命题——名教与自然的关系。王戎将此命题抛给来客，而“将无同”的答案又蕴含着各种可能的解读，即儒家名教观与道家自然观同出一源（合），既有不同之处（异），也有相同之处（同），基本对应玄学界存在的三种代表性观点：“名教出于自然”“越名教而任自然”“名教即自然”。所以，阮瞻所言三字是一个值得玩味的答案。在“他人有心，余忖度之”的心理作怪下，王戎和无数后学者对“将无同”作了各种揣测和解释，正是缘于答案本身牵涉到重大的思想命题。在此次相会中，魏晋玄学的学术主题——“名教”与“自然”的关系被正式提出来，玄学家们尝试着以辩证的态度看待和统一儒、道思想，使得二人的这次普通相会成为中国思想史上的一件大事，具有重要的学术意义。

魏晋玄学家尚清虚、多率真，在两晋时期名士雅会多有体现，以下庾亮造访伯仁、王子猷雪夜访戴逵就是典型的例子。

西晋末年某日，庾亮拜访长者周顗（yǐ），问道：“君何所欣说而忽肥？”庾亮反问：“君复何所忧惨而忽瘦？”周顗答道：“吾无所忧，直是清虚日来，滓秽日去耳。”[①]二人就借胖瘦话题谈何忧何乐，互相调侃，语锋机敏，卒章显志：长者勉励后学要每天多培养清虚心境，去掉尘俗留在心中的渣滓污物。由此可见，当时名士崇尚清虚。

东晋中期，王徽之（王羲之第五子，字子猷）辞官回乡，家居山阴（今浙江绍兴）。某夜下大雪，他一觉醒来，独酌小酒，欣赏触目可见的白雪，联想到《庄子》中“彷徨乎尘垢之外”之状，遂诗情大发，吟咏左思《招隐诗》：“杖

① （南朝宋）刘义庆撰，（南朝梁）刘孝标注，余嘉锡笺疏，周祖谟等整理：《世说新语笺疏·言语》，上海古籍出版社1983年版，第92页。

策招隐士，荒涂横古今。岩穴无，丘中有鸣琴。白雪停阴冈，丹葩曜阳林。”他吟罢诗后，兴犹未尽，忽然想起隐居在剡地（今浙江嵊州）的好友戴逵（戴逵是当时著名书画家，终生不仕），随即乘小舟，前去拜望。赶了一夜的路，到了友人家，王徽之却让人将船调头，原路返回。船家不解，他说：“吾本乘兴而行，兴尽而返，何必见戴？”①（见图 3–7）魏晋士人率真任性的形象跃然纸上，怪诞而不失可爱。

图 3–7　明 · 仇英《雪夜泛舟图》（局部）

如果我们仔细阅读《世说新语》和正史中有关玄学名士的相关文献，还能找到更多类似的例子，领略魏晋玄学家的高妙思想与率真心性。魏晋玄学家在学术上尊崇老庄，行动上率性而为，言语上崇尚名辩，思想上精深独到，对后世中国学术和士人精神的发展都产生了深远的影响。

五、永和玄言

东晋士人偏安南方，寄情山水，在雅会游乐中饮宴赋诗，畅谈玄言，抒发对天人之际、万物之情的感悟，是当时玄学的主要特点。最有代表性的雅会当推永和九年（353 年）暮春时节在会稽山阴（今浙江绍兴）举行的兰亭会。会上，大家诗文唱和，佳篇迭出，多蕴玄理，被后人称为“永和玄言”。当时参加这场

① （南朝宋）刘义庆撰，（南朝梁）刘孝标注，余嘉锡笺疏，周祖谟等整理.《世说新语笺疏·任诞》，第 760 页。

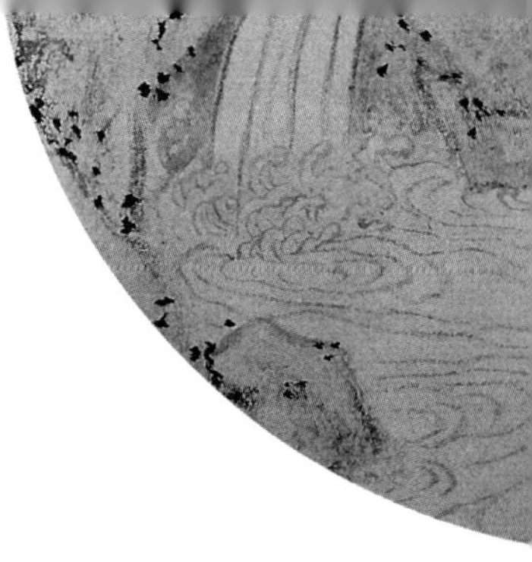

聚会的有 40 余人，包括玄学名士谢安、王羲之等。其中 26 位与会者赋了 37 首诗,大家提议将之汇编成集。王羲之被众人推选为诗集作序,他当场挥毫而就《三月三日兰亭诗序》，即闻名后世的《兰亭集序》(见图 3–8)。

图 3–8　兰亭集序

在这些诗集中，王羲之的五言诗带有浓重的道家玄学色彩，格外引人注目。兹引录如下 :

悠悠大象运，轮转无停际。陶化非吾因，去来非吾制。宗统竟安在，即顺理自泰。有心未能悟，适足缠利害。未若任所遇，逍遥良辰会。

三春启群品，寄畅在所因。仰望碧天际，俯磐绿水滨。寥朗无厓观，寓目理自陈。大矣造化功，万殊莫不均。群籁虽参差，适我无非新。

猗与二三子，莫匪齐所托。造真探玄根，涉世若过客。前识非所期，虚室是我宅。远想千载外，何必谢曩昔。相与无相与，形骸自脱落。

鉴明去尘垢，止则鄙吝生。体之固未易，三觞解天刑。方寸无停主，矜伐将自平。虽无丝与竹，玄泉有清声。虽无啸与歌，咏言有余馨。取乐在一朝，寄之齐千龄。

合散固其常，修短定无始。造新不暂停，一往不再起。于今为神奇，

信宿同尘滓。谁能无此慨，散之在推理。言立同不朽，河清非所俟。[①]

诗中所用词汇“大象”“利害”“逍遥”“无涯”“造化”“过客”“虚室”“矜伐”“常”“理”等，均为老子、庄子常谈之语，而追问“宗统竟安在”，立志“造真探玄根”，则蕴含玄学的意趣。在他的眼里，无处无老庄、无玄学，以至清泉有玄色，成了“玄泉有清声”。不独其诗充满道家、玄学色彩，其所作《兰亭集序》的字里行间也体现出这种倾向：

永和九年，岁在癸丑，暮春之初，会于会稽山阴之兰亭，修禊事也。群贤毕至，少长咸集。此地有崇山峻岭，茂林修竹。又有清流激湍，映带左右，引以为流觞曲水。列坐其次。虽无丝竹管弦之盛，一觞一咏，亦足以畅叙幽情。是日也，天朗气清，惠风和畅。仰观宇宙之大，俯察品类之盛，所以游目骋怀，足以极视听之娱，信可乐也！夫人之相与，俯仰一世。或取诸怀抱，悟言一室之内；或因寄所托，放浪形骸之外。虽趋舍万殊，静躁不同，当其欣于所遇，暂得于己，快然自足，曾不知老之将至。及其所之既倦，情随事迁，感慨系之矣。向之所欣，俯仰之间，已为陈迹，犹不能不以之兴怀，况修短随化，终期于尽？古人云：“死生亦大矣！”岂不痛哉！每览昔人兴感之由，若合一契，未尝不临文嗟悼，不能喻之于怀。固知一死生为虚诞，齐彭殇为妄作。后之视今，亦犹今之视昔。悲夫！故列叙时人，录其所述，虽世殊事异，所以兴怀，其致一也。后之览者，亦将有感于斯文。[②]

在此序的后半部分，作者借用《庄子》中某些术语“一死生”“齐彭殇”“死生亦大矣”来表达自己的今昔观，有点类似庄子所言“是今日适越而昔至也”，畅言“取诸怀抱，晤言一室”“因寄所托，放浪形骸”的乐趣，正是对之前正始玄学与竹林玄学清谈、放达之风的肯定。当然，王羲之对道家思想亦非全

① 逯钦立辑校：《先秦汉魏晋南北朝诗·晋诗》卷十三，中华书局1984年版，第895～896页。

② （清）严可均辑，何宛屏等审订：《全晋文》，商务印书馆1999年版，第257～258页。

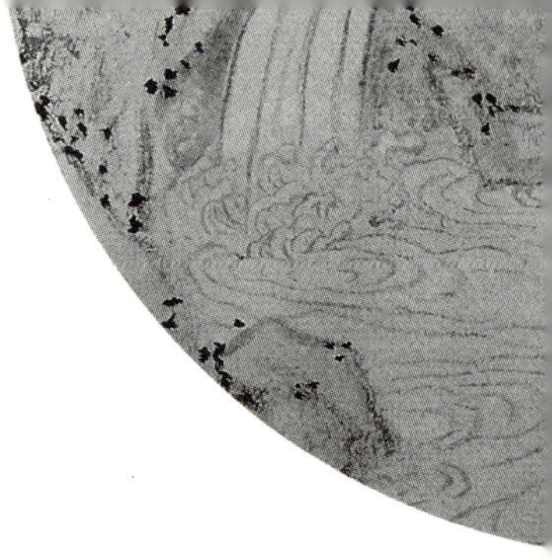

盘接受、食古不化，而是在反思中保持一份清醒的理智。如在评价道家的生死观时云："修短随化，终期于尽？……固知一死生为虚诞，齐彭殇为妄作。"

在兰亭会上，其他名士的诗中也多用"玄"字，流露出几分玄学的色彩。如:孙统"茫茫大造，万化齐轨。罔悟玄同，竞异标旨。平勃运谋，黄绮隐几。凡我仰希，期山期水"[①];谢安"醇醪陶丹府，兀若游羲唐。万殊混一理，安复觉彭殇"[②];庾友"驰心域表，寥寥远迈。理感则一，冥然玄会";孙嗣"望岩怀逸许，临流想奇庄。谁云真风绝，千载挹余芳"[③]；等等。但相较而论，玄学色彩体现得最充分的还是王羲之的五言诗。这些名士的诗作，不管是寄情山水，还是感叹生死，都在不同程度上体现了一时的学术风气，构成"永和玄言"的主体，是东晋时期玄学发展到某个阶段的缩影。

六、玄道互动

从曹魏正始年间开始，名士清谈玄言之风兴起，"竹林七贤"的旷达之风踵武其后，至西晋中后期达到鼎盛。一方面，玄学清谈的弊端日益显现，"浮虚相扇，儒雅日替""玄言日盛，经术多歧"，特别是元康放达派的荒诞言行已经引起一些清醒人士的反思和批判。另一方面，玄谈《老子》《庄子》《周易》义理成为大势所趋，众多士人热衷之事，各派学者在有无、性情、言意、圣人观、养生等方面的看法都多少受到玄学的影响。在两晋之际，有的士人学综儒、道，论理谈玄，既对玄学末流的弊端有清醒的认识和批判，同时又吸纳化用了玄学的有益成分，完善道教养生内容，实现了道教与玄学的某种互动。这种思想互融的动向是魏晋玄学深入发展的结果，以葛洪最具代表性。

① 逯钦立辑校：《先秦汉魏晋南北朝诗·晋诗》卷十三，第 907 页。
② 逯钦立辑校：《先秦汉魏晋南北朝诗·晋诗》卷十三，第 906 页。
③ 逯钦立辑校：《先秦汉魏晋南北朝诗·晋诗》卷十三，第 908 页。

葛洪（284 ～ 364 年），字稚川，自号抱朴子，晋丹阳郡句容（今江苏句容）人，我国著名的道教学家、炼丹家、医药学家。他出身名门，祖、父皆以学仕闻名于世，但早年丧父，家道中落。其人相貌不佳，“性钝口讷，形貌丑陋”，又不重衣饰打扮，“冠履垢弊，衣或褴褛”[①]，故乡人送其称号“抱朴之士”。他欣然接受，并以此作为书名。葛洪刻苦学习，发愤图强，一生时学时戎，时儒时道，时仕时隐，曾任咨议、参军等职，受赐爵关内侯。后南下入粤，隐居罗浮山（见图 3–9），潜心道教理论的建构与养生成仙、修炼丹术的探索，终老于此。葛洪生前著作颇多，流传至今比较全的只有《肘后备急方》8 卷和《抱朴子》70 卷。[②]其中《抱朴子》分内、外篇，分别记录了他对仙道、时政、人事等方面的看法，从中可见魏晋玄学对道教发展的影响。

图 3–9　广东罗浮山冲虚观

① （晋）葛洪撰，王明校释：《抱朴子内篇校释》附录—《抱朴子内篇序》，中华书局 1980 年版，第 340 页。

② 我国诺贝尔奖获得者屠呦呦提取青蒿素，便是在东晋葛洪《肘后备急方》中看到“青蒿一握，以水二升渍，绞取汁，尽服之”的记载受到启发，不用加热而是用其他的方式成功提取青蒿素，造福无数疟疾病患者。

与魏晋玄学家一样，葛洪主张玄无之道，推崇养生之学。在《抱朴子》内篇，他大谈玄道，论辩有无，以玄为道的最高境界，认为进入玄境即能长生，所谓“玄者，自然之始祖，而万殊之大宗也”“玄之所在，其乐不穷。玄之所去，器弊神逝”[①]“夫有因无而生焉，形须神而立焉。有者，无之宫也。形者，神之宅也”[②]。在养生论上，葛洪将“服食养性，修习玄静”作为养生的基本原则，追求“静寂无为，忘其形骸”的成仙之境，主张“形神相卫，莫能伤也”“形神相忘”。玄学家高度关注个体生命与精神的安适，推动了先秦道家养生思想的再次盛行，玄学名士多有服药养生的实践，并从理论上探讨如何养生。如嵇康认为，养生有五难，即功名利禄、喜怒之情、声色犬马、酒肉荤腥、神虚精散，人们需要消除这些诱惑，“形神相亲，表里俱济”，以保身全神。二者都提倡养生的关键在于保持心情恬淡清静，形神相依。

葛洪以玄道自然为理论依据，来论述道教神仙长生不老之道，可以看出，他在一定程度上受到玄学的影响。虽然他与玄学家以之论述超脱名教约束的自由之道有所不同，但二者指的“玄”都是基于超越具体事物之上的抽象存在，是一种包含宇宙本体论与认识论的哲学范畴。在魏晋时期政治动荡、社会不安的环境中，很多士人都在思考如何在乱世中形神两便、身心俱安，并涉及抽象的有无之辨等。这些都是当时玄学家和道教徒关注和讨论的问题，故而会产生玄学与道教之间的互动与相融。

七、玄佛互动

随着佛教与中国文化的深入接触和不断的中国化，佛教中人也非常留意当时学界热点，尝试以佛教义理阐释玄学经典，如东晋高僧支遁（见图 3–10）妙

① （晋）葛洪撰，王明校译：《抱朴子内篇校释·畅玄》，第 1 页。

② （晋）葛洪撰，王明校译：《抱朴子内篇校释·至理》，第 99 页。

解《庄子·逍遥游》，超越以往庄学名家的注解，赢得学人赞誉，开创了玄学与佛学互动之先河。

图 3–10　支遁像

支遁（314 ～ 366 年），陈留（今河南开封）人，字道林，世称支公、林公，东晋著名高僧、佛教般若学即色宗的开创者。他一生在各地弘扬佛法，创立即色宗，在南方士族中产生了较大的影响。他积极推动玄学与般若学的融合，常与京师内外名士交往，传播佛学。他运用玄学语言解释佛教般若义理，玄学与佛理皆通，如在《大小品对比要抄序》中以老庄之言比附佛经要义。他参以佛义，解释《庄子》，多有新意，对《庄子·逍遥游》的注解尤其如此。

在以往的《逍遥游》注解中，向秀、郭象认为万物只要能满足其本身的性分，适性当分，即可达于逍遥的境界，与庄子主张无己、无功、无名、无用、无为之后的逍遥原意，似有一定差距。有鉴于此，支遁提出自己的看法，认为逍遥在于"明至人之心"，只有至人才能达到逍遥境界，大鹏与小鸟的境界不是适性为得，也不是适性即可得，因为"夫桀跖以残害为性，若适性为得者，彼亦逍遥矣"[①]。他所说的"至人逍遥"，是一种超越物质满足的境界，逍遥游以精神的绝对自由为终极关怀，"适性"并不能使人当下逍遥，更不能使人获得解脱，只有破除对物质满足的妄执，"物物而不物于物"，方可达到逍遥与涅槃之境。支遁

① （梁）释慧皎撰，汤用彤校注：《高僧传》卷四，中华书局 1992 年版，第 160 页。

引《道行般若》之理旨注解庄子逍遥义，发前人未发之覆，注“向、郭之注所未尽”，丰富完善了庄子逍遥境的内涵，超越了玄学名士所论，是一种理论创新。正因为此，当支遁在余杭（今浙江杭州）白马寺与东晋太常（主管祭祀礼乐之官）冯常谈论佛学时，讲到《逍遥游》义理，精妙之至，令当场听众瞠乎其后，佩服不已。后来名士王羲之前往，请教逍遥义，他所答问的文章辞藻新奇，令观者大为赞叹。当然，支遁对郭象等玄学家“分”“有待”“无待”“冥”等重要范畴和观念也有所继承和化用。不管是完善、超越，还是继承、化用，都体现出玄学名理与佛教义理的某种互动互融。

支遁站在佛教的立场注解逍遥义，使佛教与玄学发生密切联系，并在更深的理论层面上接引佛学，开启了佛玄融合之先河。此后道安、慧远等引《庄子》为《道行般若》等佛经作注，继续推动玄佛的互动与互融。在对各种汉传佛经的翻译中，佛教徒常常借用“道”“无”“无名”“自然”“气”等道家术语。有的僧士运用玄学语言，解释佛教般若性空之义，创立诸多宗派，如本无宗、本无异宗（从本无宗分化而来）、即色宗、识含宗、幻化宗、心无宗、缘会宗，称为“六家七宗”。这既标志着汉化佛教理论体系的初创，也是玄、佛互动互融的典型例证，在我国玄学和佛教史上都具有十分重要的意义。东晋时期，佛学与玄学的合流成为一种常态：一方面，佛学中人借助玄学传播教义，如用“格义”之法，以玄学术语解释《般若经》等，实现不断的汉化；另一方面，利用佛学改造玄学，用佛教般若学补充玄学义理的不足。在这种时代背景下，支遁较早地以佛教义理注解《庄子》，创立宗派，在玄佛互动的思想史演进中做出了杰出的贡献，具有非常重要的历史地位。

八、何　晏

魏晋玄学远承先秦易学和道家的天玄、玄同、玄德说，中继扬雄的太玄论，

近接东汉末年士人清议之风，在三国曹魏正始年间（240 ～ 249 年），涌现出一批谈玄名士，如何晏、王弼、夏侯玄、裴徽、傅嘏、钟会、荀粲、管辂等。他们通过注解《老子》《周易》，以“无有之辨”入手，阐明儒道义理，开启玄学之先河，史称“正始之音”“正始玄学”（见图 3–11）。其中，何晏在正始玄学的发展过程中起到了非常重要的作用。正始玄学因他的提倡而始，因他的参与而兴，也因他的去世而终。

图 3–11　明 · 仇英《松下论道图》（局部）

何晏（？ ～ 249 年），字平叔，南阳宛（今河南南阳）人，三国时期魏国玄学家、政治家，曾为吏部尚书、侍中。何晏出身名门，为汉时大将何进之孙、曹操养子和女婿（其妻为曹操之女金乡公主）。他生性聪颖，谈吐风雅，且仪表秀美，面白如玉，故仰慕者无数。他早年成名，长而入仕。由于不得重用，后被曹爽赏识，官至吏部尚书，但长期周旋于权臣曹氏与司马氏之间，难以独善，最终卷入正始末年的高平陵政变中，被司马懿杀害。何晏平生好谈老庄之言，经常参与或主持雅士聚会及谈玄活动，注解《老子》《周易》《论语》《孝经》等道家和儒家经典，论道尽理，提出各种观点，对后世玄学的影响深远，同时他奖掖王弼等学术新秀，深得时人钦佩。下面我们从何晏注解老子思想的《道论》《无名论》中了解其玄学观点。

何晏在《道论》延续老子“有生于无”的观点，提出世界万物以无为本的思想，所谓“有之为有，恃无以生；事而为事，由无以成”。为何要将“无”作为万物之本源呢？何晏认为，“无”是对“道”存在的根本性规定，只有“无”才能界

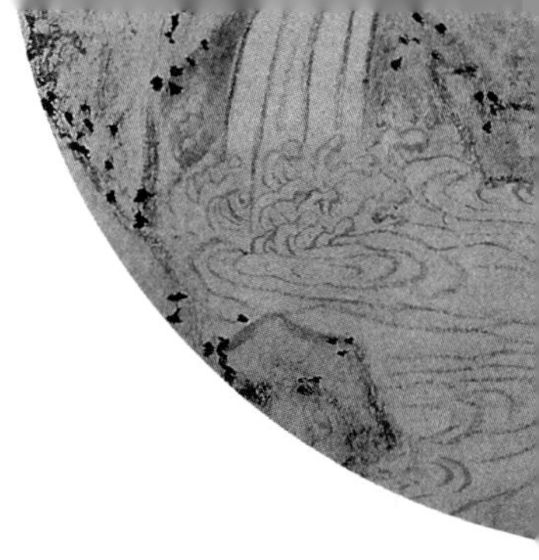

定和证明“道”的存在，所以“无”为万物之本。这种将道“无”化、“无”为物本的论点，比老子所言“万物生于有，有生于无”“道者，万物之奥”这种间接论述“无”为万物之源、道与物的含混关系更加直接，可以说是对老子“道”“无”论的拓展。当时王弼讲“凡有皆始于‘无’”[①]“无形无名者，万物之宗也”[②]，多少也受到何晏所论的影响。《晋书·王衍传》记载：“魏正始中，何晏、王弼等祖述《老》《庄》，立论以为‘天地万物皆以无为本。无也者，开物成务，无往不存者也。阴阳恃以化生，万物恃以成形，贤者恃以成德，不肖恃以免身。故无之为用，无爵而贵矣。’”后来竹林玄学和西晋玄学贵无，希望超脱有形的世俗生活，追求精神世界的自由自在，更是与此休戚相关。正因为此，《道论》被当今学者视作“正始玄学的总纲”。

围绕这个“总纲”，何晏在《无名论》中从认识论和功用论两方面探讨“无名”“有名”“道”的关系，“自然者，道也。道本无名”，认为“无名”是“有名”之本，“无所有”是“有所有”之源，所谓“无名为道”“夫唯无名，故可德遍以天下之名而名之”“此比于无所有，故皆有所有矣”[③]。这是对老子的“无名，天地始；有名，万物母”“道常无名”“道隐无名”等无名思想的继承与发扬，服务于《道论》中“以无为本”的观点。

何晏通过论道、无名，分析“有”“无”“道”“自然”“圣人”之间的关系，将“无”作为宇宙万物的本源，创立“以无为本”论，作为认识自然世界与人类社会的原则，提示了魏晋玄学思想的核心命题“有无之辨”，开启了正始玄学贵无本体论和竹林玄学元气自然论的先河。

---

① （魏）王弼著，楼宇烈校释：《王弼集校释·老子道德经注》，中华书局1980年版，第1页。

② （魏）王弼著，楼宇烈校释：《王弼集校释·老子指略》，第195页。

③ 杨伯峻：《列子集释》张湛注引何晏《无名论》，中华书局1979年版。

九、王弼

在三国曹魏时期的正始年间，学界曾经发生过一段“王辅嗣弱冠诣裴徽”的佳话，讲的是一位名叫王辅嗣的青年，拜会长者裴徽。裴氏惊叹来访青年的气度，提出一个学界难题：“夫无者，诚万物之所资也，然圣人莫肯致言，而老子申之无已者何？”但青年出口成章：“圣人体无，无又不可以训，故不说也。老子是有者也，故恒言无，所不足。”①他认为，圣人只能体验、体行“无”，“无”的境界只可意会，不可言传。老子肯定“天下万物生于有”，也谈到“有生于无”，所以常论及“无”，补充“有”的不足之处。这位青年的答复显示了精妙的思想，令对面的学术前辈折服不已，他就是玄学名家王弼。（见图 3–12）

图 3–12　王弼画像

王弼（226 ～ 249 年），字辅嗣，祖籍山阳高平（今山东金乡西北）人，三国时期著名的经学家、思想家，魏晋玄学的开创者。他出身于书香名门，自幼聪明，10 余岁时就喜欢读《老子》，思维敏捷，能言善辩，“好论儒道，辞才逸辩”。年未弱冠，即注解《周易》和《老子》，展现了很高的学术天分和深厚的学术功底，史家称其“天才卓出，当其所得，莫能夺也”，因此深得当时玄学名士何晏等人的赏识。但王弼生性孤傲，常以己长取笑别人，与同仁辩论不留余地，不讲情面，因此名声不佳。在仕途上他屡屡受挫，并与朋友反目成仇，终郁郁寡欢，在 24 岁时身患疠疾而亡。王弼虽英年早逝，但他为后世留下了《周易注》《周易略例》《老子注》《老子指略》《论语释疑》等著述，

① 《三国志 · 魏书 · 钟会传》裴松之注引何劭《王弼传》。

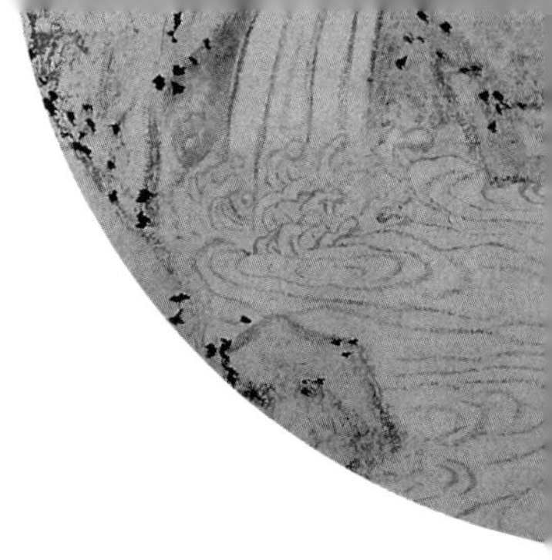

从中可见其学概貌。

王弼在学术旨趣上糅合儒、道之学，通过注释《老子》《周易》，发展和完善何晏提倡的“以无为本”论，为玄学的发展奠定了坚实的理论基础。王弼推崇“无”这一思想范畴，将之提升到本体论的高度，比之老子“有生于无”的宇宙生成论更进一步。此处的“无”大致有三层含义：以“无”为体，以“无”为用，与“道”同体。[①]王辅嗣弱冠诣裴徽时主客所论“无者诚万物之所资也”“圣人体无”，就很好地体现了此义。正始玄学的一个共识就是：“天地万物皆以无为本。无也者，开物成务，无往不存者也。阴阳恃以化生，万物恃以成形，贤者恃以成德，不肖恃以免身。故无之为用，无爵而贵矣。”[②]而在王弼的《老子注》《老子指略》等行文中，“以无为本”论已经得到充分的论述。由此确定的无本论原则正式成为正始玄学的纲领。在此基础上，王弼提出本末论（崇本息末、崇本举末、崇本统末）、圣人体无、以静主动、执一统众、言意之辩（主张言不尽意、得意忘言）、名教出于自然、性无善恶（情有善恶）等重要的学术观点，建立了较为系统的玄学理论。其中有很多成为后来玄学家思考和讨论的热点话题和思想范畴。

王弼提出并系统阐发无本论，初步建立起玄学的理论，气象浑厚，存在抽象与具体两相矛盾的情形。进而言之，如果顺着“无”的抽象义发展，会将“无”上升至人的精神自由一途，追求人的精神与人格自由、独立；如果顺着“无”的生成义进一步具体化，“无”就下降到现实中，以现象的具体存在为根本。前者发展到后来形成竹林玄学，后者则是裴頠崇有论的理论渊薮。[③]由此可见，王弼之学在魏晋玄学中的重要理论贡献与历史地位。

① 参见康中乾：《魏晋玄学》，人民出版社2008年版，第90～101页。

② 《晋书·王衍传》。

③ 参见康中乾：《魏晋玄学》，第120～121页。

十、嵇　康

在三国曹魏时期的河南山阳（河南修武县），曾经活跃着一个由七位名士组成的玄学清谈群体——“竹林七贤”。他们志趣相投，喜欢户外畅游，聚会清谈，饮酒作乐，崇尚老庄之道，或以放荡不羁的言行倾吐胸臆，针砭时政，或入仕倡导清谈，引领玄言之风，从而形成闻名于世的竹林玄学。其中的魁首就是本节要讲的嵇康（见图 3–13）。

图 3–13　嵇康像

嵇康（223 ～ 262 年），字叔夜，别名嵇中散、嵇生、嵇公，谯国铚人（今安徽宿县西南）。三国曹魏时著名思想家、音乐家、文学家，“竹林七贤”的精神领袖、竹林玄学的杰出代表。他出身寒门，早年丧父，但天性聪颖，勤奋学习，博览群书，无师自通，年纪稍长，独爱老庄道家之学，雅好音乐。他生性恬静寡欲，为人沉稳，文采优美，加之相貌出众，风度翩翩，“身长七尺八寸，美词气，有风仪”，故迎娶曹操曾孙女长乐亭主为妻，成为皇亲国戚，官至中散大夫。但在司马懿发动政变（249 年）后，曹氏宗室力量遭到沉重打击。嵇康郁闷之至，一心归隐，绝意仕途，但最终仍倒在政治斗争的戕害之中。

嵇康平生不喜俗务，不善交往，但“善谈理，又能属文，其高情远趣，率然玄远”[①]，口才和文才皆佳。有《嵇康集》传世。他的玄学思想大致包括“自然论”“越名教而任自然”“声无哀乐”“言不尽意”“养生论”等各种主张，其中“越名教而任自然”论集中反映了其学术特点，最具代表性，在《释私论》中有比较集中的体现。此文表面上谈君子修身，推崇“任心无邪”“心不措乎是非”“气

① 《晋书·嵇康传》。

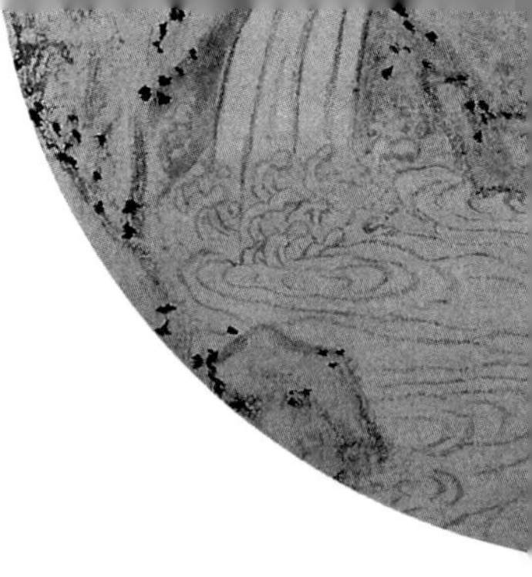

静神虚”的理想境界，实际上涉及如何处理道家和儒家思想关系的问题，而“越名教而任自然”的提出，为玄学的理论命题“自然”与“名教”增添了新的观点。玄学家所言“自然”既指人内心的自然需求，也含天地的自然本质，此处主要指前者，均来源于道家道法自然的思想。“名教”主要指当政者提倡的仁、义、礼、孝等道德规范，是儒家为政以德思想的鲜明体现。本文中所示谈无论虚是道家的特长，所言“君子”“小人”是儒家的理路，主张“越名教而任自然”“越名任心”，表明作者以道家学说为主、调和儒道两家思想的倾向。

嵇康一生推崇道家思想，私淑老庄，“老子、庄周，吾之师也”。他曾作诗以明己志：“抗心希古，任其所尚，托好老庄，贱物贵身，志在守朴，养素全真。”① 他主张顺从人性自然，反对儒家礼教思想，认为纲常名教与人性自然存在冲突。特别是在曹魏政权后期，统治者打着名教的旗号来维护统治，但又肆意破坏道德，使名教成为虚伪政治的遮羞布，这令嵇康深恶痛绝。所以嵇康拿起批判的武器，提出“越名教而任自然”“越名任心”，针砭虚伪的纲常名教对人性的束缚，代表了当时玄学的发展主流，为玄学名士放达之风提供了理论依据，在中国思想史上具有深远的影响。

十一、向　秀

随着魏晋玄学的不断深入，《庄子》研究从边缘走向中心，迅速升温，与《周易》《老子》并列，被奉为三本玄谈经典（“三玄”）之一，迎来了庄学和玄学发展的高峰，而这一切都与向秀密切相关。

向秀（约 227 ～ 272 年），字子期，河内怀（今河南武陟西南）人，三国曹魏及西晋时期玄学名士、政治家。年轻时，他清悟有远识，雅好读书，学综道儒，

① （晋）嵇康著，戴明扬校注：《嵇康集校注·幽愤诗》，中华书局 2014 年版。

颇有令名，曾与山涛、嵇康、吕安等人为友，诗文唱和，讨论辩难，共游竹林，锻铁于树下，浇园于山阳，自得其乐。为避免祸害，他入仕为官，大隐隐于朝，“在朝不任职，容迹而已”，无所作为。晚年他以书为友，专门注解《庄子》，被当时士人奉为圭臬，一扫以往研究中“莫能究其旨统”的不足，令“读之者超然心悟，莫不自足一时也”，“大畅玄风”，引领玄学发展的新潮流。他在注解中提出“万物自生自化”的崇有论观点，集中体现了其玄学思想，与王弼等人所倡贵无论相映成趣，成为玄学理论的重要命题。所憾事业未竟，便离开人世，未来得及注解的《庄子》剩余篇章由后人郭象补充、完善。

和其他玄学名士一样，向秀学主道家，亦通儒家。他提出“万物自生自化”“性分自足即逍遥”“情欲自然”，同时又主张“以礼节情”“儒道为一”等观点，核心思想在于万物自生自化。向秀认为万物生长、演化不是其生长、演化的根本依据，而是万物自然而然的自我生长、演化所致；万物自生自化本身是不生不化的，它是一个抽象的存在——“无物”，是万物生化的根本依据，所谓“吾之生也，非吾之所生，则生自生耳。生生者岂有物哉？（无物也，）故不生也。吾之化也，非物之所化，则化自化耳。化化者岂有物哉？无物也，故不化焉。若使生物者亦生，化物者亦化，则与物俱化，亦奚异于物？明夫不生不化者，然后能为生化之本也”[①]。“万物自生自化”的根本依据是不生不化，不生不化者究竟是什么？向秀曾说：“同是形色之物耳，未足以相先也。以相先者，唯自然也。”[②]他认为在“形色之物”的背后存在“自然”，应该就是他所说的万物自生自化之本。向秀以自然为万物生长、演化之根本，接续老子“万物可自化”“天地不自生”的观点，发挥庄子的“物固自生”“物自化”“造物者”诸说。这种以自然为本之说对王弼的以无为本论作了进一步的修正，开启了之后裴頠、郭象的崇有论

① 杨伯峻：《列子集释·天瑞》张湛注，第 4 页。
② 杨伯峻：《列子集释·黄帝》张湛注，第 49 页。

和独化论。同时，也是对之前玄学家“名教出自然”“越名教而任自然”观点的批判。它主张顺其自然是万物自化（包括人类社会教化）的根本，后来郭象提出的“自然即名教”论，在向秀的自然为本论中已经隐然可见，呼之欲出。

围绕“万物自生自化”，向秀指出只要人人顺其自然，“任性”而“当分”，满足一定的条件（即“所待”），性分自足，就可达到庄子的逍遥境界。庄子主张的以道观之，物无贵贱，万物一马，天地一指，在向秀看来，就是“情欲自然”之道。至于他提出的以礼节情，又遁入儒家名教的路数，与情欲自然桴鼓相应，是其儒道为一思想的重要表现。向秀提出自生自化、自然为本、融合儒道，是后来玄学家独化论、崇有论、名教即自然的重要来源，深化和完善了玄学理论，是魏晋之际正始玄学向元康玄学过渡的关键因素，具有重要的历史地位和理论意义。

十二、郭　象

郭象（约 252 ～ 312 年），字子玄，河南颍川人。魏晋时期著名的玄学家。他注解《庄子》诸篇，“最有清辞遒旨”，使道家思想随之而盛，出现“儒墨之迹见鄙，道家之言遂盛焉”的情形，成为后世研究《庄子》者的必读经典。他通过注解《庄子》，化用老庄思想，独抒己见，提出“无待与自生”“独化于玄冥”“冥内以游外”“逍遥与安命”“自然即名教”等观点，阐发庄子的“内圣外王”思想，建构新的玄学理论，推动玄学发展至一个新的高度，当时学者将其与玄学大家王弼相提并论，有“王弼之亚”之称，至今仍被学人誉为“玄学巨匠”“玄学集大成者”“玄学史上的一个大家”。

郭象早年隐居于乡，以文论自娱，潜心儒、道二家学问，无意入仕，官府屡召不应。中年出仕，官至东海王司马越的主簿，势力颇盛，但为政不公，专权营私，“操弄天权，刑赏由己”，口碑不佳；所作《庄子》注解还涉嫌剽窃向秀旧注，德性欠佳。不过，郭象早年潜心向学，注释儒、道经典，确有相当学识，

惜多亡佚，仅存《庄子》注。下面我们从此入手，大致了解一下他的玄学思想。

郭象认为万物无待而自生、独化于玄冥，主张冥内以游外，适性逍遥，“神器独化于玄冥之境”,自然即名教,其中“独化”是其玄学思想的核心。所谓“独化”,它不仅肯定世界万物独立存在与变化，还讨论事物本体的存在方式、生成与变化的原因和思想背景等，涉及本体之有无、如何生成、自然与名教的关系等玄学命题。独化论的内涵大致包括以下三方面:一是认为万物的独化就是自生自化，解决事物从何而来的问题。郭象认为万物都“自有”“自得”“自生”“自化”“自造”。二是万物自生自化需要一定的条件（相因），从理论上解释为何万物能够独化。这种物物相因而万物自生自化的关系，就像唇齿相依、形影不离一样，紧密相联，缺一不可。三是独化的境界在于玄冥，而玄冥就是一种存在于事物本身的似无实有的自然之道，它指一种觉悟自然之道后的深幽玄妙之境。

围绕万物独化论,郭象还提出“名教即自然”的观点。关于名教与自然的关系，之前已有王弼的名教出于自然、嵇康的“越名教而任自然”、裴頠的“弃自然而任名教”诸说，与前人旧说不同，郭象认为，名教（如德刑赏罚、尊卑先后等政治伦理规范）由人的本性自生自有、独化而来，是人类社会治理本身所需，所谓“仁义者，人之性也”[①]“礼者，世之所以自行耳，非我制”“刑者，治之体，非我为”“德者，自彼所循，非我作”[②]。针对当时儒家礼教衰落不振、不少人打着“名教”的旗号而行为有悖于人性常理的现实，郭象认为只要人人遵循性分，躬行自然无为之道，就能扭转这种风气，使名教与自然回到原本为一的初始状态，社会就会太平无虞。

郭象综合前人诸说，整合儒道思想，提出“独化”论、“名教即自然”等观点。其《庄子》注解被士人奉为圭臬，在相当长的时期内无人能够超越，至今仍为

① （清）郭庆藩撰，王孝鱼点校：《庄子集释·天运》郭象注，中华书局 1961 年版。

② （清）郭庆藩撰，王孝鱼点校 ：《庄子集释·大宗师》郭象注，第 238 页。

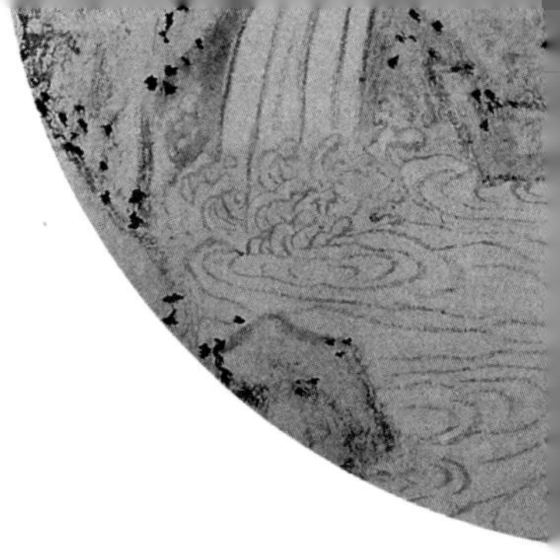

庄学者案头必备读物。他的研究激发了更多士人关注和研讨《庄子》，迎来魏晋时期庄学发展史上的又一个高峰，也使魏晋玄学的理论建构达到一个新的高度，在中国思想史上具有重要的地位。

十三、裴 頠

裴頠（267 ～ 300 年），字逸民，河东闻喜（今山西绛县）人，西晋玄学家、政治家。裴頠博学多闻，雅有远识，善谈名理，辩才无碍，玄学清谈领袖王衍（裴頠岳父王戎的堂弟）就常让来客向裴頠咨询疑难。裴頠玄谈之高可见一斑，他因此而被时人称为“言谈之林薮”“五兵纵横，一时之杰也”。裴頠非常反感近世“时俗放荡，不尊儒术”的风气，批评当时王衍等当权者借玄学之名造势，标榜清谈，不依礼教，并将此归咎于何晏、阮籍等人。于是他撰写《崇有论》，批判玄学家的无本论，主张万物皆有，立足儒学，捍卫名教，以拯救乱世衰风。

《崇有论》全文 1368 字，主要分析玄学无本论的源流和危害，集中阐发了以有为本的思想。裴頠的崇有论大致有以下几方面内容：第一，以群有为本，所谓“总混群本，宗极之道也”，开宗明义地指出万物的本源就是群有、众有，非无非虚，“形象著分，有生之体也。化感错综，理迹之原也”。第二，群有之间通过“理”相互联系，相互作用，“夫品而为族，则所禀者偏，偏无自足，故凭乎外资。是以生而可寻，所谓理也”。第三，群有非无中生有，而是“自生”的，即“至无者无以能生，故始生者自生也”。这对郭象的独化论具有直接的影响。第四，论述有、无之间的关系，所谓“生以有为已分，则虚无是有之所谓遗者也”，认为无为有的残留，与王弼的无本论之本末论形成鲜明对比。裴頠倡论崇有，引导玄学理论向事物本身、具体的物象方面探讨，指明“理”在事物本体论中的作用，论述万物的自生，是“独化”论思想衍生和玄学理论发展中不可缺少的一环，在中国思想史上具有独特的地位。

总之，在西晋玄学无本论思想甚嚣尘上之际，裴頠独举“崇有”，反对玄学主张的世界虚无论，从理论根源上批判当时浮华不实、道德衰微的社会风气。他虽未能挽救时风衰坏的命运，但以儒论道，崇实黜虚，指示着玄学的另一种发展方向。

十四、张 湛

张湛（约 330 ～ 400 年），字处度，高平（今山东金乡西北）人，东晋著名的思想家、养生家、玄学家。他在生活中感悟哀乐，提倡言意兼忘；又通过注释道家典籍《列子》，完成了最后一部玄学理论力作——《列子注》（见图 3–14）。他综合前人无本论、崇有论、独化论和传统元气论及大乘佛教义理，提出一套以至虚论为核心的思想学说，是后人眼里“最后一位有理论创建的玄学家”“魏晋玄学的殿军”。

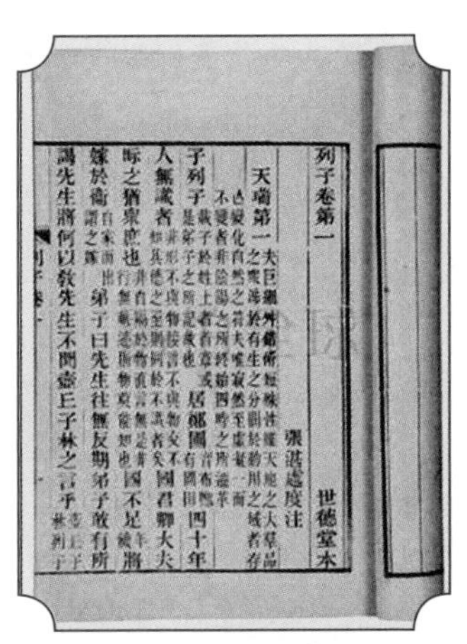

列子卷第一 世德堂本

張湛處度注

天瑞第一

子列子居鄭圃四十年人無識者國君卿大夫眎之猶衆庶也國不足將嫁於衛弟子曰先生往無反期弟子敢有所謁先生將何以教先生不聞壺丘子林之言乎

图 3–14 《列子注》书影

在《列子注·序》中，基本反映了张湛的玄学主张，即立足于至虚论，探讨万物的终极归属，论述生与死、大与小、知觉与梦境、穷与达的关系，认为治身是头等大事，只有顺遂本性、善于忘怀，才能适应环境，达到“无幽不照”的大智大慧境界。其中“至虚”是理解张湛玄学理论的关键。

在《列子注》中，“至虚”又被称作“太虚”“至无”“无”“易”“道”“一”“理”“机”等。张湛认为它是指一个无形无象、无始无终、不生不灭、永恒静止、存在于万物之先的世界，在至虚之外是有形的物质世界。至虚是万物存在的本原、生

化的主宰，所谓“群有以至虚为宗”“至无者，故能为万变之宗主”[①]。万物之有不是从无而生，而是由至虚主导，忽而自生。同时，至虚也是指主观上物我两忘、归于空寂的至无，即“寂然至虚凝一”之境界，是一种至无、大无，非客观事物消失之无。此外至虚还是人们观察世界、立身处世的准则。张湛主张顺从自然之道，肆情、顺性，不为外物所累，提出言意兼忘等观点，提倡“体神而独运，忘情而任理”[②]，以虚静之理考察万物、安身立命，“即我之性。内安诸己，则自然真全矣。故物所以全者，皆由虚静，故得其所安”[③]。

张湛继承王弼等玄学家无本论，通过注解《列子》，以至虚论为基点，辩论有无，揭示万物生化、知人论世、立身处世之道，完善前人之说，建立起自己的玄学理论大厦。他为式微的东晋玄学注入一丝活力，成为最后一位玄学理论创建者，在中国思想发展进程中做出重要的理论贡献，具有独特的历史地位。

十五、僧　肇

在我国东晋时期，受玄学和佛教的影响，托物言志的哲理性玄言诗颇为兴盛。下面这首小诗即产生于那个时代：

旋岚偃岳而常静，江河竞注而不流。
野马飘鼓而不动，日月历天而不周。[④]

诗的大意是说：暴风吹倒山岳，但它常常是静止的；江河奔流不息，但它从没有流逝；空中水气、尘埃四处飘浮，但它没有运动；日月经天而过，但没有升落循环。此诗通过描绘具体的自然现象，推究抽象的哲学道理，暗含魏晋

① 杨伯峻：《列子集释・天瑞》张湛注，第 10 页。
② 杨伯峻：《列子集释・仲尼》张湛注，第 114 页。
③ 杨伯峻：《列子集释・天瑞》张湛注，第 29 页。
④（东晋）僧肇著，张春波校释：《肇论校释・物不迁论》，中华书局 2010 年版。

玄学名士常常讨论的一个思想命题：动与静的关系。不过这首诗并非哪位玄学家所作，而是出自一位高僧之手。他就是僧肇。

僧肇（384～414年），东晋京兆（今陕西西安）人，俗姓张，著名的佛经翻译家、理论家，般若学三论宗的理论奠基人之一。他早年博览群书，先是醉心老庄之学，颇为精深，并能指陈其不足，“美则美矣，然期栖神冥累之方，犹未尽善”。后又从《维摩经》入手，接触佛学，从此一发不可收，出家入佛，精习佛理，与四方学者切磋交流，名震关中。20岁前后，拜师鸠摩罗什，协助翻译经书，更深入地研习佛学，特别是大乘空宗中观学。同时，他积极从事著述活动，相继写出《般若无知论》《不真空论》《物不迁论》等佛学名作，被后人结集命名为《肇论》，上面那首诗就是摘自《物不迁论》一文。在《肇论》诸篇论文中，他通过探讨事物的有无、动静，与玄学思想互动。同时，他致力于建构中国本土空宗般若学，成为后世三论宗的重要理论奠基者，并对天台宗的发展产生了相当大的影响。

僧肇的学术成就虽以佛教译经、著作为主，但在玄佛互动相融方面亦做出特殊的贡献。此前，以支遁为代表的佛教中人依附玄学解释佛理，呈现出一种以玄释佛为主的理路。但僧肇与之不同，他自觉批判、扬弃玄学思想，精心构筑佛教理论，使玄学精义部分地遁入佛教之中，体现出以佛理解释甚至是消融玄学的情形，在客观上奏响了魏晋玄学临终前的“安魂曲”。下面我们就从《物不迁论》等文入手，分析僧肇有关动静、有无等方面的主张，简单了解其玄学思想。

魏晋玄学家在讨动静问题时，有两派观点最具代表性：一派是王弼的崇无主静论，认为事物运动是相对的、暂时的表面现象，静止是绝对的、恒久的实质所在，主张以静制动。另一派是郭象的崇有主动论，认为事物的运动是绝对的，“变化日新”“时移世异”，虽形式不同，依赖一定条件，但基本上是事物本身自生自化。在《物不迁论》中，僧肇批判以往观点，认为事物既不能如王弼所言

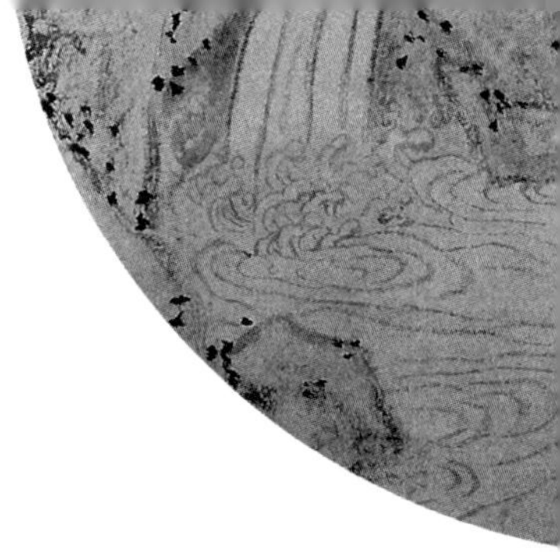

静是动之本，也不能如郭象所言一切都在动，而是既动又不动。即事物都随时间点的变化而瞬息万变，是处于永恒的运动状态，但事物在某一时间点上是独一无二且不可逆的,都处于永恒静止于某一时间节点的状态下。事物在动中有静，静中有动，动即是静，静即是动，二者无别，这就是他所提倡的“动静不异”“动静未始异”的观点。这些主张对玄学家的动静观作了很大的修正与完善，具有重要的理论价值。

除了《物不迁论》之外，僧肇还在《不真空论》中论述“空”与“有”“无”的关系，认为“象形不即无，非真非实有”，万物自身是不真实的假象，一切皆归为“空”，试图超越玄学家执着于“有”“无”的概念之争，完善大乘佛教般若学空宗的义理。东晋时期，玄学在理论建设上乏善可陈，近乎停滞，不像以前一样热衷于讨论“有”“无”等哲学命题，提出有影响的观点。而大乘佛教内部关于“有”“无”的探讨也各执一端，有待综合。僧肇敏锐地发现这些问题，运用佛学理论反思、解构玄学家讨论的思想命题，建设和完善佛教理论，在玄学与佛教的互动方面做出了独特的贡献。

第四章 隋唐佛教

隋唐时期，我国进入一个政治、经济和文化大一统时代。得益于相当长时段内社会稳定、国力强盛、皇室支持和中外文化交流活跃等有利因素，继魏晋南北朝之后，佛教取得了空前的进展，其中又以从隋初至唐玄宗时期的发展最为鼎盛，出现了著名的西行求法、译经、教派创立、士庶崇佛等盛况。唐代后期，佛教盛极而衰，取经、译经基本消歇，有些教派先后衰亡，只有禅宗、净土宗等还保持着强劲的生命力，继续向前发展。

隋唐时期，南朝重义理的思辨性佛教与北朝重净土、戒律、禅定的实践性佛教得到充分交流与互融，走向统一，兴盛至极，曾出现一个佛经传译、宗派建立、佛学人才辈出的高峰期。佛经从印度大量地入华，中国本土译经大师的水平与外来译经高僧不相上下，各种佛经有了更好的版本，译经之事渐由中国僧人主持，一改以前由外来的洋和尚主持的局面。同时，中国佛徒潜心学习、充分汲取外来佛学的思想精华，建构具有民族特色的本土化佛教。在中原，有八大宗派先后成型，兴盛一时。其中天台宗、三论宗创于隋朝，法相宗、华严宗、律宗、净土宗、禅宗、密宗创始于唐朝。各大宗派及分支盘根错节，枝繁叶茂，彼此之间互相争鸣、融合，确立了各自的教义理论、修行方式、传承谱系等，形成了理论相对严整、特色鲜明的汉传佛教。除了汉传佛教之外，在西藏地区融合汉传佛教和印度佛教而成的藏传佛教也得到了长足发展。隋唐时期，我国作为重要的佛教传播中介与交流平台，为佛教特别是汉传佛教在东北亚和东南亚等地的传播做出了重要的贡献，日本、朝鲜、越南等地僧徒从华引进或由我国僧人传入各派佛教，融入本民族文化特色，传承弘扬佛法，共同构成蔚然大观的东亚佛教文化圈。

隋唐时期佛教与我国其他时期的佛教有共同之处，如谈论高妙心性、精神义理，探讨人生如何通过慧、定、念佛、坐禅等方式修炼，以大智大慧彻悟佛法之妙，在悲苦中超脱、往生，得道成佛，达到极乐世界与涅槃境界（见图 4–1）。同时，隋唐佛教也有其特色，当时僧徒在讨论心性、法界、识智、实相、中道、

图 4-1　清·丁观鹏《极乐世界图》（台北“故宫博物院”藏）

渐悟、顿悟等问题时，更多地探讨如何得道成佛，从而形成一些独具特色的哲学范畴与思想命题，如八识、三性、法界缘起、十玄门、三谛圆融、一念三千、八不中道、四重二谛、六相圆融、见性成佛、念佛往生、三密加持等。佛教文化也渗透到当时政治、经济、思想、文化等各个领域，一些宗派的要义深深地影响了唐代之后中国思想史的发展，对于儒学的中兴特别是宋明理学的产生具有重要的理论启迪和借鉴作用。佛教中那些精深义理和名言警句至今仍传承不息，国人中不乏修禅悟道者，在滚滚红尘中寻觅一方心灵的净土。事实上，隋唐之后，儒、释、道构成中国传统思想文化主体的模式基本确立，佛教是重要的一维，其影响之深远与巨大不言而喻。本章集中讲述隋唐时期的主要佛教流派，梳理其发展历程、代表人物、思想精义和历史影响，并略论当时佛教与道、儒两家争鸣、互融及佛教中国化的概况，以管窥该阶段佛教发展的大致情形。

一、天台宗

天台宗，亦名“台宗”“法华宗”“圆宗”，源于北齐高僧慧文和南朝陈高僧慧思，创始于陈隋之际的高僧智顗，三人分为师祖、师父、师孙，一脉相承，共同弘扬佛法。由于智顗在浙江天台山讲经，故其所创宗派得名“天台宗”。该派宗法

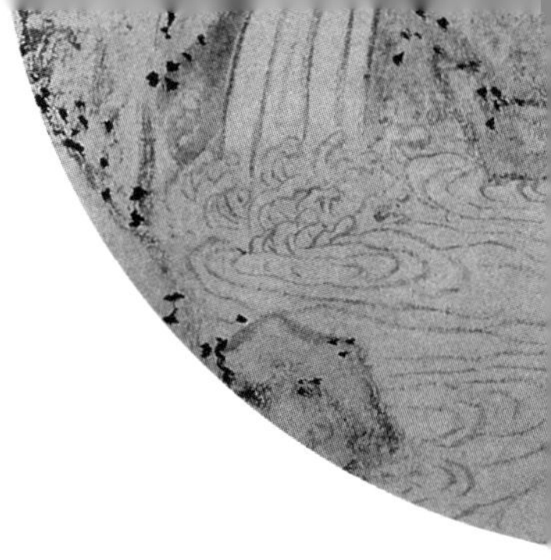

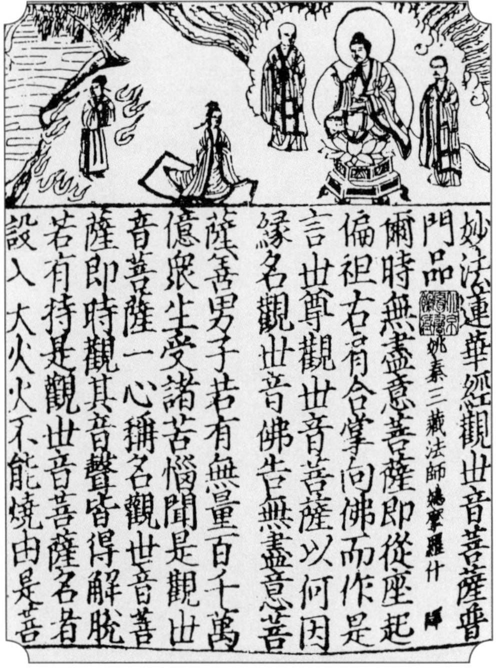

妙法蓮華經觀世音菩薩普門品 姚秦三藏法師鳩摩羅什譯
爾時無盡意菩薩即從座起
偏袒右肩合掌向佛而作是
言世尊觀世音菩薩以何因
緣名觀世音佛告無盡意菩
薩善男子若有無量百千萬
億衆生受諸苦惱聞是觀世
音菩薩一心稱名觀世音菩
薩即時觀其音聲皆得解脫
若有持是觀世音菩薩名者
設入大火火不能燒由是菩

图 4–2 《妙法莲华经》书影（鸠摩罗什译，北宋刊本）

《妙法莲花经》，即《法华经》（见图 4–2），自认为是圆融此前大乘佛教的圆教，故又有“法华宗”“圆宗”之称。它集前代大乘佛教之大成，阐扬“一念三千”“一心三观”“三谛圆融”的思想，确立了新的佛教理论，开“隋唐八大佛教宗派”之先河，被后人称作“中国历史上最早的佛教宗派”。

在天台宗的演生与发展中，北齐时的高僧慧文受《大智度论》和《中论》的启发，首先建立了一心中观空、观假、观中的“一心三观”理论。之后，其弟子慧思结合《妙法莲花经》，阐发“诸法实相”之说，并兼重定慧，创立“止观双修”的修行方法。最终，智顗集师祖、师父等前人思想之大成，由修习法华三昧，豁然大悟，遥契诸佛祖师言外之旨，形成以“一念三千”和“三谛圆融”为中心的佛教理论。他倡导教观总持，解行并进，改变了当时“南义北禅”的佛教学风，形成了全新的修持方式。他著书立说，广建寺院，广收门徒，加上陈、隋二代皇帝的支持，确立了以天台、荆州为基地的传教中心，使天台宗成为当时影响最大的宗派。智顗圆融前人思想，创建天台宗，被时人称作“智者大师”。之后，天台宗代代相传，大德名师辈出，如灌顶、智威、慧威、玄朗、湛然等，成就斐然。在宋代，天台宗分为山家派与山外派，兴盛不已，影响深远。

天台宗以南北朝时僧人鸠摩罗什所译《法华经》《大智度论》《中论》等为基本教义，以“五时八教”为总纲，阐述“一念三千”“一心三观”“三谛圆融”

等主张，提倡止观并重、定慧双修的修行方法。所谓五时，指佛陀弘教的五个时段，即华严时、阿含时、方等时、般若时、法华涅槃时；八教，指四种佛教内容（藏教、通教、别教、圆教）和四种教法（顿、渐、秘密、不定）。天台宗阐扬"一念三千"，认为构成宇宙的"三千世界"只是"一念"的产物，突出心性的作用；"一心三观"指在一心中观空、观假、观中道；"三谛圆融"指由空观、假观和中道观而来的俗谛、真谛、中道谛容纳于一心，彼此圆融无碍。

天台宗自认为是圆教，表现出相当宽广的学术胸怀和强烈的理论自信。事实上它总结了以前大乘佛教各派思想，使之更为严密圆满，自成一派。在内容和论证方式上，它超越了印度经论和中国以往的佛教撰述模式，形成中国独创的大乘思想，推进了佛教中国化的进程，被当代学者视为"中国历史上最早的佛教宗派""中国佛教的精华"。它对后来禅宗等各派佛教都有很大的理论借鉴与启示意义，至今我国汉传佛教的理论体系仍多沿用天台宗的教法。天台宗也是唐代中外佛教文化交流的重要纽带。如 8 世纪初期，天台宗开始传入日本，后来形成"日莲宗"，影响颇大。又如高丽人宝云义通（927 ～ 988 年）于后晋天福（936 ～ 943 年）年间来到中国，从第十五祖义寂受业，后来成为天台宗第十六祖，是中外文化交流的重要见证。从中可知，天台宗在历史上的重要地位和深远影响。

二、净土宗

净土宗，又称"净土教""莲宗"，因东晋名僧慧远在庐山东林寺建白莲社、宣讲"弥陀净土法门"而得名，是一种借他力而往生的教派。净土宗以"三经""一论"——《无量寿经》《观无量寿经》《阿弥陀经》和《往生论》为主要经典依据。它主张信徒只要一生至诚念佛，专颂阿弥陀名号，临终时便可依阿弥陀佛或观音之力，往生于"无有众苦，但受诸乐"的西方极乐净土，所谓"一反念善，罪即消除""念念之中，罪灭心净，即便往生"。这种修行成佛的方法简便易行，因而

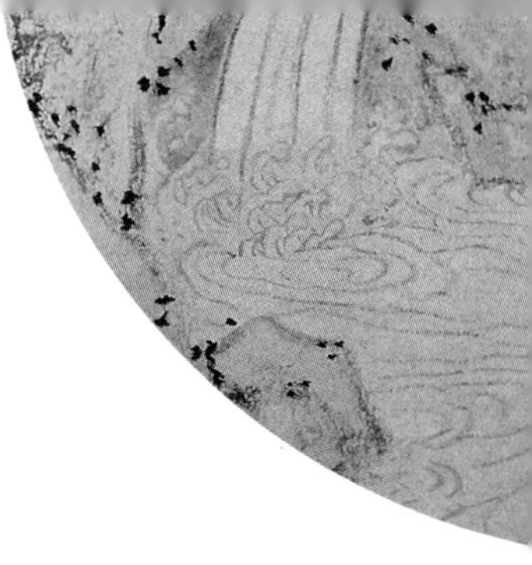

图 4–3　宋 · 张激《白莲社图》局部（辽宁省博物馆藏）

具有旺盛的生命力和广泛的群众基础，成为隋唐时期中国化佛教的重要代表，影响深远。元明清时期兴盛一时的白莲教就与此教有关，在近现代还出现了“家家阿弥陀，户户观世音”的景象。

从东汉开始，被净土宗奉为经典的佛经如《无量寿经》《阿弥陀经》和《观无量寿佛经》等陆续传入中国。东晋太元十五年（390 年），慧远大师在庐山东林寺建莲社（亦称“白莲社”），入社修习佛法的 100 余人全部往生，开启了中国净土宗修行的先河（见图 4–3）。后经过北魏昙鸾等人的发展，至唐初由道绰和善导师徒集其大成，创建了净土宗，其中贡献至大者当推善导大师。

善导（613 ～ 681 年），俗姓朱，泗州（今江苏宿迁东南）人，年少出家习佛，欣慕西方极乐世界。29 岁时，他至西河石壁谷玄中寺，拜见道绰禅师，蒙受《无量寿经》，昼夜礼诵。他效仿师傅，经常长跪唱佛念经，不到力尽不休歇，即使冰寒严冬，也要唱念到汗湿衣襟才停止，因此积累了深厚的佛法功力，成就殊胜。世传只要善导念一声佛，就有一道光明从其口出；念十百千声，便有十百千道光明从其口出。他劝人念佛，留下一则著名的偈颂《劝化径路修行颂》：

渐渐鸡皮鹤发，看看行步龙钟。
假饶金玉满堂，岂免衰残老病。
任是千般快乐，无常终是到来。
唯有径路修行，但念阿弥陀佛。①

① （宋）志磐撰，释道法校注：《佛祖统纪校注》卷二七，上海古籍出版社 2012 年版。

善导特别重视以专精之心提升佛学境界，认为这是决定修持净业、能否往生的关键。他在《往生礼赞偈》中说："若能如上，念念相续，毕命为期者，十即十生，百即百生，何以故？无外杂缘得正念故，与佛本愿得相应故，不违教故，随顺佛语故。"

从善导的《观经四帖疏》《观念法门》《法事赞》《往生礼赞》等著作中可见，他提出比较完备的净土宗理论。主要有两方面内容：第一，主张"罪恶凡夫"，只要有诚心、深心、回向发愿心，皆可往生。第二，提倡口称念佛，要做到口念心想，"念念往心，声声相续"。善导之后，又有怀感、怀恽、慧日、承远、法照、少康等人继承弘扬其义，使净土宗成为唐代延绵不绝、薪火相传的佛教宗派。

由于净土宗修行方法简便易行，人人都能做到，且它的教义宣扬住持念佛法门，不仅自己可以往生净土，也可追荐祖先亡灵及帝王、人王、师僧，同得往生阿弥陀佛国。中国向来重视忠孝之道，这使得净土宗的教义在入华之后，更易得到信徒的拥戴与崇奉。在唐代，它风靡社会各界，兴盛不已，李白、白居易、柳宗元等名士都撰写过阿弥陀佛净土的赞文。净土宗的教义也被律宗、天台宗、华严宗等他宗不同程度地借鉴和汲取，佛徒兼修数宗的情形相当普遍。至元代，净土宗传入日本，衍生出"出时宗"（即"游行宗"）、"净土真宗"等，净土真宗又派生出"西本愿寺派""东本愿寺派""佛光寺派""出云路派"等支系，可见净土宗在历史上的重要贡献与深远影响。

三、法相宗

公元 642 年的某天，在印度恒河下游戒日国国都曲女城（今印度北方邦坎诺吉城）中，一位客居印度游学的中国僧人应邀参加为期 18 天的大会，为周围各城邦的国王和 5000 多位僧众主讲自己编撰的《会宗论》和《制恶见论》，阐发大乘佛教法相唯识精义。会上，他侃侃而谈，机智地回答各种问题，应对听众辩难。会后，他被当地佛教徒们尊称为"大乘天""解脱天"，并受邀参加万人无遮大会，

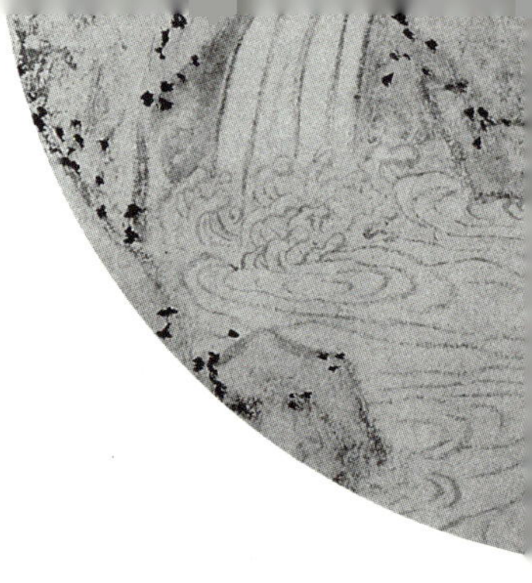

图 4–4　玄奘西行求法图（甘肃瓜州榆林石窟）

宣讲佛法，声名鹊起。贞观十九年（645 年），他学成回国，受到国内僧俗两界的热烈欢迎，并领皇帝圣旨，主持翻译佛经，培养后进，创立学派，为佛教事业奉献余生。这位扬名异域、力弘佛法的中国僧人就是我们熟悉的一代高僧唐三藏，法名玄奘（见图 4–4）。法相宗就是由玄奘大师一手开创的。

法相宗教义在南北朝时由高僧真谛传入，玄奘在参照《瑜伽师地论》等佛教经典译作的基础上，另著《成唯识论》，并由其弟子弘扬光大，从而形成系统的法相宗，又被称作“瑜伽宗”“唯识宗”“法相唯识宗”“相宗”等。法相宗是中国僧人依据并发挥印度大乘瑜伽行派的唯识学说而创立的，它主张万法唯识，转识成智，所谓“实无外境，唯有内识”，世间万物没有真实性，都是心识的呈现，皆由识而得以显明、构成。只有通过修习唯识观行，以其转依，才能达到解脱、菩提的境界。法相宗尊奉的主要经典有《六经》《十一部论》[①]和《成唯识论》等。

法相宗理论大致包括三部分：三性说、五重观法和因明学说。三性说中的“三性”，指依他起性、遍计所执性和圆成实性。诸法实相既不是有自性，也不是一切都无所有，而是远离有、无二执的中道。依分别的自性说为“依他起性”（相

① 《六经》包括：《华严经》《解深密经》《如来出现功德庄严经》《大乘阿毗达磨经》《楞伽经》《厚严经》。《十一部论》包括：《瑜珈师地论》《显扬圣教论》《大乘庄严经论》《集量论》《摄大乘论》《十地经论》《分别瑜珈论》《观所缘缘论》《唯识二十论》《辩中边论》《阿毗达磨集论》。其中以《解深密经》《瑜珈师地论》《摄大乘论》对唯识说的讲解最为集中和系统。

对真实），依分别的境界说“遍计所执性”（妄想），依空性说为“圆成实性”（绝对真实）。法相宗指出，一切众生皆有眼、耳、鼻、舌、身、意、末那、阿赖耶等八识,认为“三性”不离“识”。诸识生起之时,现“似见分”与“相分”,是“依他”；意识周遍计度，执为“能”“所”二取，则是“遍计所执”。法相宗借用唯识来解释世界，认为世界现象都由人的第八识即阿赖耶识所变现，而前七识再据以变现外部影像，缘虑执取，以为实在。而且，阿赖耶识中蕴藏着变现世界的潜在功能，即所谓“种子”，其性质有“染”有“净”，分为有漏、无漏两类，有漏种子为世间诸法之因，无漏种子为出世间诸法之因。

五重观法,指窥基法师在《大乘法苑义林章》和《唯识章》中提出的由浅入深、由粗至细的五个层次的唯识观：遣虚存实识、舍滥留纯识、摄末归本识、隐劣显胜识和遣相证性识。此五重观即是从观察思考众生的遍计所执性的虚妄不实，依他起性的相对真实，而最终证得圆成实性的绝对真实。

因明学说，原为瑜伽行派所创，被法相宗吸纳和利用。玄奘在印度游学时，曾到处拜访因明学大师,造诣精深。回国后,玄奘先后译出《因明入正理论》和《因明正理门论》，他的弟子们又作注疏，其中以大庄严寺文轨和慈恩寺窥基所作最为流行，从而形成中国因明学（亦即逻辑学）史上又一个高峰。

然而由于法相宗名相复杂，教理艰涩，方式繁琐，经院气息浓重，难与中国本土文化相融，故自玄奘开创，虽兴盛一时，但三传之后，即无人继习，最终衰微。当然，其中一些思想精华被其他学派吸纳、借鉴，继续发挥着重要的作用，特别是它曾远传日本，形成南、北二派，传承良久，影响深远。

四、密　宗

密宗是在唐朝开元年间（713 ～ 741 年），由善无畏（637 ～ 735 年）、金刚智（669 ～ 741 年）、不空（705 ～ 774 年）等三位印度高僧在中国开创。在华期间，

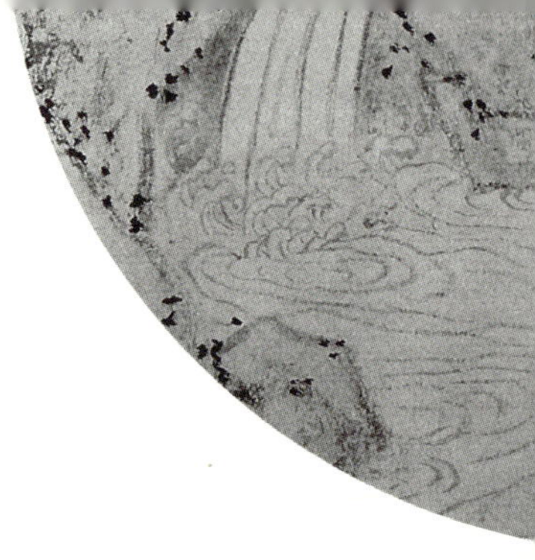

三位高僧先后译出《大日经》《金刚顶》《般若理趣经》等近百部经书，弘扬佛法，成为佛教史上有名的译经大师，被后人称作“开元三大士”（见图 4–5），为我国佛教的发展做出了杰出的贡献。

图 4–5　开元三大士像（左起：善无畏、金刚智、不空）

唐开元四年（716 年），年近 80 岁的善无畏（中印度摩伽陀国人）携带梵本佛经，取道西域来到长安，深受唐玄宗礼遇，译有《大日经》等多部经典，传入密宗胎藏界曼荼罗教义。四年后，唐开元八年（720 年），金刚智（南印度摩赖耶国人）携弟子不空（狮子国人，今斯里兰卡人）等抵达洛阳，弘扬密法，译有《金刚顶瑜伽中略出念诵法》等 4 部佛经仪轨，带来密宗金刚界曼荼罗教义。至此，密教被完整地传入中国（密宗传入中国始于三国时代，正式形成宗派则源于唐初）。不空弘扬师学，曾返狮子国学习密法，再回唐朝，引进大量佛经，翻译《金刚顶经》《金刚顶五秘密修行念诵仪轨》等数十部经典，他成就显赫，深得朝廷和僧众的青睐与赞扬。他与鸠摩罗什、真谛、玄奘并称为“中国佛教史上的四大译经师”。

传说密宗为释迦牟尼授给家属的秘密佛法，依理事观行，修习三密（口密、身密、意密）瑜伽，使之相应涉入，彼此摄持，从而获得悉地（即成就），故又称“密教”“秘密教”“瑜伽密教”等。它是古印度大乘佛教与婆罗门教相结合的产物，主张礼拜供养法身佛大如来和千百佛菩萨，重视通过祈祷以得福祉。

密宗主要经典有《大日经》和《金刚顶经》等。《大日经》主要讲述密教的基本教义、各种仪轨和行法、供养方式等内容。《金刚顶经》则以大日如来为受用身，宣扬“五佛显五智”说，即中央大日如来的法界体性智、东方阿閦佛的大圆镜智、南方宝生佛的平等性智、西方阿弥陀佛的妙观察智、北方不空成就佛的成所作智。其中最重要的是法界体性智，其余四智都是唯识所转。

在教义上，密宗认为，世界万物、佛和众生皆由地、水、火、风、空、识“六大”所造。前“五大”为“色法”，属胎藏界，具有理、因、本觉、化地等方面的含义；“识”为“心法”，属“金刚界”，具有智、果、始觉、自证等含义。它主张色、心不二，金、胎为一，两者包含宇宙万有，而又皆具众生心中。佛与众生体性相同，众生只要依法修习“三密加持”，就能使“三业”（身、口、意）清净，与佛的身、口、意三密相应，即身成佛。在教理上，密宗以大乘中观派和瑜伽行派的思想为其理论基础，在实践上以高度系统化的咒术、礼仪、本尊信仰等为特征。学者欲修密法，须经阿阇梨（即上师、导师）秘密传授。修持时，口诵真言咒语（语密）、手结印契（身密）、心作观想（意密），三密相应，就可即身成佛。另外，在其修法之际，还需按严格的规定建筑坛场，配置诸佛菩萨，以增加庄严性，加强修行者的信念。

密宗传入我国后，在藏族地区流传比较久远、发达，后来由空海传入日本，创立真言宗，并形成“东密”与“台密”两个流派，影响深远。

五、华严宗

华严宗，又名“法界宗”“贤首宗”，它是在杜顺、智俨等人的基础上，由唐初法藏大师（643 ～ 712 年）（见图 4–6）依托当政者大力支持而创立的佛教宗派，后经澄观、宗密二代传人的发展，蔚然可观。华严宗以《华严经》为根本经典，宣讲“法界缘起”思想。它发展了古印度佛教的大乘思想，调和佛教

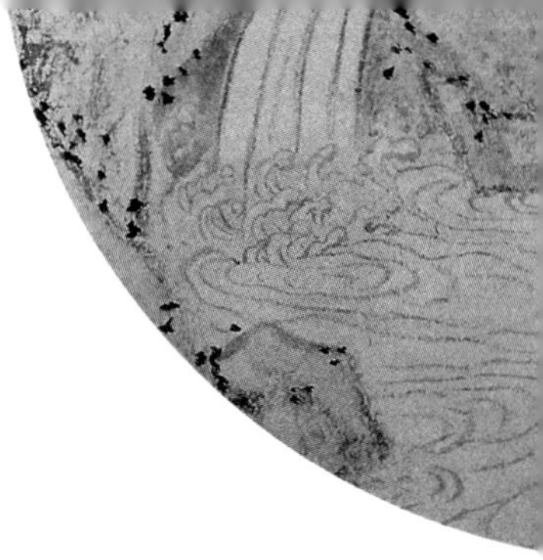

图 4–6　法藏善喻（清版画）

内部各派的矛盾，融入儒家、道家文化，阐释和弘扬法界缘起、理事圆融等思想，为此后佛教诸宗和中国哲学的发展提供了丰富的理论资源和有益启示。华严宗因此被后人认为是隋唐佛教发展史上体系庞杂、最富理论色彩的宗派，影响久远。

华严宗围绕《华严经》的法界缘起说建构自己的理论体系，基本内容包括：五教十宗、法界缘起、六相圆融、十玄门等。所谓五教，指五类佛法内容和表述方式：（1）小乘（即声闻小乘教）；（2）始教（即大乘初阶）；（3）终教（即大乘终阶）；（4）顿教（即顿超顿悟法门）；（5）圆教（即圆满无缺无碍之理论）。所谓十宗，指佛法义理的十个层次：（1）法我俱有宗；（2）法有我无宗；（3）法无去来宗；（4）现通假实宗；（5）俗妄真实宗；（6）诸法但名宗；（7）一切皆空宗；（8）真德不空宗；（9）相想俱绝宗；（10）圆明具德宗。二者旨在论证唯有《华严宗》义理最高深圆满，属于“一乘圆教”和“圆明具德宗”。

此外，华严宗认为法界缘起是重重无尽、圆融无碍的，并通过“法界”“十玄门”和“六相圆融”加以说明。它主张法界分法、界两部分，法是一切清净佛法的本源、世界万有的本体和本性，与含有分齐意义的界组合，便具有常用事物、现象的含义。法界包含从真如、法性、佛身到各种教理、教法、修行和众生世界的一切事物，是统摄宇宙万有的“无障碍法界”（总称“法界”）。华严宗关于法界的类别，说法不尽相同，有法藏的五法界说（有为法界、无为法界、

亦有为亦无为法界、非有为非无法界、无障碍法界）和澄观的四法界说（事法界、理法界、理事无碍法界、事事无碍法界），但所阐发的主要观点别无二致，即以法界为本体的缘起世界重重无尽，圆融无碍。而六相指总相、别相、同相、异相、成相、坏相，十玄门指同时具足相应门、一多相容不同门、诸法相即自在门、因陀罗网境界门、微细相容安立门、秘密隐显俱成门、诸藏纯杂具德门、十世隔法异成门、唯心回转善成门、托事显法生解门，它们都是为了说明“圆融法界，无尽缘起”的佛理而设。

隋唐时期，华严宗曾兴盛一时，其理事圆融论对中国传统思想的发展产生了很大的影响，如宋明理学家引入理事、理气等哲学范畴，重点讨论、不断阐发其深义，成为构建新儒学的重要理论基石。遗憾的是，华严宗因其体系庞杂，思想舛乱，在唐武宗灭佛后，逐渐转衰。但华严宗在创立之初，曾先后由法藏弟子新罗僧审祥、智俨弟子新罗僧义湘传入日本和朝鲜，沿袭不绝，推进了当地佛教的发展，有的延绵至今，仍然相当活跃。

六、禅　宗

禅宗是历史上被公认为最具中国特色的佛教宗派，它初创于南北朝，兴盛于唐代，并出现南、北二宗及渐悟与顿悟两派，后有五家七宗之分，发展规模空前壮观。它在产生之初提出通过静坐、念禅成佛的观点，后期主张去除一切繁文缛节，以心传心，所谓“不立文字，教外别传，直指人心，见性成佛”。它讲求顿悟成佛，认为一个人只要诚心向佛，哪怕十恶不赦，也能得道成佛，所谓“放下屠刀，立地成佛”。禅宗具有强烈的批判色彩，发展到南宗时期，既反对念经，又反对坐禅，甚至否定一切外在事物，呵佛骂祖，“逢佛杀佛，逢祖杀祖，逢罗汉杀罗汉”，认为“内无一物，外无所求”，才能悟得大道。该派佛教整体的发展趋势和主旨就是：去除外在约束，用心体悟佛道。这种强调通过静坐或心性顿悟

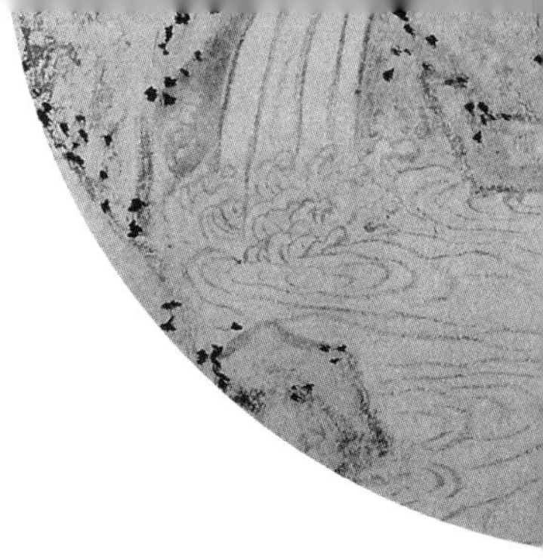

得道的方法，对佛教其他宗派及宋明理学的发展都具有重要的启示。禅宗影响深远，我们现在习用的很多成语即来自禅宗日常用语和典故等，如“骑驴觅驴”“担水砍柴，无非妙道”“百尺竿头，更进一步”“如人饮水，冷暖自知”“棒喝”等。禅宗教徒通过问答形成语录体文本，对后世著作体裁也产生了很大的影响，其中某些话语具有很强的思辨性和启发性，是我国思想史上一笔宝贵的精神财富。

禅宗专以修习禅定为成佛之法，故得名“禅宗”。又因以参究的方法、彻见心性的本源为主旨，故亦称作“佛心宗”。禅，本为梵语“禅那”的简称，意为坐禅、静虑。所谓“禅定”，就是指止息杂虑的安静沉思，为佛教信徒的重要修行方法，后又有面壁坐禅、修持意念以求觉解或功德之法等。禅宗起源于释迦牟尼的弟子摩诃伽叶，南北朝后期（约 520 ～ 526 年），由南天竺高僧菩提达摩引入中国。相传他从印度来到广州，一路北行，到处以禅法教人，并在少林寺面壁静坐，修炼禅法，成为中国禅宗初祖。之后，由慧可、僧璨、道信、弘忍、慧能（见图 4–7）等一脉相传，发展壮大。其中，六世祖慧能是一位承前启后的关键人物。因五祖弘忍赏识他对佛法的超群悟性，遂将禅宗衣钵密传于他而非神秀。禅宗由此分为两派：以神秀为首的北方渐悟派和以慧能为首的南方顿悟派，后世称之为“南能北秀”或“南北宗”。其中由慧能开创的南宗发展最盛，先后又衍生

图 4–7　慧能入寺（清版画）

出五家七宗[①]，不断扩展，以致最终取代北宗，一家独大，个别宗派延绵至今，生生不息，影响广远。慧能当年被弘忍大师选中，得承禅宗衣钵，历经艰险，最终建立南宗，在此过程中发生了很多故事，最有名的就是神秀、慧能作偈弘法之事。

据《六祖坛经》记载：五世祖弘忍大师为本宗遴选合适的继承人，让大家每人作一偈。他的高徒神秀在半夜时分，悄悄地在南廊墙壁上留下一偈：

身是菩提树，心如明镜台。

时时勤拂拭，勿使惹尘埃。

第二天，偈语博得同门称赞，但弘忍私下评价神秀的偈语："未见本性，只到门外，未入门内。"这让神秀坐卧不安，但一时又作不出更好的偈语，焦虑万分。当时慧能在寺中干杂活已有 8 个多月，在他偶然听到童子诵读神秀的偈诗后，也作了一首偈，由居士张日用书于壁上：

菩提本无树，明镜亦非台。

本来无一物，何处惹尘埃？

此语很快被传播开来，赢得众僧的称赞，弘忍也暗自叹服，遂在当日深夜面晤这位入门不久的徒弟，密授其《金刚经》与禅宗衣钵，并作一偈：

有情未下种，因地果还生。

无情既无种，无性亦无生。

弘忍嘱其远遁他乡，以免遭人陷害。慧能接受了师傅的嘱托，潜行至南方，隐居岭南 15 年，密修禅道。之后，他先后至广州法性寺、韶州宝林寺（后称"南华寺"，见图 4–8），收徒授学，弘扬佛法，别立宗派，成为第六代祖师。他的弟子众多，著名的有行思、怀让、神会、玄觉、慧忠、法海等 40 多人，形成不同

---

① 五家指南岳怀让和青原行思两大支派下的五个分系：沩仰宗、临济宗、曹洞宗、云门宗、法眼宗。七宗指上述五家和临济宗下的两支派——黄龙派、杨岐派。五家七宗曾兴盛一时，但只有临济、曹洞两家香火最旺，延绵最久。

图 4-8　广东韶关曹溪南华寺

的宗派，其中以南岳怀让和青原行思两家最盛。南岳怀让门下又衍生出沩仰宗和临济宗，青原行思门下衍生出曹洞宗、云门宗和法眼宗，影响深远。其中临济宗、曹洞宗两家流传时间最长，至今未绝。开元八年（720 年），其弟子神会奉敕配住南阳龙兴寺，大扬禅法，人称“南阳和尚”，南宗由此成为禅宗正统，独尊于天下。神秀领导的北宗则门庭冷落，寂寞无主，传了几代，即告衰亡。

在慧能的众多弟子中，法海搜集整理其师言行，撰成《六祖坛经》一书，被后人誉为“中国僧人撰写的著述中唯一被冠以‘经’的一部佛教典籍”。它发挥了天台宗肇始的“唯心”思想，主张“即心即佛”“顿悟成佛”，把佛性归诸心性，倡导“即世间求解脱”，统一入世与出世理念，为后来兴盛的人间佛教奠定了坚实的基础。禅宗所依据的经典除了《六祖坛经》之外，还有《楞伽经》《金刚经》等。

禅宗认为心性本来清净，提倡见性成佛。在修持方面，禅宗主要依据达摩的“二入”“四行”学说。“二入”指“理入”和“行入”。“理入”是凭借经教的启示，深信众生同一真如本性，但为客尘妄想所覆盖而不能显现，所以要令信徒舍妄归真，信奉一种心如墙壁、坚定不移的观法，扫荡一切差别相，与真如本性之理相符，寂然无为。这是禅宗的理论基础。“行入”即“四行”：报怨行、随缘行、无所求

行和称法行。这是禅宗修行的实践部分。慧能继承这一学说，主张舍离文字义解，直彻心源，认为“于自性中，万法皆见；一切法自在性，名清净法身”。他认为一切般若智慧皆从自性而生，不从外入，“一闻言下大悟，顿见真如本性”，提出了“即身成佛”的“顿悟”思想。其禅法以“定慧”为本,即“无所住而生其心”。“无所住”即“定”，“生其心”即“慧”，这也是禅宗定慧等持的本旨与来源。

禅宗在中国佛教各宗派中流传时间最长，至今仍绵延不绝。它在中国哲学思想上也有着重要的影响，在心性论、入世出世论、批判精神等方面，为宋明理学家和近代思想家提供了丰富的理论滋养和很大的精神启示。另外，禅宗中的牛头禅、临济宗、曹洞宗、杨岐派、黄檗宗、曹溪宗、灭喜禅派、草堂禅派等流派传入朝鲜、日本和越南等国，促进了当地佛教的发展，成为东亚及东南亚佛教文化圈的重要组成部分。

七、律　宗

佛教能够成为一个系统的宗教团体，需要以固定的组织为依托，并有纪律的约束。中国化佛教在隋唐时期基本成型，一个重要标志就是具有自身相对完备的管理条例，组织僧侣、居士宣扬佛经妙义。而隋唐之际，中国僧徒在佛教纪律和团体生活方面不断地从印度取经、译经，健全相关的制度与机制，并形成一个专门的宗派，以利于佛教的传弘。这个宗派就是本节要讲的律宗。

图 4-9　道宣像

律宗是以研习和传持戒律为主的佛教宗派，因其创始人道宣（见图 4-9）曾居终南山弘法，依据五部律中的《四分律》建宗，又有“南山律宗”“南山宗”“四分律宗”等称呼。在唐以前相当长的时期内，各地流

行不同的戒律，标准不一，颇多舛乱。道宣应时代之需，研究以往学僧的戒律成果，博采众长，建立了以《四分律》为中心、融汇大小乘戒律的律学理论体系，受到佛教界的热烈欢迎与广泛采用。这标志着中国化佛教组织理论和戒规、礼仪基本确立，具有重大的历史意义。后来律宗又分为南山宗、相部宗、东塔宗，但只有南山宗一支传承久远，颇为兴盛。道宣集前人之大成，开创律宗，在佛教戒律中国化的过程中贡献甚巨。

道宣（596 ～ 667 年），俗姓钱，丹徒（今江苏镇江）人，出身官宦家庭，父亲曾为陈朝吏部尚书。他 10 岁出家，受具足戒，先后师从智頵、智首研习律学，后来长期居住在终南山，修行讲律，著书立说，曾奉诏协助玄奘译经。他一生著述颇丰，有 10 余种之多，成就斐然。其中戒律类有《行事钞》（即《戒本疏》《羯磨疏》《注羯磨》等），佛教史类有《续高僧传》《广弘明集》等。他的弟子众多，名家辈出，如一传弟子大慈、文纲、融济等，三传弟子鉴真等。

律宗的基本经典有：《四分律》《十诵律》《摩诃僧祇律》《五分律》和《毗耶母论》《摩得勒伽论》《善见论毗婆沙》《萨婆多论》《明了论》，通称“四分五论”。律宗以《四分律》为根本依据，讲求分辨开、遮的情况（即明确允许犯戒的条件，不许犯戒的条件），研究出家声闻乘之戒学，从小乘《四分律》律法中寻求与大乘相符之处，从而弘扬大乘之旨，宣传人人皆可成佛。它的主要内容大致包括判教论、四科论、二持论等。

律宗将释迦牟尼的教法判划为化、制两教。化教为佛教化众生、令生定慧的教法，即经论之所诠，如四部《阿含》，《发智论》和“六足论”等，细分又有性空教、相空教、唯识圆教三类。性空教摄一切小乘，相空教摄一切大乘般若，唯识圆教摄大乘《华严经》《楞伽经》《妙法莲花经》《大般涅槃经》。制教为佛教告诫众生、并制御其行为的教法，即律教之所诠，如《四分律》《十诵律》等，细分又有实法宗、假名宗、圆教宗。实法宗即立一切法实有的说一切有部等，以色法为戒体；假名宗即立一切诸法唯有假名的经量部等，以非色非心法为戒

体；圆教宗即立一切诸法唯有识的唯识圆教等，以心法种子为戒体。律宗在三教、三宗中属唯识圆教宗。

四科论指律宗的教理分为戒法、戒体、戒行、戒相四科。戒法是佛教制订的戒律；戒体是受戒弟子从师受戒时领受在自心的法体，即由接受的做法在心理上构成一种防非止恶的功能，这是律宗教理的核心内容；戒行是戒律的实践；戒相是戒律的表现或规定（即五戒、十戒、二百五十戒等）。二持论指律宗将佛所制诸戒归纳为“止持”“作持”两类：止持即“诸恶莫作”之意，指比丘、比丘尼制止身口、不作诸恶的“别解脱戒”；作持即“众善奉行”之意，包括安居、说戒、悔过以及衣食坐卧等种种行持规则。《四分律》前半部分解释僧尼二众别解脱戒，为止持门；后半部分解释受戒、说戒等二十犍度，为作持门。

和其他宗派的外传途径一样，律宗曾由新罗僧人慈藏和道宣门徒传入朝鲜，并由道宣三传弟子鉴真于8世纪中期传入日本。值得一提的是，当年日僧荣睿等人入唐，请律宗的相部宗大师赴日讲解戒律未遂，复请南山宗鉴真大师东渡传戒。鉴真等人克服千难万险，经历五次失败，最终成功东渡，抵达日本，传授戒律，创立日本律宗，成为中日佛教文化交流史上一段佳话。

八、三论宗

三论宗源于大乘佛教中观学说，它因宗法古印度僧人龙树撰写的《中论》《十二门论》和其弟子提婆的《百论》，故得此名。因其阐扬诸法性空的理论，也称“法性宗”“性宗”。三论宗的经典教义始由鸠摩罗什传入中国，作为一派则是由吉藏（549～623年）开创，并流行南北各地。

吉藏自小聪明绝伦，记忆力超凡，过目不忘，闻即能诵，19岁时当众复述法朗讲义，一字不漏，智辨出众。他先后受到陈朝桂阳王陈伯谋和隋炀帝、唐高宗等当政者的赏识、敬拜，为僧俗讲法，大受欢迎，“豪族贵游，皆倾其金贝，

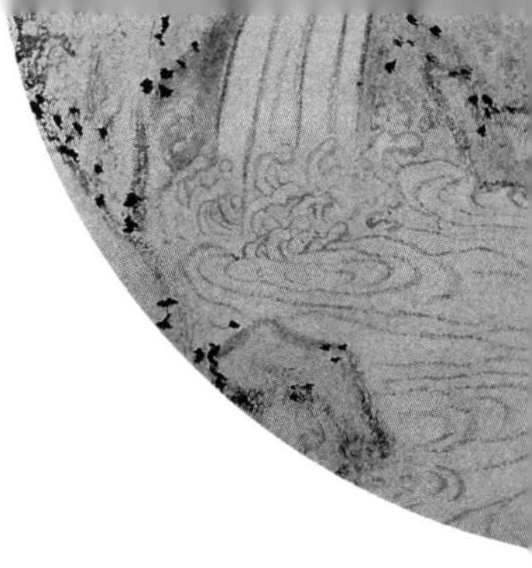

图 4–10　吉藏像

清信道侣，俱慕其芳风”[①]。在会稽（今浙江绍兴）嘉祥寺，他讲经 15 年之久，听众常达千余人，人称“嘉祥大师”（见图 4–10）。吉藏创立三论宗，总结了外来般若学，尊奉《中论》《十二门论》《百论》《大品般若经》《法华经》《华严经》《涅槃经》等经典，以彻悟中道实相为根本宗旨。他宣扬诸法性空、真俗二谛、八不中道、禅教并重等观点，主张破除一切有所得、实有实无的偏见，建立无所得之中道观，以认识宇宙万有的实相。

三论宗认为世间、出世间万有诸法，都是由众多因缘与条件结合、和合而生的产物，此即“缘起”。离开众多因素和条件，就没有事物实体，此即“无自性”，亦即“性空”。缘起事物的存在就是性空，不是除去缘起的事物后而说空。如《十二门论》所言：“众缘所生法，即是无自性，若无自性者，云何有是法？”意即缘起法、无自性就是毕竟空，但为随顺世俗的常识而说有缘起的事物，把缘起和性空统一起来，就是“中道”。所以，不离性空而有缘生的诸法，虽有缘生的诸法，也无碍于毕竟空的中道实相。

为了认识宇宙万有的实相，三论宗主张“真俗二谛”和“八不中道”论。真、俗二谛，真谛指第一义谛，即空；俗谛指世俗谛，即有。二谛只是为教化众生而假设的言教，即为著空者依俗谛说有，为著有者依真谛明空。明空不住空，为显示不是自性实有；说有不住有，为说明不是断灭的空无。如此，虽说空无，为令人体悟到超越空有、言忘虑绝的诸法实相，便是法性理体。八不中道，即《中论》卷首所言“不生亦不灭，不常亦不断，不一亦不异，不来亦不去”之语，

① （唐）道宣撰，郭绍林点校：《续高僧传》卷十一，中华书局 2014 年版。

以显发中道实相。三论宗认为凡夫、二乘有种种偏执偏见，概括起来有生灭、断常、一异、来去四双八类，是人们正确认识宇宙万有的障碍，所以对它们皆用“不”字来否定，令众生离此八偏，以悟空有不二的中道。另外，该宗对如来所说经教，不作高下、优劣之分，但因众生的根性千差万别，所以佛说的法门就有种种的不同，主张随机施教，因病授药。

三论宗学说在初唐盛极一时，但后来因其他佛教宗派兴起而转衰。在唐中期会昌禁佛时，被毁殆尽几成绝学。高丽僧人慧灌、道登及日本华裔福亮、智藏等人先后入华，师从吉藏和他的再传弟子元康，研习三论宗教义，将其传入日本，延续良久。有的佛教文献由日回流至中国，见证了中日佛教文化交流的概况。如三论宗章疏等著作在中国早已失传，但在日本得到较好的保存，后被清末佛教居士杨文会取回，使今人得观其学概貌。

九、佛儒相争

唐代大诗人韩愈在晚年曾写过一首诗《左迁至蓝关示侄孙湘》，颇负盛名，诗曰：

一封朝奏九重天，夕贬潮阳路八千。
欲为圣明除弊事，肯将衰朽惜残年。
云横秦岭家何在，雪拥蓝关马不前。
知汝远来应有意，好收吾骨瘴江边。

其末句表明作者看淡生死，但对“为圣明除弊事”的态度依然坚定如初。以致皇帝龙颜大怒，一度想以极刑处死这位50多岁的老臣？后经人说情，韩愈虽死罪逃过，但活罪难免，仍被流放远地，以示惩戒。那么他所言“除弊事”究竟为何？这涉及隋唐时期佛儒相争的典型事件——谏迎佛骨，也是中国佛教史上一桩公案。

元和十三年（818年），有人上报朝廷，称凤翔扶风县（今陕西宝鸡）法门

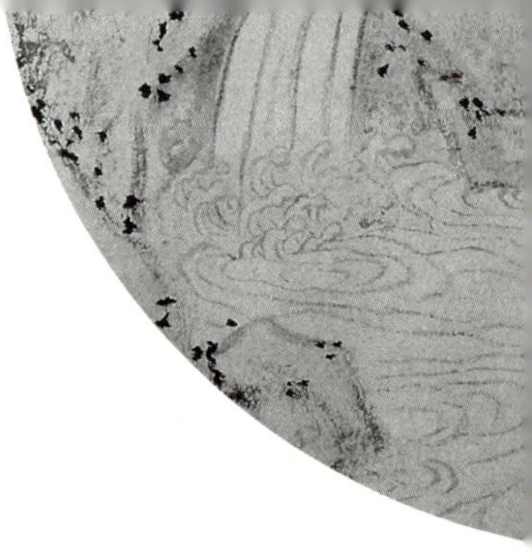

寺护国真身塔内藏有一节释迦牟尼佛指骨，是从当年崇信佛教的阿育王（前 2 世纪中叶统一印度半岛的国王）所建 8 万多宝塔中传来的佛祖圣物。依旧制，每隔 30 年开放一次舍利塔，当年定会五谷丰登、百姓平安。唐宪宗获知此事，非常高兴，于次年正月遣使，迎奉佛骨舍利，在宫中供奉 3 日，然后送到京城佛寺，供人观瞻，以求当年风调雨顺，政通人和。唐初就有崇拜佛教的风气，至宪宗迎佛骨时，迎来新一轮崇佛高潮。王公士庶奔走相告，前去膜拜佛骨舍利，并争先施舍，甚至出现“焚顶烧指，百十为群；解衣散钱，自朝至暮；转相仿效，惟恐后时；老少奔波，弃其业次”的情形。时任刑部侍郎的韩愈目睹此状，忧心如焚，既担心佞佛之风会影响经济发展、政治稳定，又忧虑此风会加深儒学长期萎靡不振的状况。于是，他向皇帝上书《谏迎佛骨表》，从国计民生、社会教化的角度立论，阐述崇信佛教、道教的弊端，极力反对佛、道。他认为宗教徒都是不事生产、不交赋税、占有土地的游食之民，社会上这样的人越多，越不利于国家经济的发展；他们提倡抛弃君臣父子的伦理纲常，追求虚无的清静、寂灭，也不利于社会稳定和儒家先王之道的推行。韩愈劝谏宪宗不要盲目信佛，助长佞佛之风，并列举历朝佞佛的皇帝国运不长之鉴，警示君王勿重蹈“事佛求福，乃更得祸”的覆辙。但这封奏章不但没能阻止皇帝佞佛之举，反而使龙颜大怒，韩愈因言获罪，差点丧命，最后被流贬外地，降职为潮州刺史。韩愈反对的佛教依然大行其道，直到 20 多年后遭到武宗灭佛的打击，才有所回落，放缓了进程。

对于唐宪宗、韩愈二人支持或排斥佛教的观点，到底孰是孰非，难下定论，因为作为当政者，采取什么样的态度和策略来治理国家、教化民众，都不全是率性而为，各有自己的理由。但在思想和政治层面，隋唐时期佛教在支持与排斥两种势力的较量中发展，上述谏迎佛骨事件即是一个典型的例子。佛教与儒学在争鸣、融合中互动，是隋唐时代佛、儒二家发展的主要形式和总体趋势，并在某些个体上有充分的体现。以韩愈而论，他一生反对佛教，弘扬儒学，如在《原道》《与孟简书》等著述中，反对佛、道二家的人性论，提出自己的“性三品”说，

批判佛家出家修行的遁世思想，斥之为夷狄之法，有违儒家宗旨，提倡儒家伦理纲常、先王之道。他希望统治者驱使佛教徒还俗而为士农工商，改寺观为民房，让百姓居住等。但是韩愈也有与佛教中人积极交流、学习的一面，如他出任京外之官，每至一地，多与附近寺庙高僧往来论道，亦有赞美之辞，如称大颠和尚“颇聪明识道理”“以理自胜，不为事物侵乱”。此外，韩愈尝试追溯儒家道统，排列出诸如尧、舜、禹、汤、文、武、周公、孔、孟的圣贤谱系，学界一般认为这多少也受到了佛教重视道统的影响。

可以说，韩愈对佛教的态度既有反对、排斥的一面，又有学习、融合的一面，是隋唐时期儒家与佛家相争相融的典型例子。有意思的是，他的弟子如孟简、李翱等人，虽师从韩愈，研习儒家伦理，提倡接续儒学道统，但平生也投入很大的精力深研佛教，融合儒、佛二家思想，李翱是最明显的例证（见图 4–11）。他著《复性书》探讨“复性”之问题。所谓“性”，就是佛教的“真如”；困惑性的“情”，就是佛教的“无明”。“复性”，就是正思，依此而不思不虑，不生妄情，循其源而复其性，此“复性”亦即“率性”“至诚”，就是大道。复性为至诚，即“天人合一”，至寂然不动（诚），起感而遂通（明）之大用。这些主张显然糅合了佛理与《中庸》的思想。韩愈师徒对于佛教思想的排斥与融合，尽管都不是特别充分，亦不系统深入，但在隋唐时期三教合一潮流中格外引人注目。他们的思想主张顺应了时代文化发展潮流，开启了宋代儒家排纳佛学、倡导理学而振兴儒学的先河，具有重要的理论价值和历史贡献。

图 4–11 南宋・马公显《药山李翱问答图》

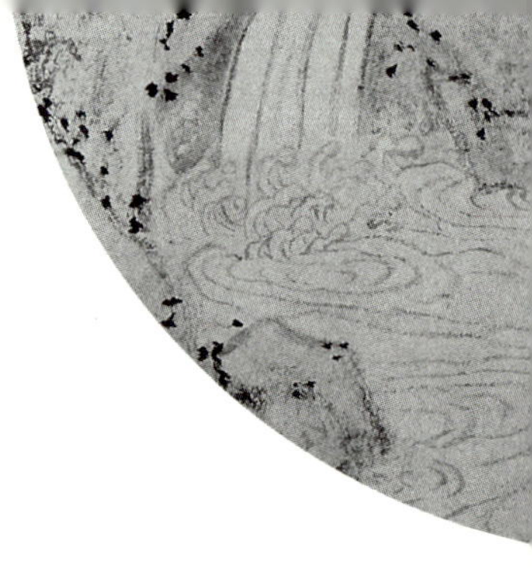

在韩愈前后，我们看到隋唐时期佛、儒两家不少人都投入到融汇儒、佛思想的事业中，做出很大的贡献，如佛教中人梁肃、澄观、宗密等，儒学中人王通、柳宗元、刘禹锡、白居易等。一方面，某些高僧颇精儒学，经常根据儒家思想解说佛家教义，是自魏晋南北朝以来兴起的格义佛教的重要组成部分，如宗密用《周易》来说明“涅槃”，配上乾。另一方面，某些儒者深谙佛学，借用佛教名数、义理解说儒家思想，成为宋明时期儒家援佛入儒、建立新儒学的前奏。如白居易对比二家思想，指出《诗经》三百篇分六义，佛经千万卷分十二部；孔门教学分四科，佛教思想有六度；仲尼有十哲，释尊则有十大弟子等，说明其宗不同，其途各异，但趋向相同，试图融通二教思想，实现互相转化。

除了思想界的佛、儒争鸣与融合及有益的理论探索之外，在政治方面也表现出二者和谐与冲突的双重性。一方面，当政者既尊崇儒家伦理纲常，治国理政，又多信从佛教，从唐太宗、武则天、唐玄宗到宪宗、宣宗等，无不如此。另一方面，他们也有抑制佛教发展的主张和举措，如韩愈谏佛骨、武宗灭佛等，从而使佛教在一种推崇与限制构成的合力下不断发展。这种大力推崇与一定限制相结合的措施并行不悖，佛、儒共存，相争相融，促进了中外文化融合的历史进程。

总之，隋唐时期，佛、儒两家继续相互争鸣、融合，为后世儒佛思想的深入交流和互融奠定了坚实的基础，贡献至巨，影响亦远。

十、佛道相争

在唐初武德年间，有一位道士傅奕上奏唐高祖，历数佛教之弊害，如剃发不事双亲、不拜皇帝、不服军役、逃避税租、以生死祸福迷惑民众等，主张应强兵劝农、减少僧尼、行中国固有的儒道之礼等，请求废除佛法，后世称之为“灭佛十一条”。随后他又上表劝谏皇帝贬抑佛教，并撰写《高识传》，收录东汉以来 20 余位排斥佛教的名士传记，宣扬排佛思想。很快，佛教中人起而反对，高僧法琳、李师政

师徒分别著《破邪论》《内德论》，绵州振响寺僧人释明概向皇帝上奏《决破傅奕谤佛毁僧事八条》，从不同方面反击和批评傅奕的观点。之后，李仲卿、刘进喜等道士站在傅奕一边，著《十异九迷论》《显正论》排斥佛教，尊道抑佛。而法琳则针对二人所论，又著《辨正论》，予以反驳。隋唐时期佛道相争的序幕由此而启（见图 4–12）。

图 4–12　僧道辩论图（清版画）

佛、道二家争鸣、辩难与冲突始于唐高祖即位之初，盛于玄宗时期，贯穿整个唐代。出现这种情况的原因较多，最主要的一个近因是李唐王朝建立者尊崇老子为其祖先，以论证其血统的优秀，为当政的合法性提供依据。此后，历任统治者都打着祭祖的旗号，信奉和保护奉老子为始祖的道教，使之成为治国重器，道教由此而盛。另外，道教与佛教互争在魏晋南北朝就频频发生，降至李唐王朝，仍然延续着历史发展的惯性，互相争鸣、攻讦，但总体上佛教胜多败少，居于上风。

在唐初捍卫佛教的众僧中，最杰出的人莫过于法琳了。他批评上述“灭佛十一条”，作了 2 卷本的《破邪论》，批评道教才是真正的破坏国家之教，痛斥张陵、张衡、张鲁的三张之法，并论及老庄之教法。他宣传《破邪论》，将之送给太子和王公大臣等，劝说当政权贵不要受傅奕的蒙蔽。法琳的门徒李师政则从理论批判入手，著有《内德论》3 篇，其中《辨惑篇》反驳傅奕排佛说，《通命篇》论述因果报应，《空有篇》破断常见的执著。与此同时，绵州振响寺释明概针对

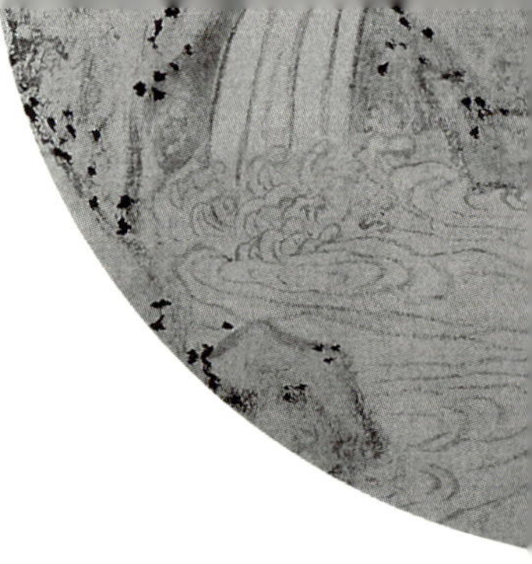

天师道的生活仪式等进行了批判，指责当时道士（天师道）吃酒食肉、生活靡费、贪得无厌、人格凡庸等弊病。

在道、佛论战日趋激烈的情况下，道士李仲卿又撰《十异九迷论》，分别从老子和释迦牟尼的差异、佛学特点及生活方式等方面批评佛教。针对《十异九迷论》，法琳则撰写《辨正论》2卷。上卷《十喻篇》把释、老传记和教条的不同之处与《十异论》相对照，专破其所言老子思想；下卷《九箴篇》则对照佛、道二教的教义，反驳九迷论的妄断。

综观历次佛、道论辩，佛教徒多为胜利方，道士们则“无辞而退”，但由于唐代皇帝认为老子姓李，是李姓者的祖先，而老子又被道教徒奉为道教始祖，因此道教得到官方的大力扶持。在唐高宗时，当政者就把道教提高到了国教的地位，备加尊崇。直到唐中宗时，由于《化胡经》的作伪问题，道教受到严重打击，道士的地位回落，处于僧侣之下。而在武宗时，道教又得到抬举，佛教则因当政灭佛之举而受到打压。大体而言，佛教势力如日中天，道教发展起伏不定，儒家思想低迷徘徊，而且佛、儒之间互融多于冲突，佛、道之间则冲突多于互融。

总之，佛家从印度外传而来，儒、道二家为中国所固有，儒、道二家虽然在观念上立足于本土文化，排斥佛教，但在思想和行为上又不断地向它学习，汲取其长。而佛教思想中本来就有“随缘度化”的思想，为了适应中国文化，它也在某些方面不断改变自己，故与儒、道二家既有思想理念上的抗争与冲突，也有实际发展中的互相融合与借鉴。正是这种排斥与学习、互争与互融的力量，使得佛教在隋唐时期基本实现中国化，获得新生。同样，儒家和道家也从中吸纳思想养分，取得不同的发展，最典型的成果就是宋明理学的兴起。

十一、佛教中国化

佛教中国化是中国思想发展史和中外文化交流史上的一件大事，它大致经

过了汉魏、隋唐、宋元、明清几个阶段，至隋唐时期基本完成。佛教通过各种形式的转化与发展，融入到中国传统文化与民众生活中，逐步实现佛教中国化，形成了汉传佛教、藏传佛教和云南上座部佛教。中国化佛教特别是汉传佛教，具有鲜明的文化与时代特征，对后世产生了深远的影响。

两汉之际，佛教传入中国，与黄老道家、神仙神灵同为王公贵族的崇奉对象，依附于巫道方术，而某些地方官员（如三国时吴国的笮融）兴建道场，度济民众，使佛教得到初步普及。至魏晋时，佛教僧徒汲取玄学中某些哲学范畴，化用中国民间信仰的善恶报应思想，翻译佛学经典，阐发神不灭说和因果报应说等理论，讲论经典，宣扬佛教，使之不断壮大。在此期间，尽管佛教借鉴和汲取中国本土文化，但因中外文明的根本差异，佛教与道、儒两家及皇权的利益冲突时时发生，故有佛道、佛儒或佛儒道在宫廷或讲堂的互诘和辩难，还有北魏太武帝、周武帝灭佛事件的发生。但不管怎样，佛教在妥协与斗争、冲突与融合中渐渐壮大，和中国本土政治、经济、文化思想全面接触，在很大程度上推动了佛教中国化的进程，并初见效。如僧肇阐发般若理论，形成各派学说，佛教由原来排斥孝忠之德行到颂扬孝德和拥护君权，都是典型的例证。至隋唐时期，在南北政治统一、社会经济发达、文化交流繁荣等有利因素的推动下，中国佛教的发展迎来了空前的鼎盛。佛教在与中国本土文化互融互鉴的同时，不断地加速中国化进程，并结出累累硕果。在这一时期，出现天台宗、三论宗、法相唯识宗、律宗、华严宗、密宗、净土宗、禅宗等中国佛教宗派，各派实现初步的融合，尽量简化仪式、提倡顿悟成佛的禅宗在诸派中脱颖而出，长盛不衰，成为佛教中国化的重要理论成果和主要标志；佛教信徒数量激增，自天子至庶人，多有信奉此教者；儒、释、道三教合一之势不断加强，出现儒、释、道兼修的学者，成为中国文化创新发展的重要源泉；中国化佛教自成一家，各宗派的经典教义被引入朝鲜、日本等地，高德大僧互相往来，创立当地佛教，并衍生出新的支派，兴盛多时，影响久远。这些都标志着佛教中国化过程的基本完成，并开始对外

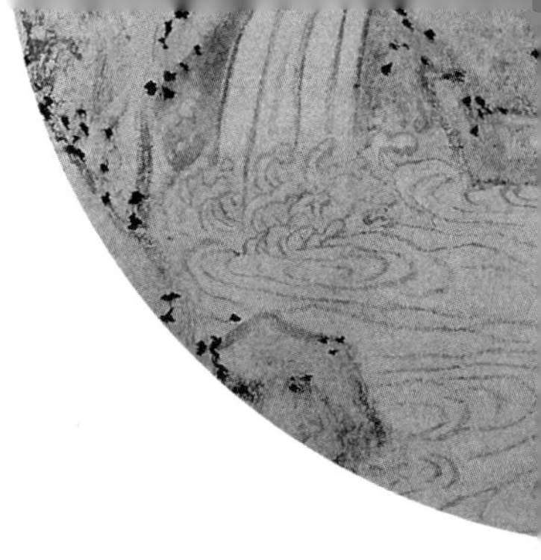

图 4–13 清 · 丁云鹏《三教图》

输出佛教文化。隋唐之后，佛教内部各派充分融通，禅宗与净土宗独领风骚，简易化、世俗化的趋势更加明显，佛、儒、道合流至深，催生了宋明理学。至明清时期，佛教思想更深入地渗透到各类文学作品和大众民俗生活中，成为中华民族文化的重要组成部分，对于时人的言谈举止、思维方式等都产生了深刻的影响。至今，佛教虽盛势难再，但仍发其光热，为国人提供信仰力量和思想启迪，具有重要的时代价值与理论贡献。（见图 4–13）

佛教中国化的实现途径大致有义理、形式与政治三个方面，在义理上从格义走向自创，在形式上从纯粹的学术走向大众化的佛教，在政治上从不敬王者到以王法匡佛法，并最终形成完整的中国佛教。[①] 在佛教中国化的过程中，大致形成汉传佛教、藏传佛教和云南上座部三大系列佛教。其中汉传佛教具有统一融合、独立自主、追求简易、开放包容等特征。值得一提的是，佛教中国化是中国本土文化对外开放、兼容并包和中外文化相争相融、和平交流的过程与结果。隋唐时期，我国不断地吸纳亚洲各地来华传佛的大德高僧，朝廷外派或教徒自发外出取经、学佛，开创诸多宗派，不断推动佛教的中国化，最终形成中国化佛教。同时，我国又向朝鲜、新罗、日本等国传输佛法，接纳他国来华学佛之人，对外播扬佛教，

① 参见黄向阳：《佛教在中国的三大改变与佛教中国化的完成》，《前沿》2010 年第 9 期。

涌现出一批诸如开元三大士、玄奘、鉴真（见图 4–14）、义净等高僧大德。他们留下许多至为感人的事迹和大量佛学经典，对中国化佛教的确立和中外文化交流做出了杰出的贡献。

图 4–14 鉴真像

总之，自东汉魏晋之后，佛教逐步实现中国化，至隋唐时期基本完成，影响深远。它为当代中外文化交流、文明互鉴提供了重要的理论资源与有益的历史借鉴，值得今人珍视与传承，发扬光大。

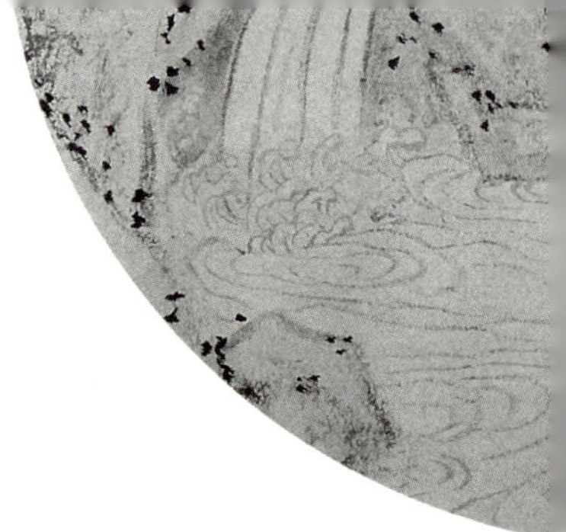

第五章 宋明理学

宋明理学，是对宋元明时期600多年间儒家学术的统称。宋初以降，从“宋初三先生”“北宋五子”到“乾淳诸老”、朱陆二派，理学蔚然兴起，日渐壮大，涌现出程朱理学、陆王心学两大流派，集中探讨性即理、心即理，论述理与气、理与性、理与心、理与物等不同思想范畴之间的关系。宋明理学传承五经文化，接续孔孟哲学，融合佛、道诸学，谈论道、理、心、性、气、命、欲、太极、知行、义利、善恶、道器、静、敬、工夫与本体、格物与致知、孔颜乐处等思想范畴与命题。宋明理学有狭义、广义之分。狭义者指二程、朱熹所倡理学，主要讲“性即理，理为本”“存天理，去人欲”“居敬持静，以格物穷理”等，将追求主观与客观世界的根本原则“理”作为基本的理论支点。广义者包括周敦颐濂学、张载关学、二程洛学、邵雍象数学、胡宏湖湘之学、朱熹闽学、陆王心学等，其中又以程朱、陆王之学最有影响力和代表性。

宋明理学内涵妙义，特色鲜明：第一，强调学习要真正达到变化气质、提升道德的目标，所谓“学至气质变，方为有功”，宋明诸儒中涌现出不少气节之士，当与此密切相关。第二，强调人的主观能动性，提振人的觉悟，不管程朱提倡性即理、格物穷理的渐悟之道，还是陆王主张心即理、格物至良知的顿悟之学，都意在突显和提拔人的智慧与觉解。第三，体现淑世觉民、重续学统道统的担当，理学家立志“为天地立心，为生民立命，为往圣继绝学，为万世开太平”，在“道心惟危，人心惟微，惟精惟一，允执厥中”的“十六字心传”中接续先秦儒学道统，在很大程度上代表了宋明儒者的心声。第四，比较充分地汲取了佛教义理思想，使传统儒学的思辨水平达到新高，体现了儒家文化的包容性、开放性和创新性。第五，宋明理学流派之间及其与外部学派曾经展开互相批判、争鸣，空前之盛，如朱陆鹅湖寺会、南康之会、朱熹与陈亮的王霸义利之辩、阳明学心学内部之争、刘宗周对朱陆之学的批判与调和等。

宋明理学以创新的思想与严整的理论发展成为具有顽强生命力的学术体系，跻升为元明清学界思想与官方哲学的主流，影响深远。其学扩展至海外日本、

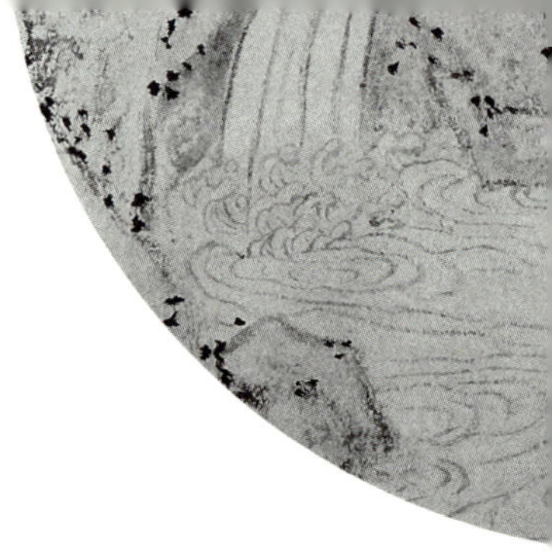

朝鲜等地，影响亦大。在后学的演绎与发展中，理学也出现了某些偏差，暴露其弊，如一味地追求道德自律、义理思辨，易陷入唯道德主义、凌虚蹈空的泥淖。后人对理学中诸如“存天理，灭人欲”“饿死事极小，失节事极大”等主张颇多非议，以致清儒嘲讽理学末流“无事袖手谈心性，临危一死报君王”“后儒以理杀人”。明清实学思潮的兴起，也是针对理学家过度拔高道德自律能力、沉湎谈玄论虚而不切实际等弊病而发。

一、北宋五子

“北宋五子”指北宋初年活跃于学界的五位理学思想家，他们是周敦颐（1017 ～ 1073 年）、程颢（1032 ～ 1085 年）、程颐（1033 ～ 1107 年）、张载（1020 ～ 1077 年）、邵雍（1011 ～ 1077 年）。朱熹在 1173 年编著《伊洛渊源录》一书中，同列以上五位理学前贤，后人称之为“北宋五子”（见图 5-1）。他们著书立说，授徒讲学，互相交流，弘扬儒道，创立濂学、洛学、关学等学术流派，为儒学的复兴和理学的奠基做出了巨大的贡献。

图 5-1　北宋五子图

北宋初年，天下太平，艺文初兴，文化氛围相对自由，学术多元发展。先有胡瑗、孙复、石介（史称“宋初三先生”）聚于泰山，钻研儒学，继而在北方

和南方研习弘扬儒道，他们或长于春秋学，或独擅易学，或明确儒家道统，开启了儒学复兴之端。稍后有荆公新学、濂学、洛学、关学、蜀学、温公学等诸派纷起，相争相融，迎来了宋代学术发展的第一个高峰。得益于这种良好的学术氛围的熏陶，儒学也从长期的低迷沉寂中渐渐复苏，走向振兴。“北宋五子”应运而生，偕时而行，成为儒学复兴的典型代表。

“北宋五子”继承唐代韩愈和李翱提倡复兴儒学、重建道统之遗钵，绍续“宋初三先生”的思想，着力弘扬孔孟儒学，贡献至巨。其一，撷取儒家元典粹语来确立新的思想命题。他们通过研习《周易》《尚书》《论语》《孟子》和《大学》《中庸》等先秦儒家元典篇章中的词句要义，如拈出孔门师徒中的“孔颜之乐”，摘选《礼记·乐记》中的“天理”“人欲”，总结《尚书·大禹谟》“人心惟危，道心惟微；惟精惟一，允执厥中”为儒家“十六字心传”等。并阐幽烛微，破暗发明，以此立论，为之后理学的发展提供新的理论命题。其二，弥补儒家心性论精深度不足之短。针对儒家心性论较为粗浅、长期居于佛学下风的状况，“北宋五子”从易学入手，发展象数与义理易学，以沟通儒、释、道三学，所著《太极图易说》《易通》《先天图》等即是如此。他们重新审视阴阳、无极、太极、天人、气论、心性、理欲、性理、性情等传统思想命题，赋予其新的理解，发掘其精义，提出系统的气、性、理、情、欲等方面的观点，区分天地之性（气）与气质之性（气）、闻见之知与德性之知。“北宋五子”主张“性理合一”“心统性情”“性即是理”“道即性”“变化气质”“存天理，灭人欲”等。这些主张与观点皆贯穿于整个宋明理学的发展历程，影响深远。其三，初步开创新的思想话语体系。“北宋五子”除了从儒家元典中拈出有思想深度的语句来立论和接着前人讲之外，也讲自己的观点，独创话语，初成体系。他们主张的“民吾同胞，物吾与也”“学至气质变，方是有功”“存天理”“穷理尽心”“涵养与致知”等，被后世儒家传承，不断演绎与阐释，最终形成系统的理学体系，蔚然可观。

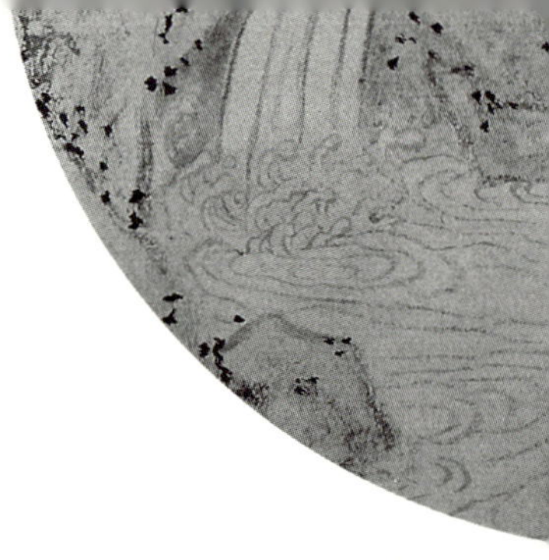

另外，值得一提的是，“北宋五子”学问较广，气象亦博，不拘一说，游刃于儒、释、道诸学，造诣颇深。如周敦颐提倡“孔颜乐处”，但思想中受佛、道两家影响颇多，《太极图说》成为道家文献，《通书》则是理学经典，以莲花明志，又透露出佛、儒相通的气象。又如邵雍擅长象数易学，受老庄之学影响，亦有佛教之迹。这不同于之后理学家多专于一学、排斥他学的情形，究其缘由，既与唐宋以来儒、释、道三学不断深入融合息息相关，也与北宋初年相对自由与多元的学术文化氛围密切关联。

二、程朱理学

程朱理学由宋代思想家程颢、程颐开创，后经朱熹完善而成，因为二程、朱熹皆提倡理为万物之本，主张存天理、理在气先等观点，故得名“程朱理学”。它是宋明理学的主要派别和杰出代表，具有相当高的理论水平。它曾作为官方哲学与士人必习之学而受到尊崇，历数百年而不衰。同时，它也承受来自其他各派和政治力量的冲击与修正，贬抑之声不绝于耳，至近现代依然如此。从中可见程朱理学强大的理论生命力和深远的历史影响。

程朱理学传承子思、孟子一派的心性儒学，以阐发儒家义理、心性之说见长，主张理为万物之本。二程自家体贴天理，把理作为整个哲学体系的最高范畴，认为万物皆有理，万理皆归于道。在此基础上，他们纵论天理与人欲、气质与性命、格物正心、修养之道等，初步确立理学框架。二程认为“天下只有一个理”[①]，理贯穿气、物、天、心、道、性、天命等思想范畴，理统驭一切，“理外之事则无”[②]。在此基础上，提出“性即理”“存天理，去人欲”“失节事大”和穷理与主敬等

① （宋）程颢、程颐著，潘富恩导读：《二程遗书》卷十八，上海古籍出版社 2000 年版，第 245 页。

② （宋）程颢、程颐著，潘富恩导读：《二程遗书》卷十五，第 208 页。

观点。二程所言“天理”，主要指宗法社会伦理纲常与道德规范，如“三纲”（君为臣纲，父为子纲，夫为妻纲）、“五常”（仁、义、礼、智、信）和忠、孝、节、义等。与汉代思想家结合伦理道德来论证阴阳五行、“天人感应”说的合理性不同，二程从天理的高度来论证传统社会伦理道德的永恒性与真理性，对先秦儒家心性说与政治理论进行了创新性阐发，具有重大的理论价值。这是程朱理学受到后世统治者青睐的重要原因。

二程之后，从其一传弟子杨时、再传罗从彦、三传李侗直至朱熹，谈论性理之学代有传承。特别是朱熹，在研习儒学经典和近世儒家特别是“北宋五子”学说的基础上，继承二程之学，集先儒理学之大成，完善“理一分殊”之说，提出“理本气末”“理重气轻”“理先气后”等观点。他认为理是道、太极，气是物、事的代称，太极是理，二分为阴阳，即理生气，继而生万物，理气浑然一体，为万物形成与深化的根据，从而发展了二程的理本论。朱熹选录、注解和编纂北宋以来理学家著述，如《太极图解》《通书解》《西铭解》《正蒙解》及《谢上蔡语录》《延平（李侗）问答》《近思录》《程氏遗书》等，编撰《伊洛渊源录》，记载程颢、程颐等先儒的言行事迹，详述二程及其弟子的思想并加以阐发。这大大推进了程朱理学的形成与发展，成为宋代理学分门别派、梳理道统的显著标志。朱熹推进和发展二程等人重视礼学名篇《大学》《中庸》的主张，将其与《论语》《孟子》合为《四书》，并倾其一生，撰著《四书章句集注》，形成新的儒家经典系统。（见图 5–2）

图 5–2 朱熹著书图

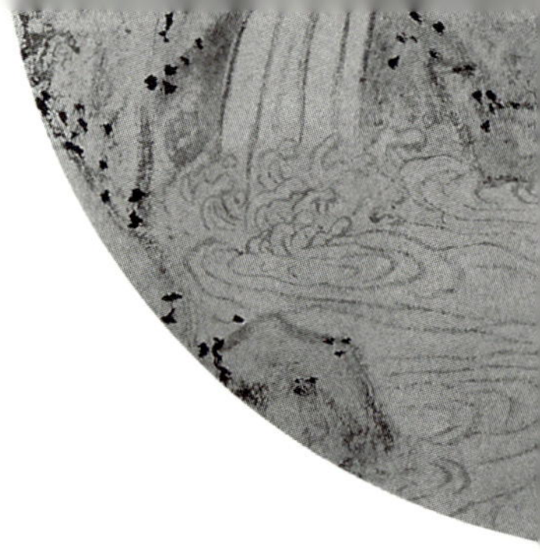

《四书》和《四书章句集注》受到学者的肯定,并得到统治阶层的垂青,最终与“五经”同尊,被列为元、明、清三代科举考试的首要参考书目。

程朱理学在成型之后经历了曲折的发展。在朱熹晚年,它受到“庆元党禁”的冲击,经历挫折,不久因党禁解除,很快扶摇直上,经过师徒传承和官方推崇,成为显学。在元明清时期,程朱理学又经历了来自心学、实学理论与思潮的抗衡和消解,并伴有理学内部的自我批判修正,呈现起伏不定的发展状态。不过,因《四书集注》等理学著作固有的理论价值和精妙义理,加之被官方列为科举考试必备读物,所以在相当长的时期内,程朱理学受到士人和统治者的青睐,主导学界数百年。而且自南宋之后,程朱理学一度东传朝鲜、日本等地,为他国异域的文化发展注入动力与活力,贡献良多,至今犹然。直到近代,随着旧王朝和科考制的崩溃,程朱理学的影响渐渐消退。不过,民国时期的学人仍力倡接着程朱理学讲中国哲学、寻求思想启蒙的路径,流风余响,依然未绝。在新中国建立之后一段相当长的时期内,受政治运动和教条哲学的冲击与影响,程朱理学曾备受我国大陆学者的贬抑。但在改革开放后,学术氛围渐渐回归正常,程朱理学又渐受尊崇,《四书章句集注》《近思录》等理学名著成为学习传统儒家文化者案头必备的读物。这些都说明程朱理学在不同的历史发展阶段,某些思想仍熠熠生辉,具有合理的精神内核和借鉴之处,久而不衰,值得后人珍视与发扬。

三、陆王心学

陆王心学由南宋陆九渊开创、明代王阳明发展而成,因二人皆视“心”为万物本原,故得此称。它远接孟子心性之说,近继程颢之学,旁汲禅宗思想,阐发儒家道德哲学和心性理论。在学术主张上,陆王心学认为万物皆具于一心,提倡内心自足,自觉顿悟,先尊德性而后道问学,为人的道德理性和认知能力的提升寻找终极依据,具有鲜明的思想启蒙色彩。而这也是它能够成为一时显学、

流传广远的主要原因。陆王心学自其创立之日起，就与程朱理学并立，相争相融，双峰对峙，构成宋明理学的主体。

心学的创始者陆九渊提出“心即理”，认为天人万物皆含一理，理在人心之中，心是万物存在之本，所谓“宇宙便是吾心，吾心即是宇宙”。而且“心”与“理”超越时空，永恒于世，即“千万世之前，有圣人出焉，同此心同此理也。千万世之后，有圣人出焉，同此心同此理也。东南西北海有圣人出焉，同此心同此理也”①。万物皆在一心，所有学问都是明理向善，成贤成圣。只要内求诸己心，“发明本心”，即可达到，不必多读书、向外求，所谓“万物皆备于我，只要明理”“学苟知本，六经皆我注脚”。在心学兴起之初，它就与程朱理学在儒学义理的理解上存在矛盾，朱熹与陆氏兄弟在鹅湖寺会上的争论就是一个鲜明的例证。通过独悟与交流，陆九渊初步建立起心学理论，别开天地，自创一派。在陆九渊之后，心学经过陈献章、王阳明、刘宗周等后儒的继承，发扬光大，延绵不绝，跃升为显学，与理学分庭抗礼。其中王阳明集前人思

图 5-3　谈心图（局部）

① （宋）陆九渊著，钟哲点校：《陆九渊集》卷二二《杂著·杂说》，中华书局 1980 年版，第 273 页。

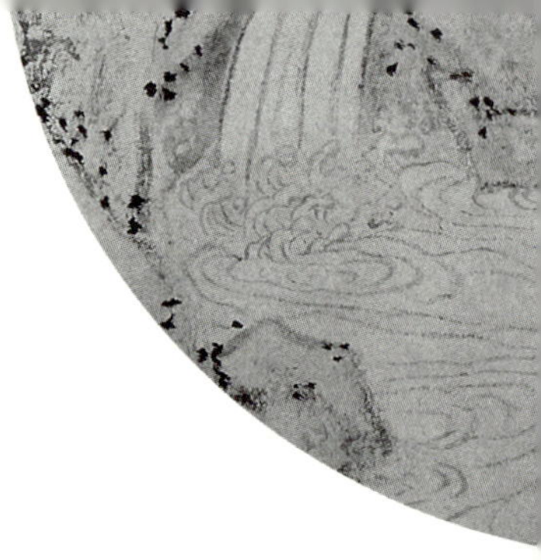

想之大成，完善心学理论，贡献至巨。

王阳明发展陆九渊的“心即理”思想，提出“心外无理”“致良知”“知行合一”“四句教”等观点，并到处讲学，提倡心学，力行不已。之后，其门下众多弟子四处布道，传播发展阳明心学，出现王学七派，即江右王门、浙中王门、南中王门、楚中王门、闽粤王门、北方王门、泰州学派，蔚为壮观。（见图 5–3）追随心学者如过江之鲫，数不胜数，心学兴盛至极，对程朱理学形成巨大的理论挑战和现实冲击，促使其内部不断进行修正与调适。晚明时期，尽管有刘宗周等儒家博采前人众长，调和程朱理学与陆王心学异同，完善心学，但基本上以融合诸家、弥合修补为主，理论建树不多。而那些心学末流（如泰州学派、浙中王门的后学）空谈心性，危言高行，有逃禅、异端之讥。至明末清初，随着明清实学思潮的兴起，阳明心学与程朱理学一道被某些学者斥为亡国之学，遭到严重质疑，百口莫辩。陆王心学进入一个发展低谷，徘徊不前。但它早在明代即传至国外，得到传播与弘扬，大大地促进了当地文化学术的发展。陆王心学对人心伟力的提撕与振作之功至伟，近代一些学者与政要宣扬并践行心学，至今亦不乏其人。心学思想生生不息，精辟所在，泽及四海，值得后人珍视与弘扬。（见图 5–3）

四、浙东事功学派

浙东事功学派是指南宋中期活跃在两浙东路（今浙江钱塘江以东各地市）的三大学派——金华学派、永康学派、永嘉学派。因它们提倡实利功效、义利合一，讲求事功务实、经世致用，故被称为“浙东事功学派”，亦有“功利学派”“浙东学派”“事功学派”等称号。

浙东事功学派渊源有自，内部各派观点虽存在某些差异，但因所处时代与地理位置及学术风气影响等缘故，它们又有某些共性，如反对理学空谈主义，提倡实用功利主义等。

金华学派 诞生于今浙江金华地区（古称“婺州”），由吕祖谦开创，故又被称作“婺学”“吕学”。此派主要特点是：为学兼取众长，调和朱陆，创始者吕祖谦（1137～1181年）就是这方面的表率。他出身名门大族，家学渊源深厚，为学兼取众长，不囿一说，与朱熹、陆九渊等名家过从甚密，曾编订《近思录》等儒学资料，亲自组织鹅湖之会，调和朱陆之学，为后世留下一段学术佳话，贡献至巨。

永康学派 诞生于婺州永康（今浙江金华永康），由龙川先生陈亮（1143～1194年）开创，故又名“龙川学派”。永康学派主张“义利双行”“王霸并用”的“事功之学”,反对理学家空谈心性命理。陈亮（见图5–4）提出“道在物中”“理在事中”的观点，认为世界上的一切都是实际存在的事物，道理在其中，反对理学家将“道”视作脱离具体事物而独立存在的精神本体。他“专言事功”，讲求有利于国计民生的功利主义，认为“功到成处，便是有德；事到济处，便是有理”，指责理学家空谈心性，“相蒙相欺，以尽废天下之实”，“终于百事不理”。他认为义利并存，义利就在利欲中，故利体现了义，人欲体现了天理，二者互现，不能偏废。陈亮主张“王霸可以杂用，则天理人欲可以并行矣”①。他曾与朱熹就“王霸义利”问题书信往还,相互辩论，即中国思想史上有名的“王霸义利之辩”。这些主张对朱熹理学和陆九渊心学形成了一定的冲击，曾被理学家视为异端怪说，但在客观上有利于宋代学术的多元化发展。

图5–4 陈亮像

永嘉学派 诞生于南宋永嘉（今浙江温州）地区，初创于薛季宣之手，后

① （宋）陈亮《陈亮集》卷二八《丙午复朱元晦秘书书》，中华书局1987年版。

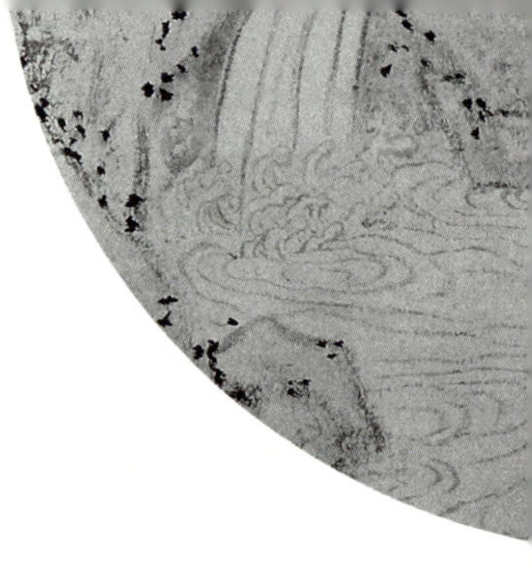

经陈傅拓展，由叶适（1150 ～ 1223 年）集前贤之大成，最终形成一派。永嘉学派的特点也是注重事功，强调功利、经世致用。它重视事功之学，提出“以利合义，不以利抑利”的观点，认为不可离开利来讲义，批评“正谊不谋利，明道不计功”的儒家传统义利观，斥之为“疏阔”之语，认为“既无功利，则道义者乃无用之虚语尔”①；主张经世致用，务实而行，所谓“教人就事上理会，步步着实，言之必使可行，足以开物成务”②；主张“通商惠工”“扶持商贾”，反对传统重本轻末、重农抑商的思想；重视历史和制度的研究，希望通过考察历代国家兴衰成败、典制沿革兴废，探寻改变南宋积弱积贫的现状等。永嘉学派继承和发展传统儒家外王经世之学，与理学、心学鼎足而三，对朱陆心性之学形成了一定的冲击，同时也是一种有益的补充。

如上所见，浙东三大事功学派主张不同，各具特色，但也有很多共识，如反对理学与心学家空谈心性，提倡事功、实用之学；反对理学家将义利、王霸割裂而观，主张义利兼顾、王霸合一；反对传统儒家重本抑末的经济思想，提倡四业皆本，以利民生。它们倡导功利主义、实用为上的思想，对研讨心性而忽略致用的理学具有一定的补充和纠正作用，为明代后期实学思潮、清代浙东经史学派的兴起和发展提供了重要的理论指导与思想来源，具有深远的历史意义。至今，浙东学派事功之学仍被时人津津乐道，扬其精粹，为当地文化与经济的发展发挥着巨大的作用。

五、理学宗主：周敦颐

在历史上曾经流传着一篇格调清新、脍炙人口的赞美莲花之作——《爱莲说》：

① （宋）叶适：《习学纪言序目》卷二三《汉书三》，中华书局 1997 年版，第 324 页。

② （清）黄宗羲原著，（清）全祖望补修，陈金生、梁运华点校：《宋元学案》卷五二《艮斋学案》黄宗羲按语，中华书局 1986 年版。

水陆草木之花，可爱者甚蕃。晋陶渊明独爱菊。自李唐来，世人甚爱牡丹。予独爱莲之出淤泥而不染，濯清涟而不妖，中通外直，不蔓不枝，香远益清，亭亭净植，可远观而不可亵玩焉。

予谓菊，花之隐逸者也；牡丹，花之富贵者也；莲，花之君子者也。噫！菊之爱，陶后鲜有闻；莲之爱，同予者何人？牡丹之爱，宜乎众矣！①

图 5–5　清 · 原济《爱莲图》

文中称颂莲花中正清直，是“花之君子”，后人一般认为它寄托了作者对儒家理想人格的追求和期望。此文作者正是理学宗主——周敦颐。（见图 5–5）

周敦颐（1017 ~ 1073 年），又名敦实，字茂叔，宋朝道州营道（今湖南道县）人，北宋著名哲学家、濂学的开创者、宋明理学的鼻祖。他早年丧父，后与母亲投奔在朝为官的舅父郑向，深得其赏识，20 岁时即被推荐从政，此后在江西、两广等地做过几任官吏，颇有政绩。50 岁告归，晚年定居庐山，上述《爱莲说》就是他的暮年之作。莲花是周敦颐一生的最爱，据说他曾将一条源自莲

① （宋）周敦颐著，陈克明点校：《周敦颐集》，中华书局 1990 年版，第 51 页。

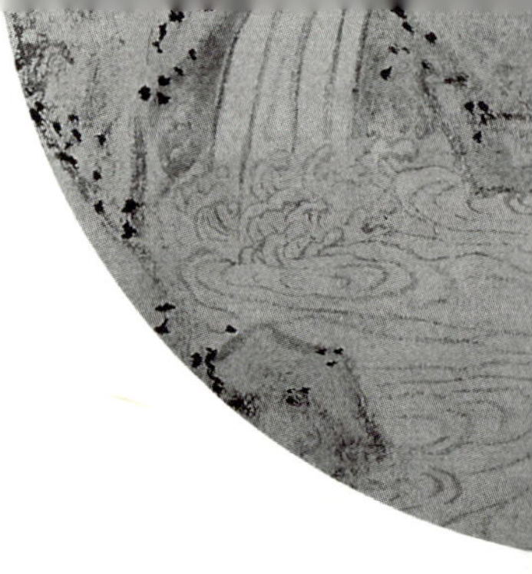

花峰的小溪称作“濂溪”，命名自己早年在庐山脚下所建的书屋为“濂溪书堂”，后人因此尊称他为“濂溪先生”，其学为“濂学”。

颂莲、爱莲都是周敦颐托物言志之举，藉此来表明自己高洁的品格。在他的眼里，莲花是花中君子，自有其追求儒家理想人格的寓意在内。同时，莲花也是佛教的吉祥之物。据学者研究，文中所称莲花“香远益清”“亭亭净植”“不可亵玩”“出淤泥而不染”等品格，便是佛教中人所谓的莲花四德——香净、柔软、可爱、清静。由此观之，周敦颐的思想似有通达儒、释的迹象。

另外，周敦颐虽大半生入仕为官，但不时心生归隐山林之志，追求精神超脱，有几分道家的气象。如他在一首游道观的诗中云：

久厌尘坌乐静元，俸微犹乏买山钱。

徘徊真境不能去，且寄云房一榻眠。

另一诗亦云：

闻有山岩即去寻，亦跻云外入松阴。

虽然未是洞中境，且异人间名利心。①

此二诗反映了作者思想中多有抛弃尘世功利、雅好山林清静的道家色彩。周敦颐精通易理，著有《太极图说》一文，专讲象数易学，后来成为道家的经典。由上可见，在周敦颐的思想中，儒、释、道兼而有之。正是得益于儒、道、释多种学问的沉潜浸润，周敦颐的人生境界颇高，赢得时人的赞扬，黄庭坚称他“人品甚高，胸中洒落，如光风霁月”。

不过，从流传后世的作品来看，周敦颐的学问以儒学为主，其思想见载于《太极图说》和《易通》（即后来习称的《通书》）等著作中。这两篇论文内容简略，字数不过3000，且字义晦涩难懂，以致在相当长时期内少人问津，即使曾经受教于他的二程也不是特别感兴趣。但天人万物的生成、演变等问题，涉及

① 周敦颐：《周子全书》卷十七，商务印书馆1937年版，第346、344页。

宇宙本源、生成和认识等传统哲学论题，以及宋明理学家经常谈论的理、气、心、性等重要命题都在其考察范围之内，具有一定的系统性和理论性。周敦颐宗法传统儒家，融会道、佛二家之学，根据儒家经典《周易》描绘宇宙生成图，即“无极（太极）—阴阳—五行—万物”，强调人是由宇宙间最灵秀的气构成，人类能够在天地万物中出类拔萃，是因为人有道德，学习就是为了得道，希望成为有道德的圣贤。这一思想对儒学的发展产生了深远的影响。此外，他曾提出“孔颜乐处”，探求颜回为什么能在贫困中保持快乐，成为宋明理学家的重要论题，至今仍被人津津乐道。周敦颐对宋明理学的产生与发展做出了巨大的贡献，所以后人将他列为“北宋五子”（周敦颐、程颢、程颐、邵雍、张载）之首，称为宋明理学的鼻祖和理学之宗。

六、关学开山：张载

先秦儒家提倡仁人志士研习“修、齐、治、平”之学与“内圣外王”之道，学道爱人，立人达人，培养兼善天下的淑世情怀和崇高理想。这种理想在后世延续不绝，著名的四为句“为天地立心，为生民立命，为往圣继绝学，为万世开太平”就是最显明的例子。而这一振奋士志的警言就是出自张载的锦心妙手。

张载（1020 ～ 1077 年），字子厚，凤翔郿县横渠镇（今陕西眉县）人，北宋时期重要的思想家、关学创始者、理学奠基人。张载祖籍大梁（今河南开封），与二程（程颢、程颐）是叔侄关系。他幼年跟随从政的父亲客居涪州（今四川涪陵），后父病亡，因战乱和经济原因，无法返回故乡，遂与母亲及弟弟寓居在横渠镇南大振谷口，讲学授徒，后人称其“横渠先生”。

张载青年时期学习兵法，胸怀沙场报国之心。他有感于当时北宋与西夏的战事失利、西疆频受侵扰的现实，21 岁时曾上书范仲淹（时任陕西经略安抚副使，主持当地军务），请求向西夏用兵，并自愿联络他人，一起去夺回被西夏占领

的洮西之地。范仲淹觉得此人从文更能成大器，云:“儒家自有名教，何事于兵？”劝其读《中庸》。此后，张载弃武从文，折节习儒，与侄子程颢等人切磋易学，对儒家弘道淑世思想有精深体悟。上面提到的“四为句”即是他在此前后读书习儒的感想之作。在读书和讲学期间，他曾作《砭愚》《订顽》(即《东铭》《西铭》)二文，书于学堂大门两侧，训诫弟子、申明教旨，后人熟悉的“民吾同胞，物吾与也”即出自《订顽》。张载学有所成，入仕为官，政绩颇佳，但因与推行新政的官员意见不合，故辞官还乡，一心耕读讲学，终成一代大儒。因他长期在关中横渠授徒讲学，著书立说，故其学被后人称作“关学”。

张载的关学以气论见长，是中国古代气学思想的关键环节。他针对佛、道二教宣扬世界是“空无”的理论，用气来解释天地万物的存在和变化。气是传统哲学概念之一，在张载看来，凡是世界上表现出来的现象，无论是精神现象，还是物质现象，都可用气来描述。气是万物的本原，触目可见的现象世界是一个气化流行的世界。它有一个最终共同的根据、本体，张载称之为“太虚”。太虚是现象世界的根本，超越具体存在，无限亦无形，生生不息，于聚散之间创造万物。

在天人关系上，张载认为包括人在内的天地万物，都处于气化流行之中，同样源于太虚本体而形成自己的性。所以，人与天地万物在终极的价值层面上必有联系。这种关联就是《西铭》中所言的“民胞物与”，它是人本真的存在状态。但在现实生活中，人与人之间、人与自然万物之间存在种种矛盾、对立甚至相互戕害。在张载看来，这主要因为人内心的私欲和偏见遮蔽了人心与他人、他物之间本源一体的关系。所以，他提倡人应该“大其心以体天下之物”，所谓“大其心，则能体天下之物，物有未体，则心为有外”①。大心就是要除去私欲和偏见的遮蔽，放宽心量。唯其如此，人类才能体会到万物生命本于同一宇宙的“民胞物与”之境。如果达到这种境界，生死、贵贱、贫富就都变得微不足道。人

① （宋）张载撰，（清）王夫之注，汤勤福导读：《张子正蒙》卷四《大心篇》，上海古籍出版社2000年版，第143页。

的生命属于浩渺之宇宙，纵然有限而微小，但可将之投入至无限而伟大的追求中，从而小中见大，微中见著，也就有了张载提倡的“为天地立心，为生民立命，为往圣继绝学，为万世开太平”①。

张载的“四为句”反映了一种人生理想，激励着后世无数仁人志士慨然以天下为己任，将生死置之度外，救国救民，敬己爱人，民胞物与。他的气论思想既是宋明理学的重要组成部分，也是明清学者调和程朱、陆王之学的矛盾进而提倡实学的重要理论资源，贡献至巨，影响深远。

七、洛学二程：程颢、程颐

洛学是宋初著名四大流派（濂学、洛学、关学、闽学）之一，始创于程颢、程颐两兄弟之手。他们长期居于洛阳，授徒讲学，接续孔孟道统，涵泳儒道诸说，自家体贴天理，系统探讨心性、理气、理欲、静敬等问题，被后人视作理学正宗。

程颢（1032～1085年），字伯淳，人称“明道先生”“大程”，北宋著名思想家、理学家。他早年喜好田猎之事，后师从周敦颐专习儒学，体会孔颜之乐、自得之境，别有所获。如《伊洛渊源录》引其所言：“自见周茂叔（即周敦颐）后，吟风弄月以归，有吾与点也之意。”之后，他又泛滥诸家，沉湎佛道之学，最后返习儒学，终生弘扬不已，成为一代名儒。得益于博学精习、亲近儒道的涵养，程颢的思想学说表现出一种独特的魅力。

程颢“自家体贴”天理，把“理”作为哲学的最高范畴。他认为万物皆有理，理在自己的身心体悟之中，所谓“学者不必远求，近取诸身，只明人理，敬而已矣，便是约处”②，天理与心性统而为一。程颢自白“吾学虽有所受，天理二

① （清）黄宗羲著，全祖望补修，陈金生、梁运华点校：《宋元学案》卷十七《横渠学案上》，第664页。

② （宋）程颢、程颐著，潘富恩导读：《二程遗书》卷二上《二先生语二上》，第70页。

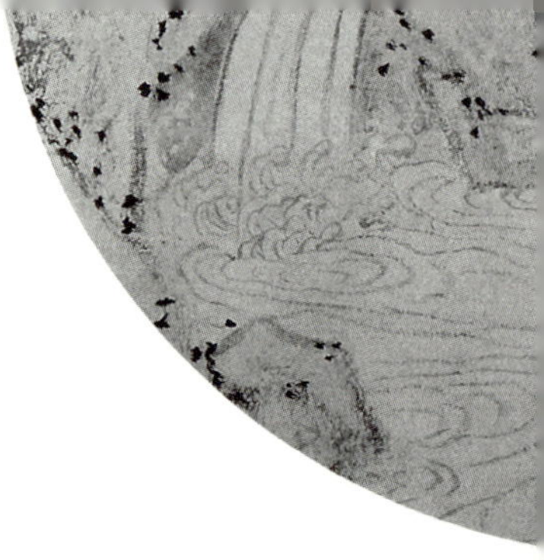

字却是自家体贴出来”[①]，标明他的学说虽源于前人，但亦有独创。此处的“天理”是强调世界万物、自然与社会都有一定的法则与秩序，修道的最终目的是体悟天理，依照天理来规范言行。程颢有关人性论、修养论等思想主张，皆由天理论出发、阐释而得。如在人性论上，程颢认为人性本善，是天理内涵并赋予人的绝对、永恒、本原之善——仁善，现实中所见之善是仁善的体现，所见之恶是仁善缺失的体现。这种恶非先天所有，而是因为人在出生后，除了禀受天理所赋仁善之外，也禀受了恶的气质所致。人需要通过学习圣贤，加强道德修养，去除和改易恶的气质，以守弘仁善，所谓“学至气质变，方是有功”[②]。在修养论上，程颢希望士人通过理解天理与人性的关系，明察天理，发扬仁善，“天人合一”，达到“活泼泼地”“浑然与万物同体”的自得至乐境界。在程颢看来，人生快乐到处皆有，他任窗前杂草丛生，“欲常见造物生意”，每天都去看一会儿自己养的几尾无名小鱼，“欲观万物自得意”。他的诗作多体现了这种乐境和追求。如《秋日偶成》曰：

闲来无事不从容，睡觉东窗日已红。
万物静观皆自得，四时佳兴与人同。
道通天地有形外，思入风云变态中。
富贵不淫贫贱乐，男儿到此是豪雄。

又如《春日偶成》云：

云淡风轻近午天，望花随柳过前川。
旁人不识予心乐，将谓偷闲学少年。

程颢的学术思想精湛高明，造就了其宽厚温润的人格。弟子、好友从之数十年，从未见其发怒生气。后学朱光庭曾求教于他，月余方回，对人说：我在

① （宋）程颢、程颐著，潘富恩导读：《二程遗书》卷十二《明道先生语二》，第 142 页。
② （宋）程颢、程颐著，潘富恩导读：《二程遗书》卷十八《伊川先生语四》，第 239 页。

春风中坐了一个月。时人评价他“和粹之气，盎于面背”，清儒称赞“大程德性宽宏，规模阔广，以光风霁月为怀”。[①]总之，程颢学问精深、乐观人生，显示出儒者独特的魅力，其学成为宋明理学的重要理论来源，为后世留下丰厚的思想遗产。遗憾的是，程颢53岁时就去世了，幸而其弟程颐继承、发扬其学。

程颐（1033～1107年），字正叔，程颢之弟，人称“伊川先生”“小程”，北宋著名的思想家、理学家。他勤于治学，造诣精深。少时，他同兄长一起受学于周敦颐，18岁上书宋仁宗，劝皇帝以王道为心，儒术治国。后来程颐参加科举，屡考不中，27岁以后绝意科考，亦无意入仕。54岁时，经司马光等人推荐，他“以布衣被召”，升任崇政殿说书，并出任刚刚登基不久的小皇帝哲宗（仅10岁）的老师，为其讲解经典。晚年他因裹挟到新旧党之争中，被流放至四川涪陵管制，临终前才回到家乡，寿终正寝，享年75岁。

程颐小心谨慎，严于待人，史载他一生“举动必由乎礼”“进退必合乎仪”，严谨近乎刻板，不苟言笑，后人称其“气质刚方，文理密察，以峭壁孤峰为体”[②]。有一次，杨时等后学拜会程颐，见他正闭目静坐，不便打扰，就一直在外边等候。过了许久，程颐才睁开眼，对他们说：“你们还在这里啊。天色不早了，你们先回去休息吧。”此时门外已下了1尺多深的雪。有名的“程门立雪”典故即出于此（见图5-6）。再如，程颐晚年因党争被放逐到涪州，在渡江时，忽遇恶风，渡船剧烈摇晃，几近沉没，船上众人见状大哭。唯有他正襟危坐，无所畏惧。后来船只安然抵岸，有人问他为何能如此镇定，程颐回答：“心存诚敬尔！”[③]这种性格

① （清）黄宗羲著，全祖望补修，陈金生、梁运华点校：《宋元学案》卷十三《明道学案上》，第539、540页。

② （清）黄宗羲著，全祖望补修，陈金生、梁运华点校：《宋元学案》卷十三《明道学案上》，第540页。

③ （清）黄宗羲著，全祖望补修，陈金生、梁运华点校：《宋元学案》卷十六《伊川学案下》，第645页。

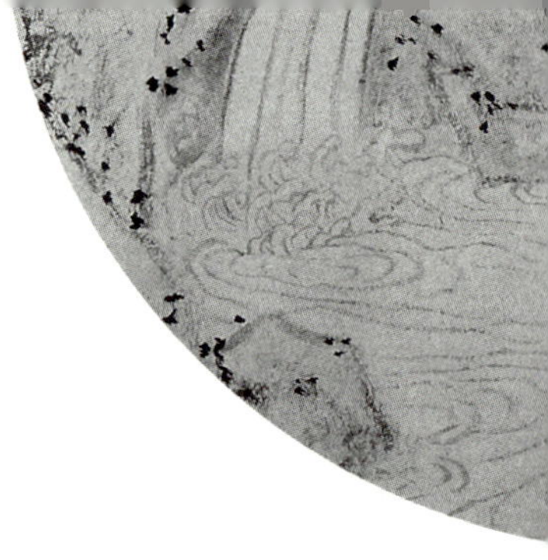

图 5–6　明 · 仇英《程门立雪图》（局部）

与其说是其天性所致，不如说与其学求诚敬的修养有关。

程颐继承其兄程颢的学说，体贴天理，阐述仁与天理合一、心性关系等方面内容，初步确立了理学框架。同时，他又有所拓展和发挥。如程颐提出“性即理也”，从理、性一致的角度将人与天地万物合为一体，认为理是宇宙本体、万物存在的依据，在既对立又统一的矛盾中，推动事物的变化与发展。又如他在点评张载《西铭》一文时，开创性地提出“理一分殊”，探讨宇宙本原与万物众生的联系，涉及普遍性与特殊性、抽象和具体、一般和个别等诸多相对范畴的关系，并与传统体用论接榫，得到后儒朱熹等人的阐发与拓展，成为宋明理学的主要思想命题之一。再如，在修养工夫上，程颐认为穷理与持敬是核心的方法。“穷理”主要是对道德知识的认知与体悟，“穷”即穷尽，“理”包括人性之理和事物之理。“持敬”就是指人要在内心自然地保持善的本性，保证道德理性意识的自觉。他和其兄程颢提倡“存天理，灭人欲”，也是希望人们守住本性，心有定性，向善而生，不要被私欲遮蔽，从而陷入私欲的无尽困扰之中。

总之，二程纵论天理与人欲、性理之辨、修养之道等，开创洛学，倡导理学，认为天理之呈现关键在于人自身的领悟，推崇和提撕人类主观能动性与开拓进取的精神。其学上承周敦颐、张载，下启朱熹、陆九渊，是宋明理学发展的关键环节，具有独特的历史地位和重要的理论意义。

八、理学集大成者：朱熹

朱熹（1130～1200年），字元晦，号晦庵、紫阳，南剑州尤溪（今福建尤溪）人，南宋著名思想家、教育家，闽学（因朱熹长期在闽地福建讲学授徒，故其学被称作“闽学”）开山鼻祖，宋代理学的集大成者（见图5-7）。他将宋代学术推至巅峰，他的学说被奉为三朝官学，流行近500年之久，余泽广至海外。

朱熹出生于官宦家庭，天赋异禀，聪明好学，幼时画八卦，向父亲询问天是何物、天外有何的问题。及长，勤奋学习，主攻儒经，每晨诵习《中庸》《大学》10遍。早年，他得其父、程颐三传弟子朱松亲炙，复师从父亲友人胡原仲、刘致中、刘彦冲等名家，对理学渐有领悟，小有所成。19岁时参加科考，得中进士，后步入仕途，一边从政，一边讲学，所到之处，辄兴书院，勉学之意，沛然可睹。24岁时拜父亲的同门李侗为师，后又与张栻交游，理学造诣增益，自得无碍，曾以“鸢飞鱼跃”描述此种境界。38岁之后陆续总结理学前辈成果，著书立说，如编著《程氏遗书》《四书章句集注》等，理学思想臻于成熟。晚年，朱熹在崇安武夷山和建阳山谷讲学论道，人生跌宕起伏：65岁时被召入国都，担任宁宗侍讲，仅46日后即被罢免，不久又因党争遭政敌弹劾，被列为“伪学魁首”，落职罢祠，身心交瘁。庆元六年（1200年）暮春，一代大儒含冤而逝。直到20多年后，他的“伪学”罪名才被平反，受赠诸封号，从祀孔庙，尊崇有加。朱熹宣扬的理学随之复兴，蓬勃发展，跻升为儒学正宗，被元、明、清三朝奉为官方哲学，影响广远。朱子学曾传至日本、朝鲜、越南等国家和地区，促进了当地学术文化的发展，贡献良多。

图5-7　朱熹像

朱熹继承二程之学，以“理”这一哲学范畴为基点，在理气论、人性说、知行观等方面推陈出新，形成自己的思想。其学的核心和特色在理气论上，其他主张均围绕此而展开。朱熹完善理一分殊之说，提出理本气末、理先气后、理重气轻等观点，认为理气浑然一体，是万物组成不可或缺的构件。在他看来，理就是道、太极，气是物、事的代称。理本气末，即理是形而上、永恒的抽象存在，是事物的根本依据；气是形而下、暂时的形象存在，是事物的具体构成。理先气后，不光是强调时间上的先后，更有理作为永恒的价值基础、根本源头的含义。

朱熹在学术思想上的贡献颇多，主要包括以下三方面：第一，为宋明理学初步建立了一个新的传统。朱熹标举“北宋五子”，突出周、张、二程，编定《近思录》《伊洛渊源录》，清理濂、关、洛诸学的思想遗产，采撷其精华，同时整理四书，为《论语》《大学》《中庸》《孟子》作集注与章句，提升四书的地位。他通过梳理近世与古代的学术资源，确定从孔子到二程的儒家学统，“算把儒家道统，在他手里重新整顿，重新奠定”，成就“万古莫侍的大事业”[①]。第二，融汇之前各种宋学思想资源，完善二程理学。他标举格物致知之学，奉行正心诚意之道，以海纳百川的博大胸怀，与湘、浙、赣等地的理学、功利之学、心学各派学者交流争鸣，并汲取佛、老思想之精华，融会贯通，推陈出新，将宋代理学拓展至一个空前的高峰。第三，开示读书方法。钱穆先生认为，“北宋五子”中，周、张、邵的贡献在于为当时儒家建立了新的宇宙论，二程指导身心修养，而朱熹则在开示读书方法，此言甚是。不管是在《四书章句集注》还是《朱子语类》中，都不乏读书方法的提示，其中有一段弟子黄干的记录，颇具代表性：“其于读书也，又必使之辨其音释，正其章句，玩其辞，求其意，研精覃思，以究其所难知。平心易气，以听其所自得。然为己务实，辨别义利，

① 钱穆：《钱穆先生全集·宋明理学概述》，九州出版社 2011 年版，第 142 页。

毋自欺，谨其独之戒，未尝不三致意焉。盖亦欲学者穷理反身而持之以敬也。”[①]其言切实，味之诚甘，颇悦人心，可供参考和学习。

总之，朱熹开创闽学，宣扬和发展二程遗学，集理学之大成，是理学和儒学发展史上一座难以超越的高峰，具有重要的历史贡献和独特地位。

九、心学之祖：陆九渊

陆九渊（1139 ～ 1193 年），字子静，号存斋、象山居士。人称象山先生，江西抚州金溪（今江西金溪）人，南宋著名的思想家，心学开山之祖（见图 5–8）。他主张心即理，心外无理，反对性即理，发明本心，不事外功，宣扬“宇宙便是吾心，吾心即是宇宙”，突出心在天地之理中的主体地位，提振人的心智，受到很多学者的欢迎，影响迅速扩展至江西之外，与朱熹闽学互相争鸣，分庭抗礼。

图 5–8　陆九渊像

陆九渊出身世家大族，祖辈好学，家风整肃，“以学行为里人所宗”，闻名远近。陆九渊幼承家学，天资深厚，心思敏捷，善于质疑。据说，4 岁时思考“天地何所穷际”的问题，以致废寝忘食；7 岁时，初读《论语》，不喜有子，疑其言支离破碎；13 岁时，见古书中“宇宙”的解释——“四方上下曰宇，往来古今曰宙”，对之前问题恍然顿悟，坦言“宇宙内事乃己分内事，己分内事乃宇宙内事”“宇宙便是吾心，吾心即是宇宙”。此后 20 多年，他博览众书，覃思冥想，探究如何发明本心，并开始讲学授徒。33 岁时（1172 年），他应考中举，得中进士，余生

① （宋）马端临：《文献通考》卷二四〇，中华书局 1986 年版。

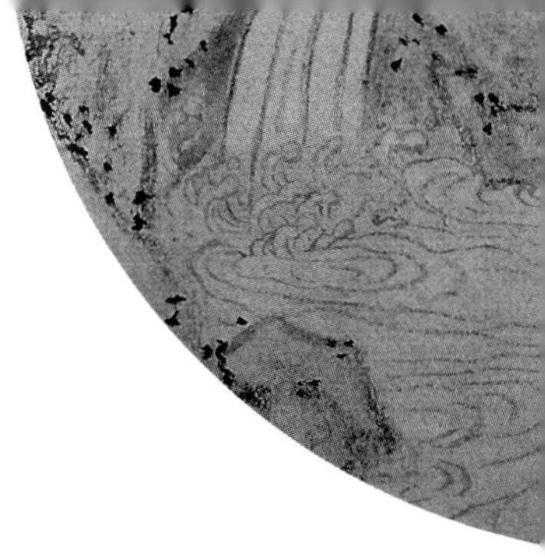

则一边从政，一边讲学，后病逝于荆门军之任上。陆九渊平生致力于论学授道，开创心学一派。其思想大致包含以下内容：

心即理　陆九渊心学直接孟子，近承二程。与朱熹的性即理观点不同，他主张心即理,此“心”即他常言的“本心”,亦即《孟子》中的“四端”——仁、义、礼、智之心，它是一种先验的道德意识。所谓心即理，大致有两层含义：一指理是存在于人心的法则，天下万物都有理，只能存在于人心之中，“万物森然于方寸之间，满心而发，充塞宇宙，无非此理”[①]。二指本心之理与宇宙万物之理在本原和道理上是一致的，所谓“宇宙便是吾心，吾心即是宇宙”[②]。此心、此理是超越时空而亘古不变的公心、公理，四海之内，人同此心，心同此理，概莫能外。

做人之学　陆九渊的心即理主张，从本质与功用上来看，是以人心为基础，为儒家成人之道、圣贤之学指示路径和提供根本依据。陆九渊主张做事先做人，尊德性先于道问学，先立乎其大，发明本心，坚其心志，主张“上是天，下是地，人居其间，须是做得人，方不狂”“人须是闲时大纲思量：宇宙之间，如此广阔，吾身立于其中，须大做一个人”[③]“若某则不识一个字，亦须还我堂堂地做个人”。他的一首诗为我们描绘了一个顶天立地的大人形象，颇能激昂斗志、振奋人心。诗曰：

仰首攀南斗，翻身倚北辰，
举头天外望，无我这般人。[④]

陆九渊讲做人之学，从心即理的立场出发，认为人生修养就是“发明本心”，顺应本心,使其自然发展,免受外在事物的污染,不必像朱熹那样穷理。在他看来，人的道德是一种内在的天赋情感和意志，不能当作知识，否则可能仅仅流入认

① （宋）陆九渊著，钟哲点校：《陆九渊集》卷三四《语录上》，第 423 页。
② （宋）陆九渊著，钟哲点校：《陆九渊集》卷二二《杂著・杂说》，第 273 页。
③ （宋）陆九渊著，钟哲点校：《陆九渊集》卷三五《语录下》，第 439 页。
④ （宋）陆九渊著，钟哲点校：《陆九渊集》卷三五《语录下》，第 459 页。

知而非真正的德性。当然，朱陆之学同为儒学，在性质、内容和目标上没有根本区别，都是为了提高人的道德修养，进至圣贤之境。但二者具体路径有所不同：陆学是通过发明本心、明心见性，尊德性而后道问学，主静冥思，重自得顿悟；朱学是通过正意诚心、心统性情，道问学而后尊德性，主敬涵养，重积累渐悟。

总之，陆九渊以发明本心、心即理、吾心即是宇宙为宗旨，构建心学理论，别开天地，自创一派，在与朱熹理学的相融相争中不断壮大。后由陈献章、王阳明、刘宗周等人继承并发扬光大，延绵不绝。陆王心学与程朱理学并立，成为宋明理学对峙雄视的双峰。其中，陆九渊的开创之功至伟，对人心伟力的提振之功亦伟，影响深远，至今未歇。

十、心学中转者：陈献章

陈献章（1428 ～ 1500 年），字公甫，号石斋，广东新会人，明朝思想家、教育家，一代硕儒，江门学派开创者，因曾迁居白沙村，人称白沙先生（见图 5–9）。陈献章一生经历诸多坎坷与不幸，如幼年失怙、学业失利、科考失意、中年丧妻、屡考不中、晚年身体病弱等。但他始终不忘初心，刻苦用功，曾闭关 10 年，在自己修筑的春阳台中诵习诸学，深悟儒道，并长期授徒讲学，培养了大量英才。他晚年被时人称作“真儒”“醇儒”“圣人”，后人誉其为“活孟子”“岭南第一人”“岭南文化巨子”。陈献章主张学贵自得，内求诸己，于“静中养出端倪”，确立了一套颇为宏富的思想体系，成为开启明代心学的关键人物。其中自得之学是他思想的核心和最有特色之处。

图 5–9　陈献章像

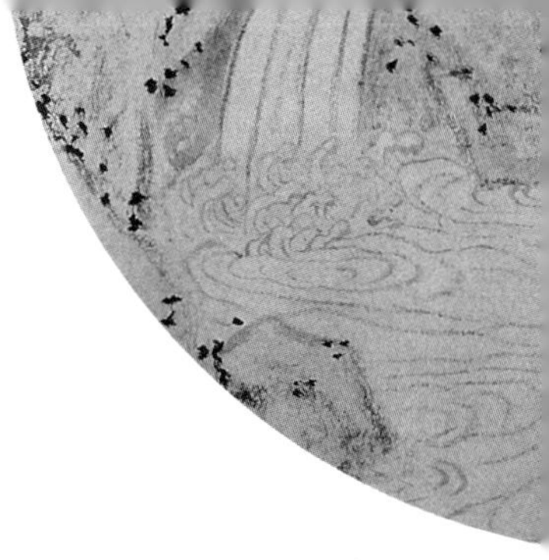

当年，陈献章在科考失意之后，重新反思以前所学，经过春阳台10年（1456～1465年）的刻苦研修，长期关注和集中阐发自得之学，渐而成型，最终公之于世。在年近不惑之时，他曾应友人之邀，作《和杨龟山此日不再得韵》一诗，从中可见其学概貌。诗曰：

能饥谋艺稷，冒寒思植桑。少年负奇气，万丈磨青苍。
梦寐见古人，慨然悲流光。吾道有宗主，千秋朱紫阳。
说敬不离口，示我入德方。义利分两途，析之极毫芒。
圣学信匪难，要在用心臧。善端日培养，庶免物欲戕。
道德乃膏腴，文辞固秕糠。俯仰天地间，此身何昂藏！
胡能追轶驾，但能漱余芳。持此木钻柔，其如磐石刚。
中夜揽衣起，沉吟独彷徨。圣途万里余，发短心苦长。
及此岁未暮，驱车适康庄。行远必自迩，育德贵含章。
迩来十六载，灭迹声利场。闭门事探讨，蜕俗如驱羊。
隐几一室内，兀兀同坐忘。那知颠沛中，此志竟莫强。
譬如济巨川，中道夺我航。顾兹一身小，所系乃纲常。
枢纽在方寸，操舍决存亡。胡为谩役役，斫丧良可伤。
愿言各努力，大海终回狂。①

这首诗首先开宗明义，坦言其初习程朱理学，“吾道有宗主，千秋朱紫阳。说敬不离口，示我入德方”，以主敬为入德之始。但此下云“圣学信匪难，要在用心臧。善端日培养，庶免物欲戕”，则是他对以往所学的怀疑，由理学走向心学之迹隐然可见。随后“道德乃膏腴，文辞固粃糠……枢纽在方寸，操舍决存亡”中所言“文辞粃糠”，批判了当时士人抱守程朱理学、章句之学的学术现实，渐显其志。诗中还回忆其10多年追求自得之学的经历，阐明学术志向，并宣称灭

① （明）陈献章：《陈献章集·和杨龟山此日不再得韵》，中华书局1987年版，第279页。

迹于声利场，闭门事德学，锐意于心学的修炼。从中可见陈献章治学旨趣的转向。后来他以自得之学为基点，构建心学理论，成就卓然。

概而言之，陈献章的自得之学主要指学者在研习学问达到一定程度时，必须经历反求诸己、自我觉悟的过程，同样也指一种学至精熟、怡然自得于心的境界。它提倡学习体道，必须得自学者的内心体悟，而非囿于书本所示。在处理读书与读者的关系上，突出读者的独特体验，是人弘道而非道弘人。他强调学习应先立乎其大，然后以之贯通经典，“则典籍之言，我之言也”，达到彼此不分、怡然自得的境界。在陈献章看来，自得之学是古人真传，不是通过文字这种近乎糟粕的外物传授可得，所谓“读书不为章句缚，千卷万卷皆糟粕”。[①]进而言之，凡学者在经过一定阶段的学习、达到一定境界之后，必须摆脱书本和章句注释等束缚，反求诸心，力求自得。此处可见陈献章意在消除当时程朱理学重章句诠释的偏弊，重视个人的悟性理解。如他在给学生的信中所示：“人要学圣贤，毕竟要去学他。若道只是个希慕之心，却恐末稍未易辏泊，卒至废弛；若道不希慕圣贤，我还肯如此学否？思量到此，见得个不容已处。虽使古无圣贤为之依归，我亦住不得，如此方是自得之学。”[②]从中可见其心学旨趣。

陈献章以自得之学为核心建立心学理论，弘扬儒学精义，上承陆象山，下启王阳明，对于宋明理学和传统思想的发展都产生了深远的影响。

十一、心学集大成者：王守仁

古人在评价人生功业不朽时，常以立功、立德、立言而造福社会为标准，

① （明）陈献章：《陈献章集·题梁先生芸阁》，第 323 页。

② （明）陈献章：《陈献章集·与贺克恭黄门》，第 133 页。

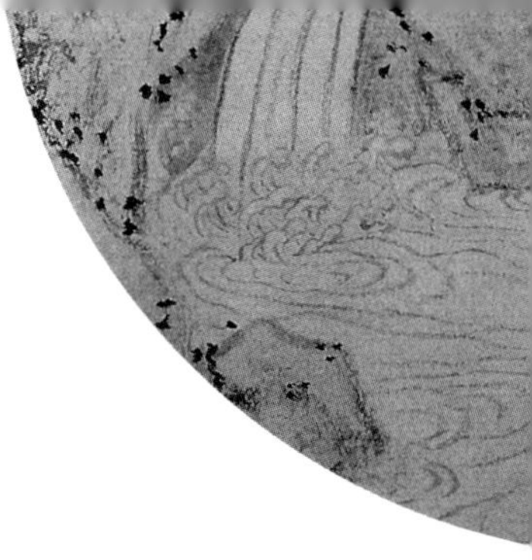

图 5-10　王守仁像

而历史上罕有能在这三方面皆有所立者。但明代心学之集大成者——王守仁（见图 5-10）是个例外。在立功上，他为政一方，屡平民众乱动，勘定宁王叛乱，曾官至兵部尚书，政绩卓著；在立德上，他为人正直，反对宦官专政，致力于破心中贼，少时与友格竹，成年龙场悟道，年长四处布道，晚年天泉证道，终成一代贤儒；在立言上，他主张“心外无理”“致良知”“知行合一”，提倡力行哲学、四句教等，集心学之大成，振奋士志，顽廉懦立。

王守仁（1472 ～ 1529 年），字伯安，浙江余姚人，自号阳明子，人称阳明先生，明代著名的思想家、心学集大成者。他出生于官宦之家，少时聪慧，志向远大，11 岁时即以读书做圣人为天下第一等事，青年时在接触朱子理学和“格物之学”后，认为“圣人必可学而至”，亲自格庭前的翠竹，体行格物穷理之学。在经历科考失利、最终中举进士的过程中，他曾泛滥词章，出入佛老，修筑阳明洞，静修其道，但终觉人间伦常不可去，遂渐远其学。不久，他结识心学大师陈献章的弟子湛若水，遂又回归儒学。在官场失意、被贬至贵州龙场驿后，王阳明经历诸多苦难，忘掉生死荣辱，静心体会儒道，最终大彻大悟（即“龙场悟道”）。此后，他重回朝廷，宦海沉浮，政绩颇著，讲学不止，思想渐臻成熟。嘉靖七年（1529 年）秋，王阳明病逝于征战途中。其学被后人继承、发扬，出现“王学七派”——江右王门、浙中王门，南中王门、楚中王门、闽粤王门、北方王门、泰州学派，蔚为兴盛，影响深远。阳明心学提倡“心外无理无物”“致良知”“知行合一”等，内容大致如下：

心外无理无物　在陆九渊所倡心即是理的基础上，王阳明又提出“心外无

物，心外无事，心处无理，心外无义，心外无善”[①]。其所言之“心”，既指一种有充分感知与理解能力的心理活动，也指一种先验的道德理念之心、人生而固有的判别能力，即孟子所言的“良知”“良能”。王阳明认为人心是天地宇宙的根本，“心者，天地万物之主也”，是衡量万物存在与否的标准。这与西方古希腊哲学家所言“人是万物的尺度，是存在者存在的尺度，也是不存在者不存在的尺度”有异曲同工之妙。在“心外无理”说的基础上，王阳明又提出“心外无物”的观点，强调主观感知与理解对于认识事物的重要性。下面这个故事是对此观点的最好说明。有一次，王阳明与朋友去南镇游玩，友人指着山岩中的花树，问道：“你主张天下无心外之物，例如这山中花树，自开自落，与我心有什么关系呢？”阳明回答：“你未看此花时，此花与汝心同归于寂。你来看此花时，则此花颜色一时明白起来。便知此花不在你的心外。”[②]在王阳明看来，外在事物只有进入人心，才会呈现其本有的意义，否则就“归于寂”，等于什么都没有。“心外无物”论将“心外无理”说推拓至具体实物，强调外在事物的存在离不开人的心理活动，世界是由人的心灵赋予其意义的世界。这里需要注意的是：王阳明所讲的外在世界是从意义存在而非具体事物存在的角度而言，一切有意义（而具体事物本身）的存在都是投射到人心的结果。只有明乎此，才不致误解阳明心学这一观点。

致良知　“致良知”是王阳明对传统儒学理论重新诠释的结果，也是其思想的核心。“良知”最早由孟子提出，指天赋于人的道德意识，后被王阳明用来解释《大学》的“格物致知”，并作为心学的核心范畴，加以阐发。他曾说“良知”

① （明）王守仁撰，吴光等编校：《王阳明全集》卷四《与王纯甫·二癸酉》，上海古籍出版社 1992 年版，第 156 页。

② （明）王守仁撰，吴光等编校：《王阳明全集》卷三《传习录下》，第 108 页。

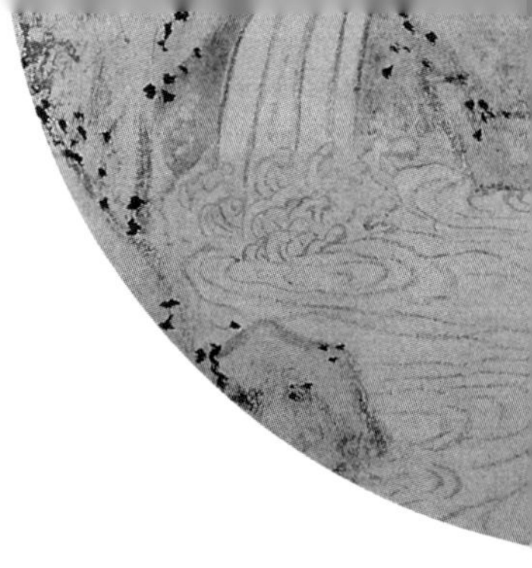

是“千古圣圣相传一点滴骨血也”[①],认为“致良知”是“真圣门正法眼藏”[②],“吾平生讲学，只是‘致良知’三字”[③]。在王阳明看来，良知是天理、孝悌仁爱之心，即“天地间活泼泼地无非此理，便是良知的流行不息”，“见父自解知孝，见兄自然知弟，见孺子入井自然知恻隐，此便是良知”。良知为人心所固有，致良知就是鼓励人们遵循良知，将其贯彻、实现于生活中的每一个细节，以达到圣贤的境界。王阳明以良知为是非的标准，将人心作为最高真理，在一定程度上消解了程朱理学唯天理是尊的弊端，使儒家学说深入人心。同时它降低了儒家经典、纲常名教的神圣性，大大地推动了人性解放思潮的发展。

知行合一　知行关系是中国传统思想议题之一。王阳明主张知行一体，认为“知是行的主意，行是知的功夫；知是行之始，行是知之成”“知而不行，只是未知”[④]。在此基础上，他强调知则必行，提倡“人须在事上磨炼做功夫”[⑤],以“致良知”，对程朱理学“知先行后”说的偏弊加以纠正，丰富和完善了传统知行观的内容，是后世力行哲学的重要理论来源。当然，阳明学在后来发展中出现一些偏差，如主张力行、在事上磨炼，被后学演绎至极，出现“满街人都是圣人”[⑥]“捧茶童子却是道”[⑦]等说法。

总之，王阳明发扬光大心学，使其成为一时显学，推动了宋明理学的发展，在明代后期的思想启蒙与人性解放方面也发挥了重要的作用。阳明心学流传甚广，远至朝鲜和日本等地，经久不息，至今仍然具有重要的理论价值和现实意义。

---

① （明）王守仁撰，吴光等编校：《王阳明全集》卷三四《年谱二》，第 1279 页。

② （明）王守仁撰，吴光等编校：《王阳明全集》卷三四《年谱二》，第 1278 页。

③ （明）王守仁撰，吴光等编校：《王阳明全集》卷二六《寄正宪男手墨二卷》，第 990 页。

④ （明）王守仁撰，吴光等编校：《王阳明全集》卷一《传习录上》，第 4 页。

⑤ （明）王守仁撰，吴光等编校：《王阳明全集》卷三《传习录下》，第 92 页。

⑥ （明）王守仁撰，吴光等编校：《王阳明全集》卷一《传习录上》，第 116 页。

⑦ （清）黄宗羲：《明儒学案》卷三四《泰州学案三》，第 773 页。

十二、心学的殿军：刘宗周

图 5–11 刘宗周像

刘宗周（1578～1645 年），字起东，号念台，浙江山阴（今浙江绍兴）人，因曾在山阴县城北的蕺山讲学，人称蕺山先生，明朝著名的思想家、理学家、教育家（见图 5–11）。他博采众长，融会诸说，提出“气本”“慎独”“诚意”等观点，自成一派。他生前从政，为人正直，在朝激浊扬清，在野教授弟子，即使临终前仍不忘传授学习要诀，“为学之要，一诚尽之矣，而主敬其功也。敬则诚，诚则天”①。他培养出诸如黄宗羲、陈确等名儒大家，为学术薪火相传做出巨大贡献。在明亡后，他不忘故国，拒仕清廷，绝食而亡，忠义之名流芳百世。

刘宗周年少失怙，随母寄居于外祖父章颖家中，接受了较好的教育，后师从名儒许孚远。24 岁时中进士，后在朝为官数年，复离朝为民，余下时光多在蕺山书院讲学中度过，开创了闻名后世的蕺山学派。他博采宋明诸儒之长，调和程朱与陆王之学，批判并完善阳明心学。其学术思想经历了早年崇尚朱子学、中年信奉阳明学、晚年提出慎独说三个阶段，主要围绕如何修身养心、成圣成贤而论，探讨理气、心性、诚意、功夫本体等，核心是慎独论。

刘宗周主张“学以学为人，则必证其所以为人，证其所以为心而已。自昔孔门相传心法，一则曰慎独，再则曰慎独”②。他认为“大学之道，一言以蔽之，

① （清）黄宗羲：《明儒学案》卷六二《蕺山学案》，第 1546 页。

② （明）刘宗周：《刘宗周全集》第二册《人谱·证人要旨》，浙江古籍出版社 2007 年版。

曰慎独而矣”，厘清“慎独”“格物”与“致知”的关系，“格物、致知亦总为慎独而设”，所谓“致知在格物，格此而已。独者物之本，而慎独者，格物之始事”。[①]这不同于朱熹将大学之道的要义归为“格物”、阳明归为“致知”。在刘宗周看来，“慎独”还是一种修养身心的途径与境界，如其所言“人心道心，只是一心，气质义理，只是一性。识得心一性一，则工夫亦可一。静存之外，更无动察；主敬之外，更无穷理。其究也，工夫与本体亦一，此慎独之说也”[②]。其中的“独”就是“本心”，慎独就是要“竞竞无负本心”，发扬人的道德主体性，争做圣贤。

如何“慎独”？刘宗周认为需经由知过、记过、讼过、改过四个步骤[③]，从观过知仁到改过致仁，以实现道德境界和修养工夫的提升，达到成圣、成贤的目标。诚意是慎独的关键环节，“意”是指心之所存、主宰、本体，由“慎独”而归本“诚意”。而且意、独不二，“独即意也”，意是心之端倪，即“独”，“慎独”是将“慎”的工夫用在“意”上，亦即“诚意”。刘宗周主张意为心之本体，突破了王阳明以“知”为心之本体的良知说。他的诚意说是对《大学》中“正心”“致知”“诚意”的发展，也是对陆九渊明心、王阳明致知主张的拓展，其心学的旨趣显露无遗。正因为刘宗周对“诚意”“慎独”有精深的理解，且在学术界产生了很大的影响。所以后人才在蕺山书院墙壁上题写“诚意”“慎独”，以表明他的讲学与思想主旨。

总之，刘宗周充分融汇理学前辈的思想，以“慎独”论为中心，建构和完善理学体系，上承宋明理学、心学之绪，下启以黄宗羲为代表的浙东学术，是明清之际程朱理学的总结者和阳明心学的终结者，具有独特的历史地位和学术贡献。

---

① （清）黄宗羲著，沈芝盈点校：《明儒学案》卷六二《蕺山学案》，第 1588 页。

② （清）黄宗羲著，沈芝盈点校：《明儒学案》卷六二《蕺山学案》，第 1581 页。

③ 参见罗国杰：《刘宗周的“慎独”思想及其在道德修养上的重要意义》，《齐鲁学刊》2013 年第 1 期。

十三、鹅湖寺会

南宋淳熙二年（1175 年）五六月之交，20 余位学者在江西信州（今江西上饶）铅山鹅湖寺面晤，讨论学术中事。来自浙江金华的吕祖谦为此会的召集者和主持人，来自江西抚州金溪的陆九龄、陆九渊兄弟和来自福建尤溪的朱熹为论辩的双方。他们就“格物致知”“识理明道”“德性学问”等议题展开讨论，间有诗歌唱和。会议的初衷是通过交流讨论，调和心学与理学的分歧，结果却开启了二者的正式争鸣。从此，宋明理学花开两枝，心学、理学互竞风流。此会就是历史上有名的鹅湖寺会，亦称“鹅湖之会”“朱陆之会”。

1175 年春，吕祖谦拜会好友朱熹，共同研读周敦颐、张载、二程等理学前辈的理学成果，合编《近思录》一书。五月十六日，吕祖谦在朱熹的陪送下回乡，途经信州铅山鹅湖寺，致信数百里之外的陆九龄、陆九渊，邀其聚会，讨论学问。陆氏兄弟欣然同意，在五月二十八日前后如约而至。

会晤首日，陆九渊之兄陆九龄在回答吕祖谦的问题时，朗诵了自己来鹅湖寺之前所作新诗——《鹅湖示同志》，以阐发心学主张：

孩提知爱长知钦，古圣相传只此心。
大抵有基方筑室，未闻无址忽成岑。
留情传注翻蓁塞，着意精微转陆沉。
珍重友朋相切琢，须知至乐在于今。[①]

诗中指出圣人相传之道心，即是人从孩提之时就具有的良善之本心，强调发明本心、尊德性。如果忽视这个基础，把精力放在古人传注之学上，就会使自己心生杂芜，有碍对儒家正道的理解。

① （宋）陆九渊：《陆象山全集》卷三四《语录》，中国书店 1992 年版，第 276 页。

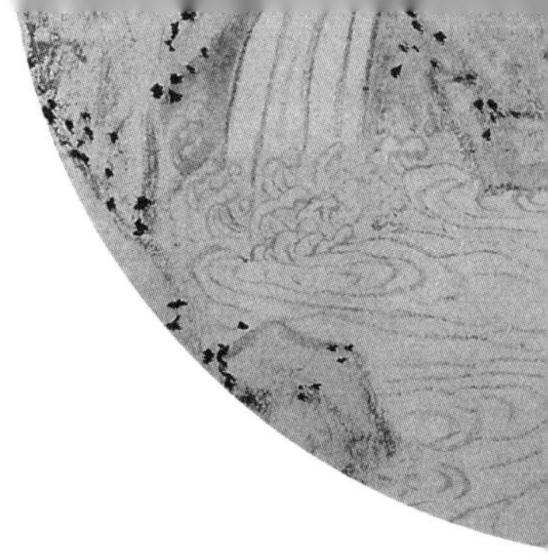

诗毕，朱熹便与陆九龄展开论辩。在论辩中，陆九渊也咏诗一首，与其兄呼应，宣扬心学宗旨。诗云：

墟墓兴哀宗庙钦，斯人千古不磨心。
涓流滴到沧溟水，拳石崇成泰华岑。
易简工夫终久大，支离事业竟浮沉。
欲知自下升高处，真伪先须辨只今。①

大意是说：人们见了墓墟则兴哀心，看到宗庙则起敬心，皆出于自然，若欲下学上达，必须发明本心，方是正途。尽管涓流可以汇成大江，小石头可以积垒成高山，但如果把注意力放在点滴积累而忽视立乎其大之事，就会沉溺于支离事业而与世沉浮，难于认识和把握儒学大道。

陆氏兄弟的诗以孟子心学为标准立论，把“古圣相传只此心”“斯人千古不磨心”中的本心看作德学之本、天理所在，表明心学的基本立场。陆氏“心即理”的主张与朱熹所持的“性即理”思想大相枘凿，形成鲜明对立，而其“发明本心”的方法论也与朱熹“即物穷理”之法大不相同。陆氏兄弟标榜发明本心是博大悠久的“易简功夫”，而视即物穷理为终究沉沦的“支离事业”，朱熹对此不以为然，特别是听到陆九渊的诗，脸色遽变，颇为不悦，并予以辩驳。双方的学术矛盾在第一天论辩中就显露无遗。事实上，在鹅湖寺会之前，朱陆双方的观点已经是楚河汉界，对立分明：朱熹理学一派主张即物穷理，循序渐进；陆九渊心学一派提倡我心即理，发明本心。他们的观点主张在福建、江西等地得到了不同程度的传播，都有很大的影响力。

第二天，朱、陆两派除了继续讨论前一天的话题，还扩展至其他方面，涉及礼学、修养、义利之辩等议题。辩论会讲在激烈而自由的气氛中进行，三日后结束。会后，双方还有不少交流，如淳熙八年（1181），陆九渊亲赴南康，

① （宋）陆九渊：《陆九渊集》卷三四《语录上》。

拜会朱熹，请其为亡兄九龄书写墓志铭，朱熹则邀陆九渊在白鹿洞书院讲学（见图 5–12），等等。

图 5–12　白鹿洞书院

尽管如此，二者学术观点上的根本矛盾没有得到缓解。如在鹅湖寺会 3 年之后，朱熹追和陆氏兄弟诗，以明其理学旨趣。诗中讲道：

德义流风夙所钦，别离三载更关心。
偶扶藜杖出寒谷，又枉蓝舆度远岑。
旧学商量加邃密，新知涵养转深沉。
却愁说到无言处，不信人间有古今。①

全诗除了前面几句寒暄之外，后面立破结合，绵里藏针，如“旧学商量加邃密，新知培养转深沉”，明确其道问学思想，末两句认为如果一味求诸本心，明心见性，不着力于“格物致知”，体察天地之理，就难免空疏简易，对心学颇有微词。从中可见朱熹与陆氏兄弟在学术观点上的隔阂之深，以至日后双方的争执日趋激烈，互相非难。如朱熹指责陆九渊“作禅会，为禅学”，陆九渊则指责朱熹“邪意见，闲议论”；二者的门人弟子更是你来我往，论战不已，在太极无极的“义理之辩”等方面多有意气之争。

图 5–13　鹅湖书院

① 杨希闵：《宋陆文安公九渊年谱》，（台北）商务印书馆 1982 年版，第 6 页。

鹅湖寺会虽没有达到使朱子理学与陆子心学“会归于一”的初衷，但促进了双方的相互了解。二者互竞风流，彼此补益，共同推动了宋明理学的发展，影响深远。后人特地修建鹅湖书院（见图 5-13）、创办鹅湖人文书院及《鹅湖》杂志等，以纪念这次学术盛会。

十四、王霸义利之辩

南宋淳熙年间（1174 ～ 1189 年），除了朱陆鹅湖寺会之外，还有一场通过书信往还的学术争辩也格外引人注目。书信两端是两位认识不久的朋友，一位是恪守“正意诚心”的理学大家，一位是立志“推倒一世之智勇，开拓万古之心胸”的事功学派名家。因性情所向与学术旨趣不同，他们对三代与汉唐历史、王霸义利、天理人欲等方面的理解有异，由此引发了一场旷日持久的辩论。这场学术讨论涉及千年未决的议题，如王道与霸道、道义与利益，反映了当时学人的思想风貌，是南宋思想界一个重要的事件，也是我国古代思想史上的一份重要遗产，对后世产生了深远的影响。这场论辩就是发生在朱熹与陈亮之间的王霸义利之辩。

论辩大致始于淳熙十一年（1184 年）春夏之际，随后 3 年双方书信往还，持续讨论有关王霸、义利等问题。当年春天，陈亮被诬入狱，后经多方营救，死里逃生。在出狱前后，朱熹连写三封信，除了表示慰问之外，更多的是劝说陈亮做人要就有道而正，树立正确的王霸、义利观，以免再有类似的牢狱之灾，“绌去‘义利双行，王霸并用’之说，而从事于惩忿窒欲、迁善改过之事，粹然以醇儒之道自律，则岂独免于人道之祸，而其所以培壅本根，澄源正本，为异时发挥事业之地者，益光大而高明矣”[①]。陈亮收悉来信，心不能平，在秋天给朱

① （宋）朱熹：《朱子文集》卷一《与陈同甫》，中华书局 1985 年版，第 10 页。

熹回复了一封长信，陈述己见，立志“推倒一世之智勇，开拓万古之心胸”[①]。两人的论争就此正式拉开帷幕。随后3年间，双方书信往来达十数封之多。结果是谁也没有说服对方，最终不了了之。但这场论辩的余波一直持续到陈亮去世，成为后人研究宋学、理学的宝贵资料。

与此前朱熹与陆九渊等人之间展现理学内部分歧的学术讨论不同，这场论辩是理学派与事功利学派的争论。朱熹信奉理学，标举仁义而轻视利欲，重王道而斥霸道，主张“存天理，灭人欲”；陈亮遵行功利之学，主张义利不二、王霸合一，讥刺理学家自以为得正心诚意之学者，“皆风痹不知痛痒之人也”[②]。

从当时往还的书信来看，这场王霸义利之辩的主要话题是：汉唐治世之道是否符合王道，王道与霸道的关系，义与利的关系，王霸之道的根本标准，等等。二人各有家法，力陈己见。朱熹为理学的忠实信徒，高扬道德理性的大旗，宣扬三代纯粹王道，将其视作天理，希望当政者行王道，循天理，除私欲，恢复“惟精惟一，允执厥中”的圣王之治。他强调公义与私利不能并存，王道与霸道不可混淆，注重道德修养的功夫。陈亮是浙东事功学派的中坚人物，标举功利理性和现实主义的大旗，认为道无处不在，并非三代独有，近世汉唐明君良政也是一种王道的体现，可作为当政者学习的榜样。他强调功利并非完全等同于私欲，事功不可一概视作霸道，王道可与功利、霸业并存，着重功利事业。当时学者陈傅良将陈亮的观点概括为“功到成处，便是有德；事到济处，便是有理”或“功有适成，何必有德；事到偶济，何必有理”[③]，多少反映了论辩双方的学术主张与不同之处。

从学术历史演变和当时抗金图强的时代背景来看，这场有关王霸义利论题的探讨，既是南宋学者接续先秦以来的思想旧议题而论，也是针对如何振兴当

① （宋）陈亮著，邓广铭点校：《陈亮集》卷二八《又甲辰秋书》，中华书局1987年版，第339页。

② （宋）陈亮著，邓广铭点校：《陈亮集》卷一《上孝宗皇帝第一书》，第9页。

③ （宋）陈傅良：《止斋先生文集》卷三六《答陈同父三》其一，《四部丛刊初编》本。

时积贫积弱、忧患重重的中原王朝而发，具有重要的理论意义与深切的现实关怀。它促使后世学者更深入地讨论相关话题，对近代从事改良与革命的仁人志士都产生了相当大的影响。

十五、天泉证道

明嘉靖六年（1527年）九月初八夜，有两位青年学者钱德洪、王畿与友人相会，谈及为学之旨，在人心善恶及修养功夫等问题上发生分歧，争执不下。于是他们跑到老师王阳明那里请教，师徒三人遂至附近天泉桥（在今浙江绍兴古城区西小河旁王衙弄前的碧霞池）探讨此事。当时已近子夜，皓月当空，微波荡漾，老师娓娓而谈，诲人不倦，为弟子传道解惑，指点迷津。这场师徒会晤被后人称作“天泉证道”，传为美谈。其中最引人注目的是王阳明所言“四句宗旨”——“无善无恶心之体，有善有恶意之动，知善知恶是良知，为善去恶是格物”，世称“王门四句教”“四句诀”。它是晚年阳明心学的重要观点，在宋明理学中具有举足轻重的地位。

在天泉证道之前，王阳明已奉朝廷之命，即将征战广西。钱德洪和王畿在理解老师的“四句教”时产生了分歧：钱氏认为这是教人不易定本，心体虽无善恶，但被习俗所染，便有善恶在，所以必须为善去恶，恢复心的本体，即所谓“四有”；王氏则不同意同门的看法，认为那只是权宜之法，如果心无善无恶，则心体的发用便是无善无恶，由此提出心、意、知、物的“四无”之说。两人各执己见，相持不下，转而向老师请教，并在天泉桥上面聆教诲。

对于两位弟子的分歧，王阳明一针见血地指出这是本体与功夫之争。王畿的“四无”之说，“利根之人，一悟本体即是工夫”，是为上根人立教；而钱德洪所说，在“意念上实落为善去恶功夫”，功夫熟后，“本体亦会明了”，是为中根以下人立教，因为这类人有习心在，故要求在意念上用为善去恶的功夫，如果都用“四有说”，则上根人兼修中下，自无流弊。王阳明在认可这两种教法后，

指出他们应“相取为益，相资为用”。但在“相取为益”时，他告诫王畿“利根之人世亦难遇”，若“只在悬空想个本体，一切事为俱不着实，不过养成一个虚寂，此个病痛不是小小”。在“相资为用”中，王阳明似更倾向于钱德洪，以四句教法为宗旨。[①]尽管王畿的“四无”说对“无善无恶”加以发挥，颇有禅学之嫌，但他的老师仍以“汝中见得此意”评价，表示肯定。

王阳明所谓“中人上下无不接着”的“四句诀”，句式似禅诗偈语，内容也多取自禅学。据学者研究，“无善无恶心之体”直接借取《坛经》“佛性无善无恶”的禅旨，“有善有恶意之动”中所体现的“动而生恶”之说与“动念有作”的禅旨多有相通。“知善知恶是良知”则与阳明所言“明诚相生，是故良知常觉常照。常觉常照，则如明镜之悬，而物之来者自不能遁其妍媸矣”[②]密切相关，“明镜”之喻则借用了神秀和慧能在祖师面前唱偈之语。关于“为善去恶是格物”，阳明曾言“随物而格，是致知之功，即佛氏之常惺惺，亦是常存他本来面目耳”，而这其实就是禅家“除三毒”“离六欲”的内照外照之功。由上可见，王阳明的佛学造诣颇深，“四句诀”是其援佛入儒的一个显著例证。

天泉证道看似是一场平常简易的师生论学，但在后学中引发很大的争论，其中缘由值得思味。由于阳明心学杂糅佛儒思想，存在理论上无法调和的矛盾，而天泉证道恰恰暴露了这一点，由此导致王学内部的演变。如以钱德洪和王畿为两个中心，分化出修补王学的一派和流入狂禅的一派。在王阳明去世之后，阳明心学一分为七，其端绪在天泉证道中已经若隐若现，呼之欲出。正因为此，这场师生论学之会才具有格外特殊的意义和重要的地位。

---

① 参见方祖猷：《王畿评传》，南京大学出版社 2001 年版，第 88 页。

② （明）王守仁撰，杨国荣导读:《阳明传习录·答欧阳崇一》，上海古籍出版社 2000 年版，第 243 页。

第六章 明清实学

从明朝中期至清代中期，学界兴起一股由虚返实、经世致用之风，被今人称作“实学思潮”，亦有“早期启蒙思潮”“经世致用思潮”“个性解放和人文主义思潮”“自我批判思潮”等他称。明清实学思潮有广义、狭义之分：广义上指从明中叶至鸦片战争前夕出现的“一股反省既往，面向现实的新的社会思潮”[①]，狭义上指明中期至清中期的实学思潮。本文仅从狭义上而论。

明朝中期，一批学者针对阳明心学、程朱理学末流的空疏学风，提出批评与修正，去虚务实，提倡研习和践行有益身心、启蒙思想、利国利民的致用之学，并从本体论、认识论、方法论、世界观、事理论、理气论、知行论、实践论、修养论等不同角度，阐发“实体”“实理”“实政”“实教”“实心”“实念”“实才”“实功”“实言”“实行”“实习”“实践”“实用”“实风”等实学观点，薪火相传，绵延百年，影响至远。

明清实学思潮大致经历了兴起、发展、高峰和衰落四个阶段：（1）兴起阶段。明代中期，罗钦顺以气学批判心学空疏之弊，发其嚆矢，王廷相、吴廷翰、王艮等人继之。（2）发展阶段。明代后期，高攀龙、顾宪成等人组成东林学派，站在朱学立场上，批判心学末流虚空逃禅之弊，提倡经世致用之学。泰州学派的李贽坚持“道不虚谈，学务实效”的原则，提倡“实学、实行、实说”。（3）高峰阶段。明末清初，顾炎武、黄宗羲、王夫之、李颙、颜元等儒者经历新旧王朝变革，痛感空谈心性导致国亡，遂从理论上全面批判和修正宋明理学家、道家和佛家空疏之弊，极力提倡和践行经世实用之学，使实学思潮达到鼎盛。（4）衰落阶段。清代中期，因为各种缘故，学者多埋首于考证经史之业，实学思潮中的经世致用理念和丰富内涵已被偷梁换柱，消散殆尽。

从实质上来看，明清实学思潮逆宋明理学之流而上，纠正其弊，对理学和儒学的发展形成有益的补充。它反对空谈心性，力倡务实之风；反对逃避现实，

① 陈鼓应、辛冠洁、葛荣晋主编：《明清实学思潮史·导论》，齐鲁书社 1989 年版。

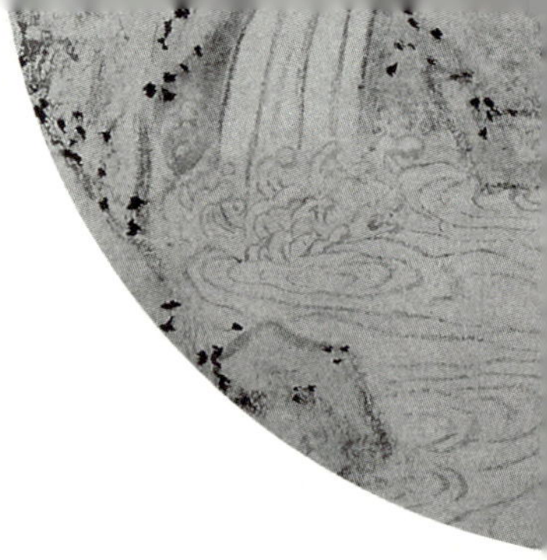

提倡经世致用；抨击君权，宣扬人文主义；注重民族气节，激励爱国主义；重视社会生产，主张工商皆本；反叛封建道德，谋求个性解放；注重科学，注重“实政”等[①]，集中反映了中国传统儒家崇实黜虚、经世致用的主流导向和鲜明的时代文化特征。它修正与完善了宋明理学，荡涤着传统礼教中的陈腐因素，促进思想解放，为后人留下一笔宝贵的精神财富。在近代中国，无论改良派还是革命派，他们都把明清实学家特别是黄宗羲、顾炎武、王夫之、颜元等人的思想作为理论武器来反对封建主义。不过，明清实学思潮也带有很大的局限性，如重视经验而轻视先验的倾向，多在经学和史学等范围内讨论问题，存在一定的缺陷。

在明清实学思潮的兴起和发展过程中，学界先后产生了东林学派、泰州学派、蕺山学派、颜李学派、乾嘉学派等学术群体，涌现出一批杰出的思想家，如罗钦顺、王廷相、高攀龙、孙奇逢、黄宗羲、方以智、傅山、顾炎武、王夫之、李颙、颜元、戴震等。本章选取和介绍其中较有代表性的学派和学者，以勾勒明清实学的概貌。

一、东林学派

万历年间，顾宪成（1550 ～ 1612 年）、高攀龙（1562 ～ 1626 年）等退隐官员在江苏无锡创办东林书院，聚众讲学，评议时政，与朝野官僚士人相为呼应，组一个特殊的群体，史称“东林学派”[②]。东林学派名士云集，曾经涌现出东林八

① 参见步近智：《明清实学思潮史学术讨论会综述》，《国内哲学动态》1985 年第 10 期；葛荣晋：《明清实学简论》，《社会科学战线》1989 年第 1 期。

② 东林学派与东林党在人员构成、政治诉求上有很多相同之处，但在内涵和属性上存在明显差别。东林学派是指晚明士人以东林书院为道场的学术团体，其尊崇程朱理学，批判王学末流，评议时政。东林党指晚明政坛上以顾宪成、李三才、叶向高等江南士大夫为代表的官僚集团，是与宦官为首的阉党相对峙的一大政治势力，“东林党”“阉党”为两派士人互相称呼对方之语。

君子：顾宪成（见图 6–1）、高攀龙（见图 6–2）、顾允成、安希范、刘元珍、钱一本、薛敷教、叶茂才，一时传为美谈。

图 6–1　顾宪成像

明朝在万历中期以后，各种矛盾丛生，危机四伏。政治上，皇帝昏庸无为，宦官专政，吏治腐败；经济上，土地被豪富大肆兼并，农商交困，怨声载道，新兴市民阶层争取权利运动和农民起义斗争接连不断；军事上，边境之乱频仍，忧患重重；思想上，阳明心学盛极一时，但后学流于论玄说虚，近于谈禅，为时人所讥。在这种背景下，由顾允成等人发起，一批士人会集东林书院，论学议政，批判阳明心学谈空说玄之弊，针砭阉党专权、政治腐恶，隐然成派。他们提倡求真务实的实学，以治国济民、经世致用为学问之根本。东林书院勉学联语"风声雨声读书声声声入耳，家事国事天下事事事关心"（见图 6–3），充满深切的淑世情怀，被后人誉为"一堂师友，冷风热血，洗涤乾坤"[①]，闻名于世。

图 6–2　高攀龙像

东林学派士人推崇"治国、平天下"的"有用之学"，主张革除脱离实际、言而无物的空虚学风。东林名士站在程朱理学的立场上批判阳明心学，抨击王阳明"致良知"学说的危害，重视见闻之知，反对不知为知、生而知之的观点，主张学贵实行，认为躬行实践方为有益。他们批评阳明后学"无善无恶心之体"说，指出当时心学末流只言本体而不说工夫、所讲非所行或所行非所讲的弊病，提倡"知行合一"，本体与工夫合一。另外，他们总结宋明理学不同学派的优劣，给

---

①（清）黄宗羲著，沈芝盈点校：《明儒学案》卷五八《东林学案一》，中华书局 1985 年版，第 1375 页。

图 6-3　东林书院勉学联语

予客观评价，表现出一种公正的学术态度。如他们虽拥护程朱理学，但不赞同朱熹把“至善”作为道德的根本原则，认为天下之理无内外大小之分，强调“一草一木”都有理可格。他们反对王阳明“格物”即“格心”的观点，指出“致良知”学说的危害，但也肯定其学有“一时心目俱醒”之用。除了学术方面，东林学派还提出一些政治主张，如反对大宦官、大官僚专权乱政，抨击科举弊端，主张破格录用人才，革新朝政吏治；反对横征暴敛，提出“天下之是非，自当听之天下”等具有民主色彩的口号。这些主张都在不同程度上反映了当时的社会问题，具有鲜明的时代特征。

以顾宪成、高攀龙为首的东林学派士人，站在程朱理学的立场上，批判阳明心学中空谈心性的玄虚之弊，以济世救民的“实念”为主旨，崇尚实学实用，提倡治国济民、经世致用的实学。他们的思想主张与实践在一定程度上为缓解晚明政治腐败、纠正学风空疏之弊提供了理论指导和精神支持，在当时产生了很大的影响。尽管它被裹挟于党争之中，且后来东林名士多陷身其中而亡，导致学派衰败，但代之而起的复社仍高倡其说，薪火相传。至明清之际，顾炎武、黄宗羲、方以智等人也纷纷从中汲取有益养分，提出富有启蒙色彩和实学精神的思想，迎来明清实学思潮发展的高峰。

二、颜李学派

颜李学派诞生于清朝初年，由颜元开创，后经弟子李塨、钟錂、王源等人大力宣扬，得到发展，名震一时。当时它与理学相颉颃，兴盛之际，隐然成派，其中又以颜元与李塨（见图 6–4）的贡献最大，故被后世称作“颜李之学”“颜李学派”。

图 6–4　颜元（左）与李塨像（右）

从理论渊源上来说，颜李学派远承儒家学行结合、利用厚生的淑世理念，近继南宋浙东事功学派的务实尚用思想。针对当时宋明理学末流高谈心性修养、空疏无用的积弊，颜李学派大力倡导经世致用、事功之学，推崇技能，重视功利，以实学、实业教书育人，治国兴邦。颜李学派主张在“习动”“习行”中学以致用，提倡“率皆实文、实行、实体、实用，卒为天地造实绩，而民以安，物以阜”[①]的

① （清）颜元著，王星贤等点校：《颜元集 · 存学编》卷一《上太仓陆桴亭先生书》，中华书局 1987 年版，第 47 页。

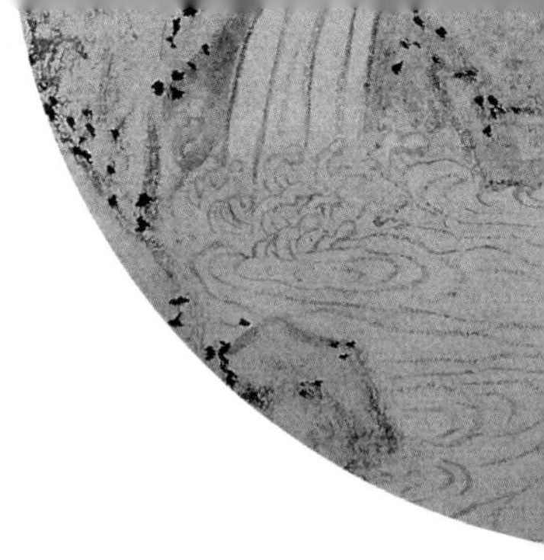

实用功利之学，具有重习行、崇致用、务功利、益民生的实用主义特色，是明清之际实学思潮的典型代表。

颜李学派批判宋明理学，讽刺其“无事袖手谈心性，临危一死报君王”[①]，提倡实学思想，补偏纠弊，修正儒学。他们主张“理即在事中”，反对理学“理在事上”的观点；主张“由行得知”，反对程朱理学“知先行后”说；主张从实物中求道，批判从虚无的心或理等抽象概念中寻找事物之道；提出“正其谊以谋其利，明其道而计其功”[②]，批判崇义贬利的义利观。在体用观方面，他们反对理学家明体达用、重体轻用的主张，提倡“体用一致”“体用兼该”“体用浑全”等观点，认为致用是学问根本，学习事功之学，即“礼乐射御书数，及兵农钱谷、水火工虞、天文地理之类”，并主张“参以近日西洋诸法”。他们主张实学兴邦，如颜元曾列平治天下的要诀：“七字富天下”（垦荒均田、兴水利），“六字强天下”（人皆兵、官皆将），“九字安天下”（举人才、正大经、兴礼乐）。[③]

颜李学派针对宋明理学一味拔高心性之知而忽略实践体行的弊端，突出实践对于认知和功用的重要性，强调感性经验与知识的重要性，是其优点，但过分倚重经验、轻视理性先验的理论短板导致其发展后劲不足。正因为此，颜李学派的形成与壮大之际恰是其瓦解衰亡之时。特别是学派中的核心人物李塨在宣扬师说的同时，学术倾向发生转移，渐与乾嘉考据之学合流，加之专制统治对思想的禁锢，颜李学派后继乏人，终归昙花一现，走向衰亡。不过，颜李之学大胆批判传统理学，消除其弊，践行实学思想，对于明清之际实学思潮的兴起发挥了积极的推动作用。至近代，颜李之学曾得到一些学界名流与政要（如

① （清）颜元著，王星贤等点校：《颜元集·存学编》卷一《学辩一》，第 51 页。

② （清）颜元著，王星贤等点校：《颜元集·四书正误》卷一《戴本大学》，第 163 页。

③ 此主张被后世学者视为“沟通中西学术”的征实之学，成为近代中西学接轨的重要理论资源。（参见陈鼓应、辛冠洁、葛荣晋主编：《明清实学思潮史》，齐鲁书社 1989 年版，第 1497 页）

梁启超、徐世昌等人）的推崇，经历短暂复兴，其致用主张与求实思想为戊戌变法、五四运动前后的本土文化启蒙和中外文明互鉴提供了某种理论支撑与精神动力，至今仍是学者的重点研究对象，具有深远的历史影响。

三、乾嘉学派

乾嘉学派是在清代乾隆、嘉庆时期兴起的一个以考据为主要治学手段和目的的学派。它采用汉儒训诂考订之法研治经史，重视证据罗列与分析，文风朴实简洁，与宋儒侧重阐发经典义理、文风比较玄奥不同，所以又有“汉学”“朴学”“考据学”等称号。它在客观上有利于消解宋明理学务虚之弊，是明清实学思潮发展链条上重要的一环。

乾嘉学派重视考据，远接汉唐章句训诂之学，近承明清之际黄宗羲、顾炎武、阎若璩等学者所倡以实学考证经典的主张。至乾嘉时期，经过一批学者的努力，经史考据之学成就斐然，走向兴盛，出现“家谈许郑、人说贾马”的情形（指许慎、郑玄、贾逵、马融等汉朝著名的小学和经学注疏家很受士人的欢迎）。乾嘉学派的出现也有其深刻的政治背景。清朝统治者在政权稳定、经济复兴之后，采取了恩威并用的文化策略。一方面，招纳文人学者，充实到史馆，修史编书，以示笼络与恩宠。另一方面，禁毁书籍，大兴“文字狱”，消除异己，统一思想。很多有思想的学者被禁锢或杀害，其他幸存者对时政敬畏有加，噤若寒蝉，转而投身于古籍整理、名物训诂、辨伪考证等纯学术研究。作为一门治学之法，考据在汉唐即兴，代有其人，但它又确实是在清朝乾嘉学者的手中得到发扬光大。

图 6–5　惠栋像

图 6-6　戴震像

乾嘉考据学派有吴、皖、淮扬三大派，争奇斗艳，各竞风流。其中吴派以惠栋（见图 6-5）、王鸣盛为代表。皖派以江永和戴震（见图 6-6）为代表，淮扬派以段玉裁（见图 6-7）、王念孙、阮元为代表，这些从事考据训诂的学者被后人称作“乾嘉诸老”。各派特色鲜明，如吴派推崇汉代经说，遵循章句之法，重视名物训诂、典章制度，致力于搜集汉儒解说，并作疏通证明；皖派和淮扬派比较重视礼学，依照顾炎武所示治学之径，从音韵、小学入手，考订《周礼》《仪礼》《礼记》等儒家经典中的名物制度，解其要义。在以考据见长的乾嘉诸老中，也有兼善考据与义理者，如戴震，但为数极少。

图 6-7　段玉裁像

在思想层面，乾嘉诸老以考据之学消解宋明理学好发空论、言之无物的积弊，富有实学色彩，是明清实学思潮发展链条上重要的一环，具有很大的历史贡献。特别是在学术方法方面，乾嘉诸老专攻考据，有的人倾其大半生的时间与精力整理古籍，集中于审订文献、辨别真伪、校勘谬误、梳理注疏、诠释文字和典章制度以及考证地理沿革等方面，为研究者提供了相对可靠的材料，使后人能够较为顺畅地阅读古书，居功至伟。另外，乾嘉学派重视穷尽资料、归纳研究，慎下论断，含有科学精神，是近代实证史学的本土文化渊薮所在。当然，乾嘉学派也存在脱离实际、饾饤烦琐、重证据而轻义理等缺点，有的学者为考证一字古义，杂引衍流，动辄数十种说法，不胜繁

琐，令人无所适从。随着时间的推移和情势的变化，埋首于故纸堆的书斋式考证研究越来越不利于学术的长远发展，所以在清代中叶之后，乾嘉学派渐渐衰落。至近代，乾嘉考据学与疑古思潮、实证史学等合流，又得以复兴，被延续传承，至今仍然发挥着重要的作用。

四、罗钦顺

在明代中叶，有一位儒者自称是程朱理学的拥护者，平生“专力于穷理、存心、知性”，不囿于成见，正视前人不足，并修正完善之。他曾长期沉浸于禅学之中，但又能适时走出，回归儒学，深刻揭示王阳明心学与禅学唯心而论、似“水上葫芦”般凌空驾虚的通病。他在批判和继承前人成果的基础上，提出自己的气本论，赋予气理关系、理一分殊、心性、格物、致知等思想命题以新的含义，主张“理气为一物”“就气上认理”“性体心用”等，开明代气本论和实体实学的先河。他入仕30余年，主张变法，推行“经世宰物”之学，是经世实学的提倡者与践行者。他的成就斐然可观，赢得后人尊敬，被誉为“江右硕儒”“宋学中坚”“聪明英俊之人”“明代第一个从气本论角度出发提出‘经世实学’的学者”等。他就是本节要讲的罗钦顺（见图6–8）。

图6–8　罗钦顺像

罗钦顺（1465～1547年），字允升，号整庵，江西泰和人，明代著名的思想家。29岁中进士，被授翰林编修，从政30多年，官至吏部尚书。后辞官还乡，余生潜心学术，修正、完善程朱理学。其学经历了三个变化阶段：29岁中进士之前，学习程朱理学，备战科考；之后10年，学禅，觉悟其空虚之弊；余生转而修正理学、批判心学与禅学，力倡实学，最终建立自己的思想体系。从他的著述《困

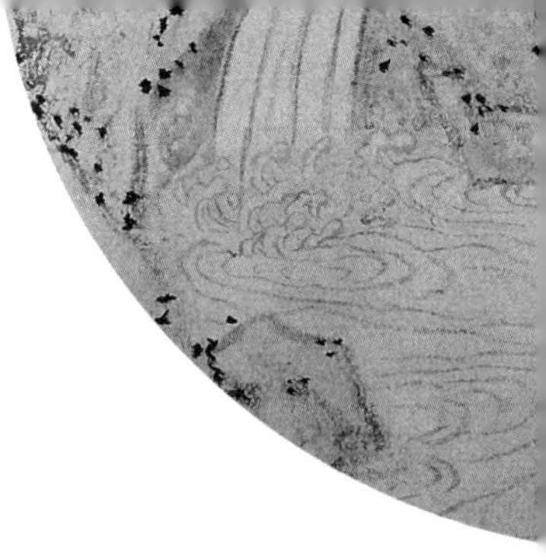

知记》中，可见其学重点围绕理气关系，阐述气本论、心性修养等，是明代理学向实学过渡的重要标志。

理气论　罗钦顺认为万物都是禀受物质性的气而生，所谓“盖通天地，亘古今，无非一气而已”，气是一个实体性存在。理是气运动变化的秩序与法则，支配万事万物的运行，所谓“理只是气之理”“理须就气上认取”。他指出气在理先，气为理本，气外无悬空孤立而成为万物主宰之理，理在气的运动中呈现，不是如某些宋儒所言理是超脱万物之上而存在的虚理，亦非理在气先、理为气本。罗钦顺由此确立了以气本论为内核的实体实学，为其经世实学提供了重要的理论支持。

心性论　罗钦顺主张性体心用论。他把性称为本体、道心，把心称作致用、人心，认为“道心，性也。人心，情也。心一也，而两言之者，动静之分，体用之别也”[①]，批评王阳明的心性合一论，有见于心而无见于性，指出其心性说借用了禅学的明心见性思想。从某种程度上来说，罗钦顺继承了程朱理学“性即理”的观点，但没有将气本论完全贯彻于其整个思想体系之中，为后来王廷相等人在心性论方面发展气本论思想提供了发挥的空间。

罗钦顺批判禅宗空落无根之弊，指出佛教生死轮回、见性成佛诸论只能导致“教衰而俗败”“无以达经世宰物之用”。他化用宋儒的理一分殊论，认为事物之理只有一个，但形式各异。他反对像程朱那样将理气分开，肯定一般规律的“理”存在于具体事物之中。在理一分殊论的基础上，他提倡儒家实学，主张只有从“应酬之际无或差谬”的实践中体悟，才能掌握万物之理。

总之，罗钦顺批判心学与禅学，修正和完善宋儒的气本论、理气论、理分论、心性论等，赋予其新的含义，使气学与理学、心学并立于世，贡献至巨，被学人称作“宋学中坚”“朱学后劲”。他提倡经世宰物之学，与时人王廷相等所倡

① （明）罗钦顺著，阎韬点校：《困知记》卷上，中华书局 1990 年版，第 3 页。

经世实学交相辉映，开启了明清之际实学思潮之先河。他的著作和思想远传至朝鲜、日本等地，推动了海外儒学的发展，被日本学者贝原益轩称为“阳明英俊之人”“豪杰之士”，影响广远。

五、王廷相

明代嘉靖年间，阳明心学七派之一——浙中王门的重要代表人物黄绾主持石龙书院，聚徒论道，宣扬心学。后来，他的一位同僚好友来访，并留下《学辩》一文，深刻揭示了宋明理学中程朱、陆王两派“空寂寡实”的弊端，提倡书院应传授实学，“使后生来学脱其禅定支离之习”。这对黄绾的触动至大，教学主旨与思想倾向为之大变，并开始深入反思心学，力倡实学。这位促使黄绾思想转变的友人就是王廷相。

王廷相（1472～1529年），字子衡，号浚川，世称浚川先生，河南仪封（今河南兰考）人，明朝中叶著名的政治家、文学家和思想家。王廷相幼年聪敏，记忆超群，喜好为文赋诗，留心经史，29岁时考中进士，之后长期活跃于政界、文坛与学界，取得了很大的成就。在学术方面，王廷相力辟宋明理学空疏不实的弊病，提倡经世致用的实学，认为“惟笃行可以振化矣，士惟实学可以经世矣”[①]，主要观点有元气本体论、知行并进论、动静交相养论等。

元气本体论　王廷相继承和完善了张载等宋儒的气一元论思想，提出实体性气本论。他认为，元气是一种无形无象、无偏无待、无始无涯、无生无灭的永恒存在的物质性实体，是宇宙万物生化之根本，所谓“天内外皆气，二者地中亦气，物虚实皆气，通极上下造化之实体也”[②]。在气理关系上，他主张“元气

① （明）王廷相：《王廷相集·王氏家藏集》。
② （明）王廷相：《王廷相集·慎言·道体》。

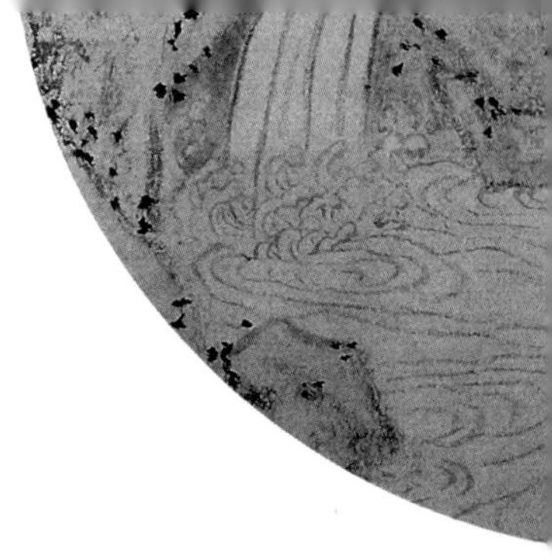

之上无物、无道、无理”[①]，“气为理之本，理乃气之载”，“万理皆出于气，无悬空独立之理”[②]，确定儒家之道是实有而非空无的理，即“万有皆具于元气之始，故曰儒之道本实本有，无‘无’也，无‘空’也”[③]。除了宇宙万物之外，王廷相认为人的心性也是以气为本，性生于气，二者相辅相成，即“人有生气则性存，无生气则性灭矣”[④]“论性也不可以离气，论气也不得以遗性”[⑤]。这种本体论与心性论俱以气为本的思想，比罗钦顺只在本体论上贯彻气本论思想更为彻底，对于宋明理学和明清实学的发展都产生了深远的影响。上述黄绾折节实学、后世王夫之和戴震等人接着王廷相讲气本论，都是典型的例证。

知行并进论　王廷相主张“知行并进”，笃行实学。他批评当时程朱学派和陆王学派“徒讲说者”“徒守心者”的弊病，主张知行结合，“学者于道，贵精心以察之，验诸天人，参诸事会，务得其实而行之，所谓自得也已”[⑥]，并认为在学习经典时，“必须讲明玩索，以究其义理，体验扩充，以达诸人事；则知行并进，体用兼举，有用之学，无以过此”[⑦]。王廷相强调笃行对于真知的重要性，并亲身实践。例如，他通过观察和试验，纠正前人所言春雪五瓣、土蜂不产子、《左传》错解《春秋》“夜中星陨如雨”的旧识谬误。这种知行相验、注重实践的见解与行动，与宋儒的“知先行后”“行重知轻”“知行合一”等主张相比，又有更大的进展。

动静交相养论　王廷相将实学思想贯彻于心性修养中，主张在“人事著实

① （明）王廷相：《王廷相集·雅述》。

② （明）王廷相：《王廷相集·太极辩》。

③ （明）王廷相：《王廷相集·答何柏斋造化论》。

④ （明）王廷相：《王廷相集·雅述》。

⑤ （明）王廷相：《王廷相集·横渠理气辩》。

⑥ （明）王廷相：《王廷相集·雅述》。

⑦ （明）王廷相：《王廷相集·督学四川条约》。

处养之”，动静交相养，既要静定，又要应事而动，批判宋儒的主静说、主敬说，反对道德脱离实际的修养方法。

总之，王廷相针对宋明理学家空疏不实之弊，独树风标，推崇实学，对于宋明理学中气论的发展与明清实学思潮的兴起都产生了深远影响，具有重要的历史贡献。

六、孙奇逢

孙奇逢（1584 ～ 1675 年），字启泰，号钟元，河北容城人，明清之际著名思想家、教育家，因晚年在夏峰村讲学，世称夏峰先生。孙奇逢出生于一个没落的官宦之家，少有奇节，笃于修身，期望经世致用，成圣成贤。但在科举会试屡次失利、连遭双亲离世的打击之后，他渐淡泊仕途，锐意德学，在社会活动和教学著述中砥砺品行。晚年，他迁至河南辉县夏峰村，创办书院，讲学授徒，培养穷则砺行、达则经世的人才，从者甚众，被后人称为“夏峰学派”，名重一时。他一生勤于著述，主要代表作有《理学宗传》《圣学录》等。其学脱胎于理学而重视实学。《清史稿》本传中云：“奇峰之学原本象山、阳明，以慎独为宗，以体认天理为要，以日用伦常为实际。”他心系朝政，疾恶如仇，抨击奸宦专权，营救被害东林名士，正气凛然；坚持抗清，屡拒清廷征召，不忘旧朝，不失豪杰本色；他为父母行孝，名闻乡里；与友讲学，互相砥砺；发展理学，提倡实学，被士人尊奉为“北学宗师”，与黄宗羲、李颙并称“清初三大儒”，终成一代圣贤。

孙奇逢通过研习圣贤之学，体认天理，存心养性，在人生实践中砥砺气节，具有深厚的实学色彩。他虽尊崇陆王心学，但反对立门户、树宗派，锐意革除朱、王两派纷争不休、形同水火的鄙习，提倡治学“不分门户”，兼容并包，“学问须要包荒，才是天地江海之量”。他认为不同风格与理路的思想观点构成一种学术生态，如同“五味调而成羹”“八音谐而成乐”“四时备而成岁”一样，需

要互相调和、补救，“得其相济之意”，“皆供吾用”。一方面，他综合前人气本论与理本论，提出“理气本体”论，认为万物由气而生，理由气生，理主宰气，气理不二，同为本体。另一方面，他汲取朱学之长以补王学之短，推进理学的发展，形成独具特色的心性实学思想。

孙奇逢以“发明义理，切近人事”见长，推崇“躬行实践，舌上莫空谈”的学问，主张在日用伦常中体认天理。一方面，他把对“道”“天命”“天理”的认知和理解都楔入到实践环节中，主张“道在日用饮食”，“天之明命，无一刻不流行于人伦事物中，能于日用食息真见其流行不已，便自有下工夫处”[①]，确立了一种具有浓烈实践色彩的治学观。另一方面，他认为一个人的学问体现在德学、文章、功业等多方面，只有在这些方面有所作为，才算真正的儒家。正所谓“理学、节义、事功、文章总是一桩事。其人为理学之人，遇变自能殉节，当事自能建功，操笔自能成章。触而应，迫而起，安有所谓不相兼者？如不可相兼，必其人非真理学”[②]。回顾孙奇逢的一生，他立志修圣贤之学，力行孝义之德，反阉党、抗清兵、拒招纳，名节凛然，学问务实，言行不二，是真正的“理学之人”、一代硕儒。

总之，孙奇逢以宽广的学术胸怀，兼采朱陆，取实补虚，存心养性，躬行实践，体认天理，明德修学，议政淑世，有力地纠正了晚明空疏学风之弊，是明清之际实学思潮的重要代表，影响深远。

七、方以智

方以智（1611 ～ 1671 年），字密之，号曼公、愚者、药地等，安徽桐城人，

① （清）孙奇逢：《夏峰先生集》卷二《语录》，《续修四库全书》影印本。
② （清）孙奇逢：《夏峰先生集》卷一《语录》。

明清之际著名学者、思想家、科学家（见图 6–9）。他出生于官宦世家，少时随父宦游四方，熟读经史，立志做“过古人者”。青年时期，恃才自负，以狂生自诩，结交名流，参加复社，评议时政，诗文唱和，被誉为“明季四公子”（方以智、陈贞慧、吴应箕、侯方域）之一。30 岁时，他考中进士，入朝从政，但之后人生充满苦难艰险：先是目睹明亡，哭悼崇祯，险被乱兵打死。继而南下抗清，屡遭权奸陷害，被迫逃往岭南，隐姓埋名，以卖药为生。后被清兵俘获，威逼入仕，刀斧加身，险些丧命。晚年，他保持晚明遗民的士人气节，誓死不仕清廷，削发为僧，潜心学术研究，成就卓著，与黄宗羲、顾炎武、王夫之、朱舜水一起被后人视作“明末清初五大家”。

图 6–9　方以智像

方以智一生饱读经史，广涉诸学，著述宏富，有数十万言，其中代表作为《通雅》《物理小识》《药地炮庄》《东西均》《易余》等。他重视自然科学与哲学的研究，是今人眼里“第一个有科技思想的哲学家”。另外，他有志于“坐集千古之智，折中其间”“通三教，收一切法”，希望像炮制药材一样，熔冶儒、释、道诸家思想于一炉，建构经世致用之学，充满淑世之心，故被人称作“大医王”。

明末理学家和禅学家空谈心性，不务实际，师心自用，排斥技艺，陷入“好玄溺深”“空疏虚窃”的泥淖，害莫大焉。有鉴于此，方以智主张“欲挽虚窃，必重实学”，标举求真务实和经世致用之学，富含丰富的实学精神，最有特色者当推其所倡的实测之学。方以智将各种学问分为三大类：“质测”之学、“通几”之学、“宰理”之学。“质测”指实测，研究事物属性及其运动变化规律，即物理之学；“通几”研究深藏在天地万物中的细微变化和根本规律，即至理之学；“宰理”指治理社会的学问，即治教之学。三者大致相当于现在的自然科学、哲

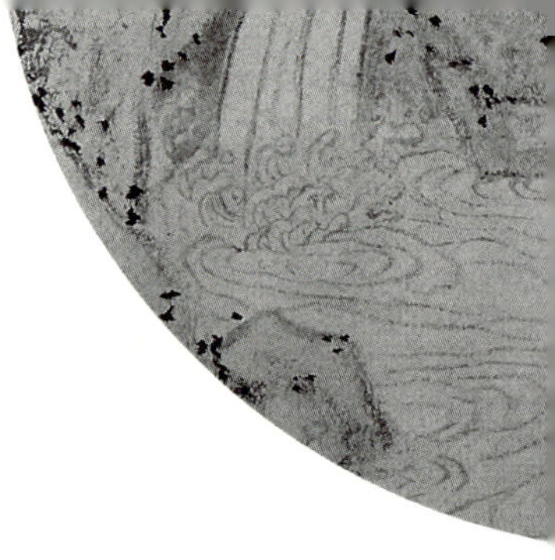

学和政治社会学。方以智推崇“质测”之学，批判宋明理学家“专言治教”的“宰理”之学，认为他们拘守于纲常名教，不求万物之理，缺乏知识，不切实用。方以智早期撰写的《通雅》《物理小识》集中地反映了他的“质测”之学与实学思想。二书皆有“即物穷理”“格物致知”之意，总结了我国古代自然科学知识，积极介绍从西方传来的相关学问，探讨经史考据中重要的音韵学，并提出“一切物皆气所为也，空皆所实也”的气本论和“气动皆火”“动皆火之所为”的物质运动论，成为明清实学思潮发展至高峰的重要代表之一。

另外，方以智注重考据实证，认为经史之学就是穷理征事，穷源溯委，言必有征，在清初考据学家中以“考据精核，迥出其上”著名，体现了考据实学思想。在哲学层面，他认为虚实之间没有绝对界限，任何学问都有切实致用的一面，主张虚实合一，会通诸学，并试图糅合易理、庄学、禅学等各种思想资源，建立“集儒、昙、道教之成”的“方氏之学”①，体现了宽广的学术胸怀和颇具特色的实学思想。

总之，方以智长期关注“质测”之学，提倡自然科学研究，推崇言必有征的经史考据研究，倡导求真务实的学风，为明清实学思潮的发展做出了独特的贡献。

八、黄宗羲

黄宗羲（1610 ～ 1695 年），字太冲，号南雷、梨洲，世称梨洲先生，浙江余姚人，明清之际著名的思想家、经学家、史学家、教育家。（见图 6–10）黄宗羲一生跌宕坎坷。青年时期，他随父黄尊素（“东林七君子”之一）入京，拜师求学，后进京鸣冤，为父复仇，名闻一时，复在家乡潜心治学，师从名儒刘宗周，专攻宋

① （明）余飏：《芦中全集·方氏报亲庵记》，转引自陈鼓应、辛冠洁、葛荣晋主编：《明清实学思潮史》，齐鲁书社 1989 年版，第 1017 页。

明理学。明亡前后加入复社和抗清组织，反对宦官专政，致力于恢复故国，四处漂泊，死里逃生。晚年，黄宗羲回到家乡，奉养母亲，讲学授徒，著述颇丰。期间，他曾多次以老病为由，拒绝清廷的征召，但又以晚明遗臣的身份为清朝统治者提供学术指导和参考资料，还推荐高徒万斯同主持修史，为《明史》的顺利完成做出了重要贡献。他一生关注社会时政、国计民生，提倡经世实学，主张“多著实用之书”等，体现出浓厚的实学色彩，被后人誉为“清代史学之祖”。这种经世实学的精神集中体现在他的著作《明夷待访录》中。

图 6–10　黄宗羲像

《明夷待访录》是黄宗羲 50 多岁时的作品，从书名上看，它表达了作者怀才不遇、希望得到赏识以经世济邦之意，与作者当时正处于经历抗清斗争之后复国无望、有意淑世的心境大致相合。从内容上来看，本书由 21 篇政治类论文构成，围绕限制君权、分权而治、提倡民主、建立法制、重视工商等主题展开论述，旨在总结历代王朝兴衰之因，探索治国的理想方略。在此书中，黄宗羲抨击君主专制，指出“为天下之大害者，君而已矣”（《原君》）；否定君权神授，主张“古者以天下为主，君为客”（《原君》）；倡导君臣共为“曳木之人”，天下“分治之以群工”（《原臣》）；力主学校议政，“公其非是于学校”“政有缺失，祭酒直言无讳”（《学校》）；反对“一家之法”，重视“天下之法”的建设，主张“有治法而后有治人”（《原法》）；等等。这些主张具有鲜明的总结性、批判性、民主性和革命性，反映了明末思想界革新旧制的时代呼声，在某种程度上也超越了时代的限制，具有很大的预见性和启蒙性。但这些主张终归是理想，在当时的历史背景和政治体制中难以实现。尽管如此，《明夷待访录》为近代中国社会政治的改良和革命运动提供了重要的理论指导和历史启迪，影响久远，所以它被后人视作传统民本思想通向近代民主思想的桥梁，梁启超称之为

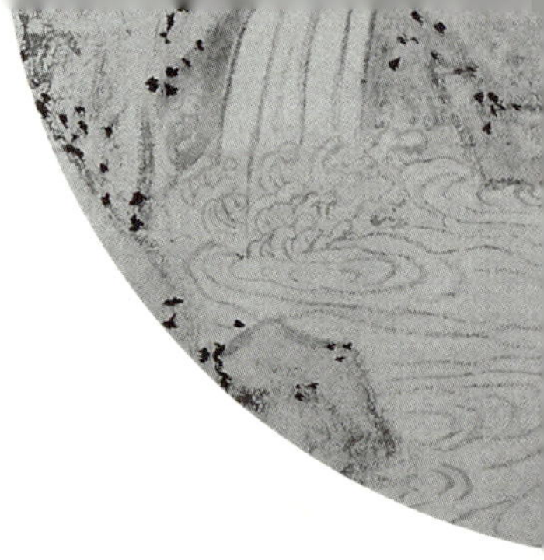

“人类文化之一高贵产品”[①],黄宗羲因此获得“中国的卢梭”“中国思想启蒙之父”等赞誉。

此外，黄宗羲在《明儒学案》《孟子师说》等著述中批判空虚的学风，提倡实学。他坚持气本论，提出“气外无理”“理以气存”“离气无理”“理气是一”，主张理气合一、心性不二，“工夫所至即其本体”，反对宋明理学家的“理气为二”“气由理生”“理在气先”等观点，并试图统一心学与气学，折衷程朱、陆王之学，体现出独立思考、务求实学的精神。

总之，黄宗羲在明清之际探寻王朝衰亡之因，亲身实践，著书立说，除旧布新，富有批判精神和启蒙色彩，是明清之际实学思潮的典型代表。他的一些革新主张对后世的改革思潮与运动都具有重要的思想启蒙意义，产生了深远的影响。

九、顾炎武

图 6–11　顾炎武像

顾炎武（1613 ～ 1682 年），字宁人，名绛，又名炎武，时称亭林先生，江苏昆山人，明末清初著名的思想家、经学家、史学家。（见图 6–11）

顾炎武出生在一个没落的官僚世家，自幼遵从“士当求实学”的祖训，少时读经史、兵书，并参加当时的复社，关注和评议时政。青年时期，他在参加科考乡试落第之后，有感于“四书”“五经”无法改善国家贫弱之状，遂专心于史学，从史书中辑录疆域、形势、农田、水利、物产、兵防、交通、赋税等资料，撰写《肇域志》和《天下郡国利病书》，以备改良政治之用。

① 梁启超：《中国近三百年学术史》，东方出版社 1996 年版，第 52 页。

明亡后，他积极投身到反清复明斗争中，投笔从戎，辗转南北，多次拒绝清廷征聘，至死都以明朝遗臣自居，气节凛然。晚年因遭人暗算，他远走他乡，游历北方，考察各地形势，秘密联络反清，直到去世。顾炎武生平精力绝人，以书为伴，勤于治学，笔耕不辍，成就显赫，被今人誉为“清学开山”，与黄宗羲、王夫之并称“清初三先生”。

顾炎武一生以“欲明学术，正人心，拨乱世，以兴太平之事”[①]为治学宗旨，关心时政与国家命运，身体力行，追求经世致用的学问。他重视经史研究，提倡考据之学，撰述可信之史，以有益于时政改良、风俗美化，所谓“史书之作，鉴往所以训今”，“引古筹今，亦吾儒经世之用”。[②] 其倾 30 年之力而成、荟萃其平生志业的《日知录》就是这方面的代表之作。全书共 32 卷，上、中、下三篇分别谈经术、治道、博闻，为王道政治提供借鉴，意在“拨乱涤污，法古用夏，启多闻于来学，待一治于后王”[③]，鲜明地反映了作者经世实学的旨趣。

顾炎武主张“修己治人之实学”，批判宋明理学空虚不实的弊病。他认为先秦儒家提倡理学，原为朴实无华的经学，即“理学，经学也”，研究经学就是为了“经世致用”“救民于水火”，而宋明儒家提倡的理学已“堕于禅学”，“终日言性与天道”，不顾国家安危、人民疾苦，需要批判和修正。在他看来，儒家的圣人之道就是“博学于文”“行己有耻”，要学行结合。其中学文的范围包括文章、做人、社会、国家等多方面，所谓“自身而至于家、国、天下，制之为度数，发之为音容，

---

① （清）顾炎武著，黄汝成集释，栾保群、吕宗力校点《日知录集释·先生初刻〈日知录〉自序》，第 1 页。

② （清）顾炎武撰，华忱之点校：《顾亭林诗文集·亭林文集》卷四《与人书八》，第 93 页。

③ （清）顾炎武著，黄汝成集释，栾保群、吕宗力校点：《日知录集释·先生初刻〈日知录〉自序》，第 3 页。

莫非文也”[1]。他希望士人关注一切实用之学，习六艺之文，考百王之典，综当代之务。除了实用之学，顾氏也非常重视实证之学，成就亦大，如晚年撰写的《日知录》《音学五书》，或考订史实，或考证古音，均为后世考据家必读经典，开创了系统考证经史与音韵的先河。

顾炎武继承和发扬传统士人关怀天下的精神，认为振兴中华文明之天下是一国一族生存和发展的根本，需人人关注，所谓“保天下者，匹夫之贱与有责焉耳矣”[2]。这句话被后人归结为“天下兴亡，匹夫有责”，鼓舞了后世无数仁人志士为中华民族的独立与富强而奋斗，至今已经成为中华民族爱国主义与世界思想的重要组成部分。

总之，顾炎武力倡学问经世致用，考据求实，承前启后，继往开来，集中反映了明清之际仁人志士明道救世、锐意实学的风貌，在中国思想史上留下了浓重的一笔，贡献良多，影响久远。

十、王夫之

王夫之（1619 ～ 1692 年），字而农，号姜斋，湖南衡阳人，因晚年隐居石船山（在今衡阳县曲兰镇），人称船山先生。明清之际著名的思想家、史学家和传统气论哲学的集大成者。（见图 6-12）他与黄宗羲、顾炎武齐名，并称“清初三先生”，有“东方的黑格尔”之誉。

王夫之出身于书香门第，少时聪明勤奋，早年跟从父亲、叔父等人学习《春秋》，研读诗经，组织“行社”“匡社”等团体，有“匡扶社稷”之志，并于明

① （清）顾炎武著，黄汝成集释，栾保群、吕宗力校点：《日知录集释》卷七《博学于文》，第 403 页。

② （清）顾炎武著，黄汝成集释，栾保群、吕宗力校点：《日知录集释》卷十三《正始》，第 757 页。

末参加乡试，考取举人。随着明朝的覆亡，他又投身到抗清复明的队伍中，奔走呼告，四处流亡，出生入死，备尝艰辛。晚年，他回到家乡，归隐读书，以晚明遗臣自居，不受清廷征召和接济，倾其全力，讲学授徒，著书立说。他针对以往儒、释、道诸家各派中存在的玄虚之弊与偏执观点，提倡心性实学与经世实学，是明清实学思潮中的典型代表。

图 6–12　王夫之像

在心性实学方面，王夫之研究儒、释、道诸家之学，指陈其优劣，重点阐发了气、理、有无、体用、道器、知行等传统哲学范畴的含义，特别针对道、释和理学末流蹈空务虚的缺陷，提出“太虚一实”“理气相依”“理欲合一”“道在器中”“体用不二”“气化日新”“知行相资”等观点，建立了以气本实有论为核心的思想体系，推动实学思潮走向高涨。大致而论，他继承张载、王廷相等人的气本论，主张实体性的元气为物质世界的根本，先于万物，永恒存在。他认为，气的本体为太极，二分为阴阳，提出“太虚，一实者也”“充满两间，皆一实之府”等命题。在前人气本论基础上，王夫之化用《中庸》“诚”的范畴和“不诚无物”思想，论证元气的实有，把天地万物看成实实在在的有，即“诚”，所谓“夫诚者，实有者也，前有所始，后有所终也。实有者，天下之公有也，有目所共见，有耳所共闻也”[①]。王夫之从哲学高度以“诚”“实”“有”等概念来表述物质世界的客观真实性，在很大程度上拓展和丰富了元气论，成为古典气论哲学的集大成者。

在经世实学方面，王夫之主张治学要去虚务实，有益时政，且放眼未来。例如，

① （清）王夫之著，《船山全书》编辑委员会编校：《船山全书》第二册《尚书引义》卷三，岳麓书社 1988 年版。

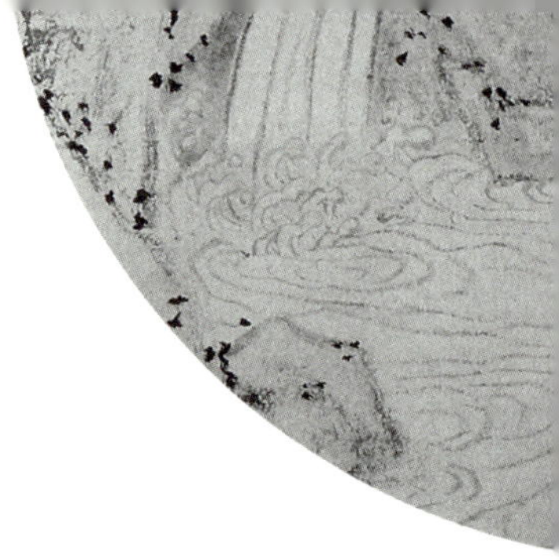

他认为研究历史最可贵之处就是鉴古知今、述往思来，为政治社会的发展提供借鉴，所谓“所贵乎史者，述往以为来者师也”①。其史评之作《读通鉴论》《宋论》就是这方面的代表作，都贯穿着一种求实致用的精神。此外，王夫之还主张言必有征、名实相副、辩证而观等治学方法，重视“质测之学”与外来自然科学，闪现着一种求实精神和科学意识。

王夫之提倡心性实学与经世实学，将明清实学思潮的发展提升到一个空前的高度。但是，因为各种缘故，在王夫之去世后，其人其学长期处于湮没无闻的状态之中，直至近代，经过曾国藩、谭嗣同、梁启超等人的发扬与推广，才渐为人知。王夫之的学术思想对中国的政治改良与革命都产生了很大的影响，具有重要的启蒙和借鉴意义。

十一、李颙

李颙（1627～1705年），字中孚，号二曲，人称二曲先生，盩厔（今陕西周至）人，清初著名学者与思想家。李颙出生于贫苦家庭，从小体弱多病，16岁时父亲去世，遂与母相依为命，生活拮据。他因家贫无法进入私塾，辍学在家，“饥寒清苦，无所凭藉”，幸得母亲鼓励和教导，从小刻苦读书，以忠孝节义之德自励。后李颙又得到一位藏书家的热心支持，饱读经史诸子、佛道诸书，务求会通，自拔流俗，并著书授学，别具一格。30岁以后，他在关中、常州、无锡、江阴、宜兴等地讲学，从者无数，名声大振。他曾坚辞清廷的传召，以绝食、自杀相示，并修筑垩室，自居其中，反锁其门，不与外界交往，以明无意于仕之心，深得康熙的佩服和褒奖，赐书“操志高洁”匾额及诗幅。李颙平生博览群书，兼采众长，躬行实践，“坚苦力学，无师而成”，自成一家，影响亦大。他提倡“学须开物成务，

① （清）王夫之：《读通鉴论》卷六《光武》，中华书局1975年版，第350页。

康济时艰”，主张“明体适用”，促进了明清之际理学与实学的发展。他的高风亮节、博学卓见赢得学者的敬仰，终成一代大家，被时人誉为“海内真儒”“博学鸿儒”“关中大儒”等，与黄宗羲、孙奇逢并称“清初三大儒”。

明末清初，学界主流仍陷入急功近利的氛围之中，“所习惟在于词章，所志惟在于名利”[①]，蹈空务虚之风颇盛。李颙针对此而提出“明体适用”之说，其中的“体”“用”，分别指德、功，即“明道存心以为体，经世宰物以为用”。所谓“明体适用”，就是“穷理致知，反之于内，则识心悟性，实修实证；达之于外，则开物成务，康济群生”[②]。在李颙看来，“明体适用”是儒学的精髓，“儒者之学，明体适用之学也”[③]，而儒家经典是研习“明体适用”之学的必由途径。从李颙为学生开列的一份书单中可见，既有明体类和功夫类书目（前者为陆王心学之作，如《象山集》《阳明集》《白沙集》等，后者为程朱理学之作，如《二程全书》《朱子语类大全》《朱子文集大全》等），又有适用类书目，即“治国、平天下”之书，如《实政录》《经世挈要》《武备志》《地理险要》《农政全书》《泰西水法》等。其中明体是为了道德修养，适用是为了国计民生，贯穿了“道不虚谈，学贵实效”的思想，充分体现了实学致用的精神。李颙主张把千年来儒家讲求的功德之业合而为一，“当做天地间第一项事，当做天地间第一等人”[④]，鼓励士人通过“明体适用”之学成就大君子、真儒者，“有体有用，顶天立地，为世完人”，所谓“立身要有德业，用世要有功业。德业须如颜、曾、思、孟、周、程、张、朱，功业须如伊、傅、周、召、诸葛、阳明，方有体有用，不堕一偏”。[⑤]

---

① （清）李颙撰，陈俊民点校：《二曲集》卷十二《匡时要务》，中华书局 1996 年版，第 105 页。

② （清）李颙撰，陈俊民点校：《二曲集》卷十四《周至答问》，第 120 页。

③ （清）李颙撰，陈俊民点校：《二曲集》卷十四《周至答问》，第 120 页。

④ （清）李颙撰，陈俊民点校：《二曲集》卷六《传心录》，第 46 页。

⑤ （清）李颙撰，陈俊民点校：《二曲集》卷十五《授受纪要》，第 136 页。

除了“明体适用”说之外，李颙还提倡儒者当言兵、事兵，“格物”亦当格“礼、乐、兵、刑、赋、役、农、屯”“泰西水法”，主张悔过自新、力振廉耻、讲学醒人心等，都体现了深切的淑世情怀与浓厚的实学色彩。

总之，李颙志存经世，刻苦自学，发扬理学，提倡实学，主张“明体适用”，在很大程度上批判和纠正了明末空疏学风，推动了实学思潮的发展，具有重要的历史贡献。

十二、颜 元

颜元（1635～1704年），字易直，又浑然，号习斋，世称习斋先生，直隶博野县（今河北博野）人，清初著名思想家、教育家、颜李学派创始人（见图6–14）。颜元早年曾师从当地乡贤吴持明、贾珍，学医术、术数、武术、攻战、兵法等，亦习陆王心学，后转向程朱理学，最终批判宋明理学，专注实学，并倾注大半生的时间，授徒讲学、著书立说和偶尔游学行医。

清康熙三十五年（1696年）春，颜元赴坐落于冀南漳河中下游广平县屯子堡村（今河北邯郸市肥乡）的漳南书院讲学。他一上任，就积极规划和建设讲堂、校舍，大胆改革学制，设立各类实用性科目，如文事斋（设礼、乐、书、数、天文、地理等科）、武备斋（设兵法、攻守、营阵、战法、射御、技击等科）、经史斋（设“十三经”、历代史、诰制、章奏、诸文等科）、艺能斋（设水学、火学、工学、象数等科），并暂设理学斋（主要编撰宋明理学家著述）、帖括斋（设八股举业）。书院改制推陈出新，崇尚实用，体现了鲜明的经世致用理念，为当时以科举应试为主的教学注入了一缕革新的清风，被今人誉为“中国新教育之先声”。

颜元一生苦学笃行，思以致用，提倡“习动”“实学”“习行”“致用”，致力于培养文武兼备、经世致用的人才，形成独具特色的实学思想，后由其弟子李塨、王源等人发扬光大，形成颜李学派。颜元所指的实学是先秦上古三代文明，

所谓“孔孟以前，理数醇，尚其实。凡天地所生以主此气机者，率皆实文、实行、实体、实用，卒为天地造实绩，而民以安、物以阜”，具体指的是尧、舜之“六府”“三事”、周公之“三物”、孔子之“四教”[①]。颜元的实学思想内容丰富，包括“理气相融”的实体论、“舍形则无性”的实性论、“寓知于行”的实行论、“经世致用”的实功论等[②]，而集中表现为“重习行”“务功利”两方面。“重习行”主要指重视亲身实践，亲手去做。颜元认为人的正确认识来源于“习行”，主张学习“只向习行上做工夫，不可向言语、文字上着力”[③]，只有务实、习行之学才是有用之学，所谓“心中醒，口中说，纸上作，不从身上习过，皆无用也”[④]。在实践中，他身体力行，亲身习礼、习琴、习射、习书、习拳法、习骑术、习数目、习医、习农等。“务功利”主要指不空言天道、义理、性命、静坐之学，而是学习正身、有用、经世、利生之学。颜元标举六艺之学，道艺兼习，文武并重，特别是在传统六艺的基础上附加“兵农钱谷、水火工虞”，并作了进一步引申和发展，使之富有新的内涵和时代意义。他提倡“正其谊以谋其利，明其道而计其功”，发前人未发之覆，振聋发聩。

总之，颜元大胆批判传统理学，勇于突破和创新，提倡和践行“实文、实行、实体、实用”的主张，独树一帜，卓尔不凡，被后学称赞“开二千年不能开之口，下二千年不敢下之笔”[⑤]，是明清之际实学思潮的典型代表和巍然高峰。尽管他的

① “六府”“三事”语出《尚书·大禹谟》。六府指“水、火、金、木、土、谷”；三事指“正德、利用、厚生”。“三物”语出《周礼·大司徒》，指“一曰六德：知、仁、圣、义、忠、和；二曰六行：孝、友、睦、姻、任、恤；三曰六艺：礼乐射御书数”。孔子“四教”语出《论语·述而》，指“文、行、忠、信”。

② 参见邢靖懿：《批判与构建——颜元实学思想研究》，河北大学硕士学位论文，2005年，第4～40页。

③（清）颜元著，王星贤等点校：《颜元集·颜习斋先生言行录》卷下《五次亭》，第663页。

④（清）颜元著，王星贤等点校：《颜元集·存学编》卷二《性理评》，第56页。

⑤（清）王源：《居业堂文集》卷八《与婿梁仙来书》，中华书局1985年版，第120页。

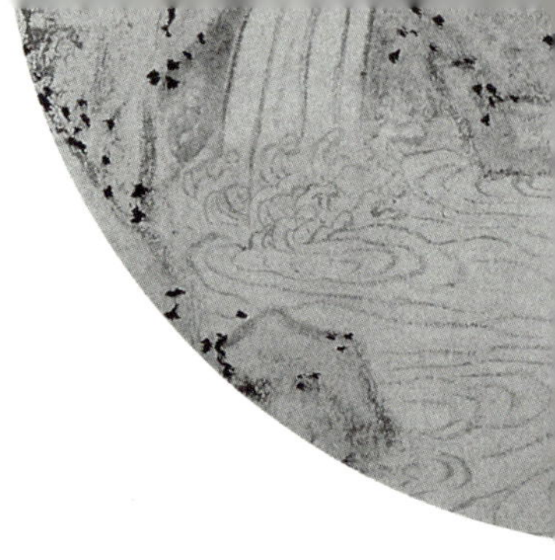

学说在一传之后，无以为继，渐渐衰落，但仍然对近代西学东渐和思想启蒙产生过重要的推动作用，其思想本身具有独特的历史贡献和理论魅力，影响深远。

十三、戴 震

戴震（1723 ～ 1777 年），字东原，安徽休宁（今安徽黄山）人，清代著名考据学家、思想家。戴震出生于一个普通的小商人家庭，少喜读书，聪颖勤奋，“过目成诵，日数千言不肯休”。早年，他随父外出经商，并依靠教书补贴家计，后返乡师从当地名儒江永，研习“三礼”、音乐、文字学等，受益匪浅。23 岁时，他因著《考工记》，考订精审，名震一时；后结识钱大昕、纪昀等学界名流，学问日进。在 40 岁时，他曾参加科考，仅得中乡举，会试屡次失利，备受打击。晚年，经人荐举，戴担任《四库全书》纂修官，校订古籍，兢兢业业，终因积劳成疾，死于任上。他生前留下很多著述，思想类的主要有《孟子字义疏证》《原善》《绪言》《与某书》等。

清代中叶，乾嘉学派主导学界，考据之风劲吹。戴震博学于文，考据精审，实事求是，开创了“乾嘉考据三大派”中的皖派，成就显赫。他又独辟蹊径，以考据为手段，阐发儒家元典中的精义，借此深入地批判宋明理学末流偏执一端、空虚不实的弊病，力斥封建卫道士“以理杀人”的害处，被今人视作“抨击理学的骁将”，对近代思想启蒙与传统批判运动产生了深远的影响。他重视自然科学研究，悉心探究天文、地理、历算、宫室、管律之术等实用之学，被誉作“前清学者第一人”“中国近代科学界的先驱者”。

戴震的实学思想内涵丰富，主要体现在心性实学、考据实学两方面。他完善和论证理存乎欲之说，发展心性实学，大胆揭露和批判程朱理学在理欲观上的偏执。他激烈反对程朱理学家的理欲二分说、“存天理，灭人欲”论，认为“理”在程朱理学末流那里，已经成为等级压迫的工具，从而得出“酷吏以法杀

人，后儒以理杀人”的结论。他坚持理欲统一，天理在人欲之中，二者与生俱来，即“欲，其物；理，其则也”，并从情理关系上论证理存乎欲，指出“理也者，情之不爽失也，未有情不得而理得者也”“今以情之不爽失为理，是理者存乎欲者也”①。戴震主张以古人的天理观为准，正确认识理欲关系。

值得一提的是，就哲学层面而论，戴震有关实学思想的主张基本上是在前人确立的框架下展开的，如气本论、理在气中、气化即道、于事求理、理欲不二、理存乎欲以及先秦儒家实学、天理等主张，都是继承王廷相、黄宗羲、陈确、王夫之等人的思想而来。但彼此之间治学路径不同，前人或借助气学批判理学，或利用程朱批判陆王，或综合各派修正理学等；戴震则借助文字训诂，重新诠释“理”的范畴，如认为“理者，察之而几微必区以别之名也，是故谓之分理；在物之质，曰肌理，曰腠理，曰文理（亦曰文缕。理、缕，语之转耳）；得其分则有条而不紊，谓之条理”②，从而为自己继续阐发理气、理欲、情理等思想范畴之间的关系，提供了考据学依据，体现出一种创新性，对于思想史的发展具有很大的贡献。

总之，戴震通过小学训诂的方法考证文本，阐发儒家文献经注中的义理，继承和发展了明末清初思想家以气学、实学来批判和修正宋明理学的理路，深入揭示程朱理学末流的空虚之弊。戴震的某些学术主张和论证打破了乾嘉时期思想界的沉寂局面，具有强烈的理论批判、现实关怀和理性启蒙意义，为明清实学思潮的发展做出了独特的贡献，对我国近现代的文化启蒙与传统批判也有很大的影响和启示。

---

① （清）戴震著，何文光整理：《孟子字义疏证》卷上，中华书局 1982 年版，第 1、8 页。

② （清）戴震著，何文光整理：《孟子字义疏证》卷上，第 1 页。

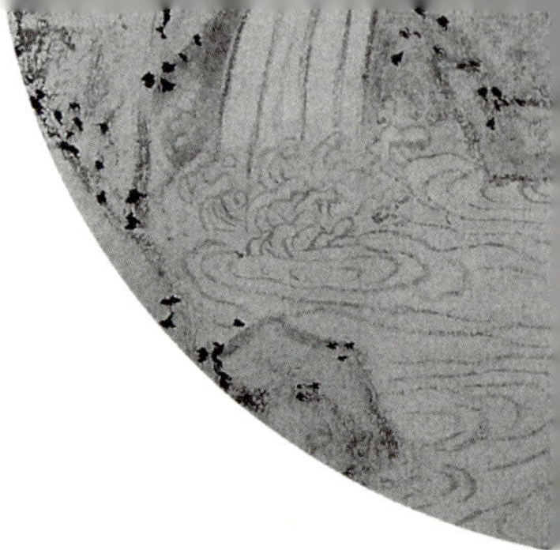

第七章 近代思潮

近代思潮，是指在 1840 ～ 1911 年 70 多年间中国思想界涌现的各种主要潮流及代表人物。近代中国渐渐步入了经济、社会、政治、文化大转型和大变革的阶段，经历战争与苦难的磨炼，中外文化之间的交流与冲突日益频繁、深入。在中华数千年文明渐显衰败和资本主义文明强势冲击的双重影响下，一批先进的中国人反思民族文化传统，“开眼看世界”，踏上向西方寻求救国救民真理之路。部分士绅和学者首开端绪，倡导取法西方，兴办实业，开展洋务，推进军用和民用工业的发展，一心“师夷长技以制夷”，御侮兴邦，但甲午一战在某种程度上宣告通过洋务制夷思想的失败。受此刺激，有的士人进一步主张从制度层面改良传统旧制，秉持中体西用之理念，学习日本明治维新，推行君主立宪，通过自上而下的改革和新政来挽救旧王朝日渐衰落的命运，但维新运动亦回天无力，仅百日就宣告失败。与此同时，也有革命人士希望通过自下而上的暴力革命来推翻旧王朝，建立民主共和国，但辛亥革命革掉了旧制之命，却未能真正实现民主共和的理想。而在近代中国内政外交风起云涌、政治社会面临巨变的背景下，走向世界、师夷长技、中体西用、托古维新、启蒙与革命、民主共和等种种思潮先后兴起，载浮载沉，潮起潮落，皆鼎盛一时，久而未绝，对近现代中国思想的发展都产生了深远的影响。

在各种汹涌而来的社会思潮中，仁人志士偕时而行，前赴后继，为救国救民、强国富民的理想奋斗，如魏源、严复、康有为、孙中山等。他们主张开眼看世界、提倡进化论、维新与革命等，并付诸实践，成为时代潮流的弄潮儿，为近现代中国思想的发展做出了巨大的贡献。本章拟选取各种思潮和数位思想家，勾勒近代思想发展之概貌。

一、开眼看世界

中国近代史在一定程度上是一部先进的中国人不断向西方学习、探索和寻

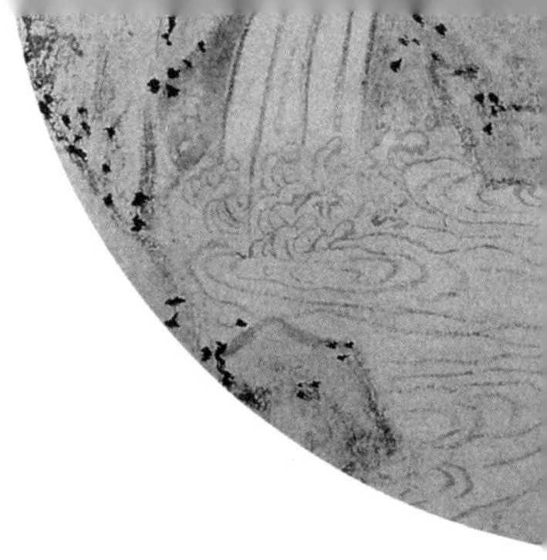

求救国救民真理的历史。鸦片战争前，由于清廷曾推行闭关锁国政策，闭目塞听，夜郎自大，中国人对西方近代发展的认识非常有限，失去很多学习交流以富民强国、益人心智的机会。但在战争之后，以林则徐、魏源等人为首的开明官僚士大夫较早地考察西学，主张“师夷长技以制夷”，开启了近代中国人“开眼看世界”的思潮。所谓“开眼看世界”，指一些有识之士受到鸦片战争等外在刺激，从“天朝上国”的旧梦中惊醒，开始正视现实，意识到了解域外世界的必要性，进而掀起了向西方学习的潮流。

鸦片战争前后 10 年间，中国思想界出现了一种引人注目的新动向。鸦片战争前，受边疆危机的刺激，部分讲求经世致用的学者开始研究中国的边疆史地，寻求治理良策。鸦片战争后，受战败的影响，一部分学者开始关注国外特别是欧美地区的政治、经济、军事、法律等方面的情况，编纂了一批介绍外部世界知识的著作，并翻译了国际法等文献，寻求驭外之道。这些介绍域外地志的学者继承了清嘉道年间盛行的经世致用思想，在他们看来，如何对付掌握先进武器的侵略者，是当时经世之学的重中之重。由于时代的变迁和研究对象的不同，传统经世致用思想经历了嬗变与更新，反映了新的内容，并透露某些新的信息，这种反映新时代内容和信息的思想潮流就是后人所论的“开眼看世界”思潮。

图 7–1　林则徐像

鸦片战争期间，最早着手系统介绍域外史地者当推林则徐（见图 7–1）。在道光二十年（1840 年）左右，为了了解外国人对禁烟问题的看法及中外交涉的动向，他在广州组织相关人员翻译相关外文资料，编成《四洲志》。书中对世界各大洲都有涉及，初步勾勒出整个世界的轮廓，重点介绍英、法等列强。《四洲志》为闭塞已久的中国社会打开了一扇眺望世界大势的窗户，被后人称为“新地志之嚆矢”，当之无愧。

道光二十一年（1841 年）七月间，已被革职的林则徐在京口（今江苏镇江）将《四洲志》的钞本及有关资料交给好友魏源。魏源以这批材料为基础，增补辑录，于次年编定 50 卷《海国图志》（见图 7–2）。《海国图志》一书从中国的官私文献及西洋人用中文写成的外国历史、地理著作中辑录了大量资料，对世界史地的介绍更趋完整，在内容上比《四洲志》增加了数倍。而且他在《筹海篇》及一系列叙文、按语中，发挥和强调“师夷长技以制夷”的思想，刺激了近代中国士大夫追求新知的意识，导致洋务运动的开展。《海国图志》东传至日本，引起了巨大的反响，成为日本人了解世界的重要途径，促发明治维新改革运动的兴起，影响颇大。

海國圖志原叙

海國圖志六十卷何所據一據前兩廣總督林尚書所譯西夷之四洲志再據歷代史志及明以來島志及近日夷圖夷語鉤稽貫串創榛闢莽前驅先路大都東南洋西南洋增於原書者十之八大小西洋北洋外大西洋增於原書者十之六又圖以經之表以緯之博參羣議以發揮之何以異於昔人海圖之書曰彼皆以中土人譚西洋此則以西洋人譚西洋也是書何以作曰爲以夷攻夷而作爲以夷款夷而作爲師夷長技以制夷

海國圖志 叙

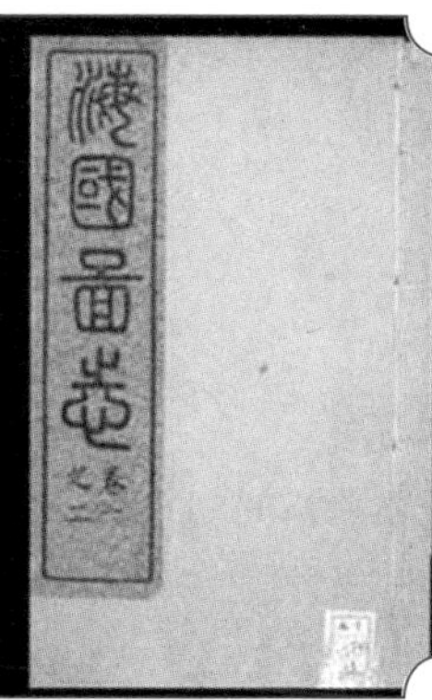

图 7–2　《海国图志》书影

除林则徐、魏源之外，其他开明的官僚士大夫也在关注海外世界，搜罗资料，编纂相关书籍，成就斐然可观。如在福建主持通商事务的官员徐继畲，道光二十三年（1843 年）末，他在厦门会晤英国领事时，从译员、美国传教士雅裨理（D. Abeel ）处看到了西洋的地图集，十分感兴趣。在与雅裨理多次接触交谈后，他在次年秋天写成《瀛环考略》。之后，他又广泛采择中西文献和相关资料完善原书，并于道光二十八年（1848 年）在福州刊刻了 10 卷《瀛环志略》。全书以图为纲，简明地叙述了世界各国的地理方位和历史沿革等概况。又如广东的梁廷枏编著《海国四说》。梁氏为粤东名士，曾在几任粤督幕府中供职，参与纂修《海防备览》《粤海关志》等书，非常关心域外形势。道光二十四年（1844 年），他在广东刊行 3 卷《耶稣教难入中国说》《合省国说》和 6 卷《粤道贡国说》；二十六年（（1846 年）又完成了 4 卷《兰崙偶说》，与前三说合刊

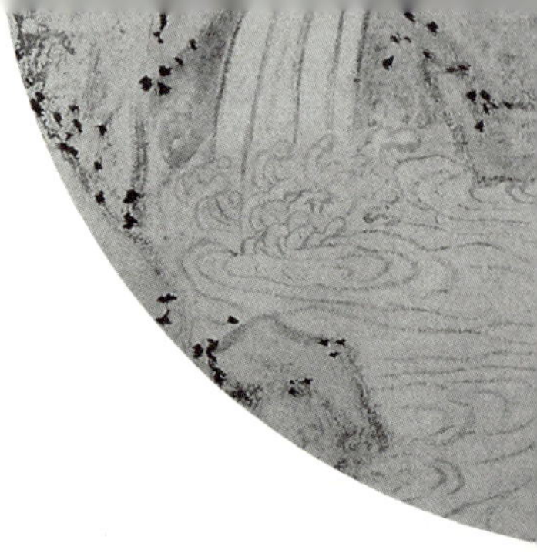

为《海国四说》。再如被贬官至西南边陲的官员姚莹，他在道光二十七年(1847年)刊刻了16卷《康輶纪行》，涉及英、法、俄、印度等国史事，并绘有中外四海舆地图。全书基本上是一部杂录，内容散乱，但编者认为“古今异势，非可拘谈”，“拘迂之见，误天下国家也”，是该时期国人对了解外部世界的必要性探讨较为全面的代表之作。

鸦片战争后，我国除了涌现出世界史地方面的著作之外，也有介绍西方文明的著述，主要涉及两个方面：一是“以商贾为本计”的经济制度，一是国事取决于“公议”的政治制度。[①]这些既是西方资本主义文明的主要特点，也是近现代中国学者反复探讨、持续研究的重点议题。中国人对世界的认识，由地理而推及其他，程度不断深入，范围逐步扩大。在认识外部世界的同时，时人也加深了对中国自身文化的认识，从而推动了传统社会的转型。在“开眼看世界”思潮中，中国学者通过介绍域外各国概况和文化典籍，相对完整地展示了当时世界的概貌，更新了人们的世界观，客观上宣告国人昧于外情时代的结束。“开眼看世界”思潮对之后中国的发展产生了深远的影响，成为近代中国人重新认识、走向和融入世界的起点。

二、中体西用

体、用关系是中国传统思想史上常见的一对范畴，中体西用说是这对思想范畴在近代延续、发展的产物，后又衍生出“西体中用”“马魂、中体、西用”等其他说法。诸说都是我国学者在中西文化交流互鉴过程中，针对西学东渐、西学中国化而提出的不同应对策略。相比较而言，产生最早且对后世影响较深的还是中体西用说。

① 潘振平：《鸦片战争后的“开眼看世界”思想》，《历史研究》1986年第1期。

图 7–3　张之洞像

“中体西用”一词是“中学为体，西学为用”的缩略语。作为一个被深深打上时代烙印的思潮主题与学术命题，它是近代仁人志士革新传统文化的重要原则之一。追溯其来源，据说曾任上海中西书院总教习、《万国公报》主笔的沈寿康，在 1895 年 4 月的《万国公报》第 75 卷上以笔名南溪赘翁发表《救时策》一文，其中讲到“夫中西学问，本自互有得失，为华人计，宜以中学为体，西学为用”[①]，第一次明确提出“中学为体，西学为用”8 字。而类似的说法亦或早或晚地见于晚清时期其他思想家如冯桂芬、李鸿章、郭嵩焘、薛福成、王韬、沈毓桂、孙家鼐、张之洞等人的著述中，其中张之洞（见图 7–3）的《劝学篇》最为著名[②]。

“中体西用”思潮在 19 世纪后期的中国潜滋暗长，在洋务运动中定型并得到充分发展，成为当时部分官僚士大夫和学者尊奉的文化观念与准则，是一种具有鲜明时代特征的文化观。它的形成大致分为以下两个阶段：

第一阶段为洋务运动前期，“中体西用”文化观初步成型。从冯桂芬“本辅”说开始，“中体西用”文化观由雏形而至成型。它的基本特征是：在中学和西学兼蓄并容的文化结构中，以突出中学的主导地位为条件，认识到西学的辅助作

① 转引自益之：《孙家鼐非“中学为体，西学为用”的首倡者》，《社会科学战线》1984 年第 3 期。

② 1898 年 5 月，张之洞撰成《劝学篇》，分内、外两篇，共 24 章，约 4 万言。在外篇《设学》中道出本书宗旨：“新旧兼学，四书五经、中国史事、政书、地、图为旧学；西政、西艺、西史为新学。旧学为体，新学为用。”全书紧密围绕此宗旨而论。

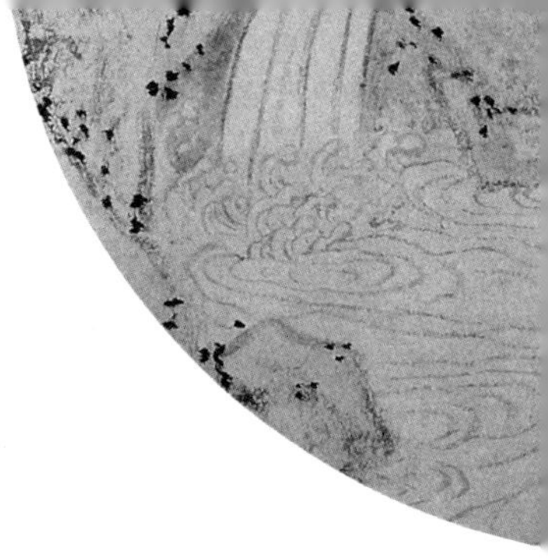

用之价值。[①]初期“中体西用”论在确保既有政治秩序和意识形态不变的前提下问世，它主张破除成规俗见，学习和采用西方近代科技文化，以达到国家富强的目的。它在形式上强调中学之本“体”，而事实上的重点是西学之需“用”，从洋务派倡导这种文化新观念的主旨来说，“中体西用”既强调中学本体的重要性，也重视西学之实用。

第二阶段为洋务运动后期，“中体西用”文化观进一步发展。洋务派人士为强调西学之可用和当用，标榜“中体西用”论，并随着其对西学认识的加深，不断推进和拓展这一论点的内涵与外延。当他们明白了西方列国富强是由于实行“重商富民”政策且建有相应的法度保障时，其心目中的“西用”已迥然不同于当年所说的洋器、洋技。他们认为，所要学习的内容不应再拘守于“不师其法，惟仿其器”的狭小范围。这样一来，西学的性质和作用是否仅限于形而下的器技之末，就成了开明人士不得不正面回答的问题。如郭嵩焘在“海防之议”后期，作出“西洋立国有本有末”的明确论断。[②]鸦片战争后，在“师夷长技”主张初兴之时，开明的洋务派人士所重唯在强兵，富国一事不在考虑重点之列，当时，他们还不大懂得“强”与“富”之间的联系。在开展洋务初期，冯桂芬开始提出中国应“辅以诸国富强之术”以谋自强，但注意的重心仍为以应用技术为主的“西学”“洋器”。后来洋务派在实践中逐步明白了“强”与“富”的密切关系，明白了西方列强之强是由于有雄厚的经济实力，从而认识到中国只有视富、强为一体，走“寓强于富”“先富后强”这条路，才能使国家强盛。所以，在光绪初年发生“海防之议”前后，一批开明的官僚士大夫掀起了一股“重商富民”的思潮。所谓“重商”，亦即李鸿章所说“振兴商务”，其含义已不限于传统上

① 参见丁伟志：《“中体西用”论在洋务运动时期的形成与发展》，《中国社会科学》1994 年第 1 期。

② 参见丁伟志：《“中体西用”论在洋务运动时期的形成与发展》，《中国社会科学》1994 年第 1 期。

狭义的重视商业，而是表示注重提倡和大力发展工矿、贸易、交通、电讯、金融（见图 7–4）等实业。事实上，这就是以西方资本主义国家机器大工业为模式来改造中国传统社会个体小农经济，标志着中国人向西方学习先进文化和中体西用的思潮又有了实质性的变化与进展。

图 7–4　上海轮船招商局

总体而论，“中体西用”论是在洋务运动中兴起的一种提倡西学的文化观，是一种反对守旧排外、提倡文化革新的思想理念。它以“体用”“本末”的传统哲学范畴，论证中西文化可以相容、互补，认为中国固有文化可以通过采纳西学而增益新知、焕发生机。因此，“中体西用”论对于传播西方近代文明和促进中国传统的近代化起到积极的推动作用。不过，随着国家危机的日益加深，特别是人们对中国贫弱症结和资本主义国家富强成因的认识不断加深，“中体西用”论的局限性日益显露。洋务派中的激进人士所倡西学的范围日益扩大，层次日益深入，不断扩充中体西用论的内容，以致这种理论形式难以容纳，从而促使维新改良、暴力革命等思潮先后萌生并发展壮大，推动“中体西用”式的西学东渐与中外文化交流向更深的层面进展。事实证明，“中体西用”论虽然对于传播西方近代文明发挥了积极的作用，但其自身存在局限性和内在矛盾，无法构成一种严整

的文化观。而中国近代社会发展需要一种既符合时代进程、又符合实际国情的新文化观，如何超越“中体西用”观、构建新的中外文化交流互鉴观，成为之后不同历史时期中国学者思考的重要议题，久久未息。时至当下，“西体中用”“马魂、中体、西用”等观点仍不时进入学者视野中，引发热烈讨论，在某种程度上，它仍是继续在近代中国风靡一时的“中体西用”论而探讨中外文明交流、互鉴问题，“中体西用”论具有巨大的历史贡献和理论价值，值得今人重视与利用。

三、进化论

图 7–5　青年时期的胡适

民国初年某日清晨，一位胡姓青年请他的三哥为他命字（在中国传统社会中，学士文人除了有自己的姓名之外，皆有字或号），三哥一面洗脸，一面说：“就用‘物竞天择，适者生存’的‘适’字，好不好？”弟弟一听，非常高兴，就改用“适之”作为自己名字中的新字。这位青年就是后来著名的学者胡适先生（见图 7–5）。而“物竞天择，适者生存”则是中国近代进化论思潮的核心观点。

19 世纪末 20 世纪初是中国近代社会大变革时期，在思想领域也发生了重要的变革。特别是近代西方进化论作为一种新的世界观和方法论，甫入中国即获得广泛认同，并迅速传播，一时成为社会思潮，激荡着中国人的精神世界。进化论是在 19 世纪末，严复翻译和介绍了英国生物学家赫胥黎的大作《天演论》，进化论由此正式传入中国。作为一种系统的社会学说，它宣传“物竞天择，适者生存”的观点。（见图 7–6）

进化论在中国的传播经历了以下四个阶段：鸦片战争时期的萌芽阶段、戊戌变法时期的发展阶段、辛亥革命时期的鼎盛阶段和新文化运动时期的衰落阶

段。[①]它先后得到严复、康有为、梁启超、章太炎、孙中山、李大钊、陈独秀等一批中国学人与政治家的积极宣传与热烈拥护，从而成为近代中国追求民族独立和社会进步的志士仁人观察世界、变革现实的思想武器。众所周知，从鸦片战争到五四运动，中国一直处于内忧外患的危机状态。外国列强实力的强大和清政府的腐朽无能，迫使近代国人逐渐认识到了传统制度及思想的落后与弊端，开始认真审视和学习西方近代文化与科学实证精神，从而滋生了变革现实的愿望和理论指导需求。因此，与这种需求相符合的进化论备受时人的欢迎，而与之相背离的诸如“天不变道亦不变”“祖宗之法不变”等陈腐思想则大受非议与抨击。进化论由此在中国迅速地传播开来，并很快成为各时期人们反对旧制、旧思想运动的理论武器。

图 7–6　严复译作《赫胥黎天演论》书影

进化论思潮在近代中国发挥了重要的历史作用，主要表现在以下几个方面：第一，进化论唤醒了民族意识，加速了近代中国的社会进步。一方面，进化论使中华民族从迷茫中清醒过来，振奋了民族精神。另一方面，进化论促使先进的中国人从中国社会实际出发，不断探索变革现实、救亡图存、摆脱民族危机、争取社会进步的道路。第二，进化论抨击了封建思想，直接促使中国资本主义意识形态的形成。进化论否定了几千年来禁锢人们头脑的“天不变道亦不变”的封建教条，冲击封闭僵化的思维模式，抨击了流传千年的复古史观和历史循环论，促使资产阶级意识形态的形成。第三，近代进化论倡导科学与民主精神，为马克思主义在中国的传播扫清了思想障碍。进化论的广泛传播是一次伟大的

① 参见赵璐：《论中国近代进化论发展的四个时期》，《社会科学家》2009 年第 2 期。

思想启蒙运动，随之而起的民主科学潮流对封建主义形成巨大的冲击，为后来马克思主义的传播扫清了思想障碍。进化论关于发展变化、不断进步的观点促使中国先进分子不断探索真理、追求真理，这种对真理的探索与追求正是激进的民主主义者接受马克思主义的一个重要原因。①

进化论思潮影响广泛，无论是资产阶级改良派，如康有为、严复、梁启超、谭嗣同等，还是资产阶级革命派，如孙中山、章太炎等，抑或新文化运动健将，如陈独秀、李大钊、胡适等，都与进化论有着密不可分的联系。孙中山先生曾评价达尔文《物种起源》一书是划时代的伟大著作，说："自达尔文之书出后，则进化之学，一旦豁然开朗，大放光明，而世界思想为之一变。从此各种学术，皆归依于进化矣。"②本节开始所举胡氏兄弟取"适之"为字的事迹，就是进化论思潮影响近代国人思想的一个缩影。

四、维新思潮

鸦片战争之后，我国屡屡陷入被西方列强打败、欺侮和被迫签订不平等条约的灾难漩涡之中。特别是19世纪末甲午之战失败后，清政府被迫与日本签下充满屈辱的《马关条约》，震惊朝野，整个民族和社会弥漫着挥之不去的危机与忧患气息。在"穷则变，变则通，通则久""周虽旧邦，其命维新"等传统变革思想的激励和现实中亡国亡种情势的刺激下，一批仁人志士高举维新大旗，一方面利用公羊春秋学改造传统儒学，另一方面推崇西方进化论，借鉴君主立宪制，鼓动当政者自上而下地推行变法，使维新思想成为当时中国社会的一股重要思潮，激荡人心，兴盛良久。

---

① 参见庞天佑：《进化论与中国近代史学的变革》，《湛江师范学院学报》1995年第1期。

② 《孙中山选集·心理建设》，人民出版社1981年版，第155页。

维新思潮的发展以甲午战争、百日维新为界，大致分为前、中、后三期。前期是在洋务运动的后期，一些接触到西方文化的中国人发现仅从器用层面上学习西方远远不够，应该向更深层次的制度学习转化，改良中国旧制，代表人物有郑观应、王韬等。中期是从甲午战争至百日维新，维新人士宣传变革思想，通过翻译和创办报刊（见图 7–7）介绍西方进化论、政治制度和思想文化等方面的书籍，支持光绪帝推行戊戌变法，维新思潮发展至顶峰，代表人物有严复、康有为、梁启超等。后期，虽然变法运动失败，但维新思潮仍在社会上激荡，促使当政者作出政策调整，派遣大臣出洋考察，尝试推行新政。维新思潮对近代中国社会的影响颇大，从中可见一斑。

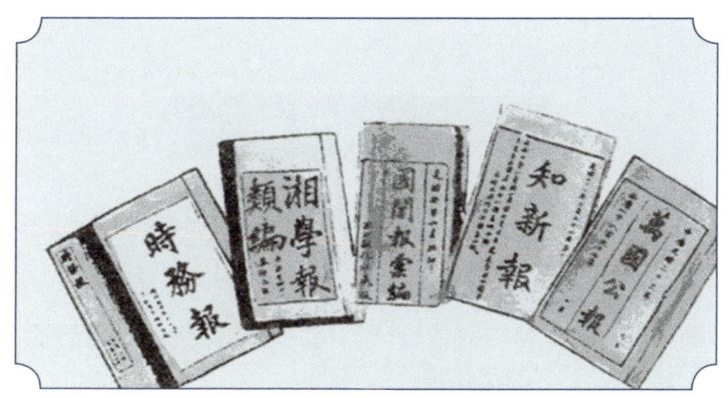

图 7–7　维新变法运动时期的报刊

近代维新思潮以维新救亡和向西方寻找救国救民真理为标志，以进化论为核心，宣扬爱国、民主、进步、革新，其主题为变法图存、爱国救亡，表现出明显的启蒙思想色彩。维新思潮是当政者自救图存的表现。甲午战争失败给中国带来前所未有的祸患盈门、岌岌可危的刺激，时人大呼“四千年中二十朝未有之奇变”，如何自救图存成为迫在眉睫的当务之急。康有为等一批维新人士有鉴于洋务运动的失败，认识到社会危机根源于制度的落后，仅仅通过物质层面的改革难以解决危亡现状。于是，他们尝试通过上书皇帝或创办刊物，宣传革

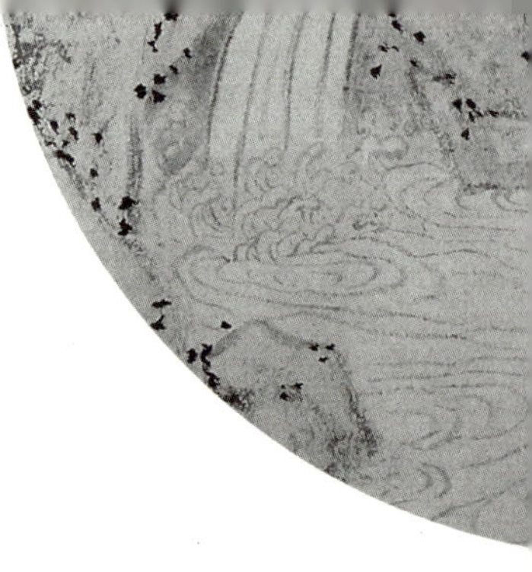

新思想，鼓吹变法，求强图存，主张“更新百度”、尽用西制、“设议院于京师”等，变封建君主专制为“君民共主”的立宪制，由此将维新思潮推向“道器俱变”的全面改革。本质上，它仍是当政者自强图存的举措。在维新思潮的影响下，一批进步士人以西方社会契约论、自由平等和民主学说等为理论武器，批判中国传统社会中的君权神授、男尊女卑、宗法专制等陈制旧念，要求革新旧制，创建新制，提出个性解放、人格独立、男女平等主张，具有重要的思想启蒙意义。此外，维新思潮具有丰富的变易哲学和进化理论。它以中国古代公羊学的变易观为基础，融会西方近代进化论学说，创造出具有时代和民族特色的进化论思想，是中西互为体用的典型代表。维新思潮对后来辛亥革命和新文化运动都产生了重要的思想启蒙与促进作用，开启了中国近代思想史的新篇章。

五、革命思潮

革命思潮是革命思想的发展，而革命思想源于革命意识。[①]不断汇聚的革命意识经过整合，逐渐形成系统化、理论化的革命思想。在中国近代，以孙中山为首的革命家对革命的论证与宣传增强了革命思想的张力，提高了其传播强度，使革命意识逐步在更多人群中扩散，日积月累，逐渐形成革命思潮，影响了近代中国的历史进程。

晚清革命思潮的形成是一个动态的综合发展过程。就晚清革命意识的形成而言，现实的刺激是重要因素之一。少数精英分子耳闻目睹西方势力的入侵，深感清廷政治腐败和体制僵化造成了一系列的民族危机，于是开始渐生革命意识。但就某些革命先行者而言，其革命意识的产生有自身原因，如对晚清吏治

① 李玉：《晚清革命思潮发生与发展的动态过程》，《南京社会科学》2012 年第 3 期。

腐败的憎恨实乃增进孙中山革命理念的因素之一[①]，而青年蒋介石因“愤恨贪官污吏、土豪劣绅”，遂“思图社会革命”[②]。就普通大众而言，各地民众生活于水深火热之中，要求变革的愿望强烈，目的是“得谋旦夕之饱”。此外，有些人的革命意识则与长久以来的仇满、反满理念相关。太平天国的故事经后人渲染传播，给革命者以心理上的憧憬与向往。无论是黄兴还是孙中山，甚或其他革命党人，幼时都对洪秀全等人的故事耳熟能详，而江浙革命的兴起与太平天国起义的促动有直接关系。如陶成章所言：“明之末也，浙东沿海义师抗拒最烈……及太平天国之师入浙，浙人恢复之思想复活，而会党之势乃又炽矣。”[③]再者，西方近代民主革命在中国的传播亦对革命党人有所启发。卢梭、达尔文等人的著作在留学生等知识分子群体中受到欢迎，特别是卢梭的《民约论》、孟德斯鸠的《万法精理》等名著。同时，不同阶层间的互动也有利于革命意识的萌发。如孙中山在他的《建国方略》第八章《有志竟成》中谈到当年与同学郑士良交往时的情景：“其为人豪侠尚义，广交游，所结纳皆江湖之士，同学中无有类之者。予一见则奇之，稍与相习，则与之谈革命。士良一闻而悦服，并告以彼曾投入会党，如他日有事，彼可为我罗致会党以听指挥云。”[④]显然，他的革命意识是受学友的启发与促进而生。这种情况在近代中国绝非个案，而是具有一定的普遍性。

在整个社会大环境的作用下，革命意识经过不断整合而形成革命思想，声势与影响力愈加强大，而这又与革命党人的宣传及革命团体的出现密不可分。革命思想被当时的革命人士书之于纸，宣之于口，大力传播，逐渐体系化，颇

① 参见张玉法：《清季的革命团体》，（台北）“中央研究院”近代史研究所 1982 年版，第 146 页。

② 参见中国第二历史档案馆编：《蒋介石年谱初稿》，档案出版社 1992 年版，第 10 页。

③ 汤志钧编：《陶成章集》，中华书局 1986 年版，第 335 页。

④ 孙中山著，牧之等选注：《建国方略》，辽宁人民出版社 1994 年版，第 83 页。

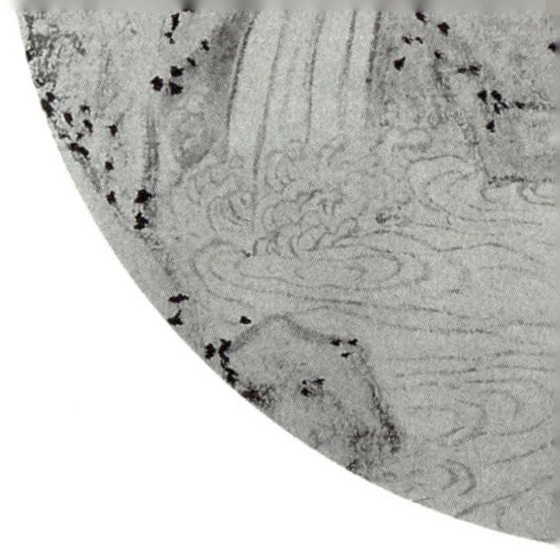

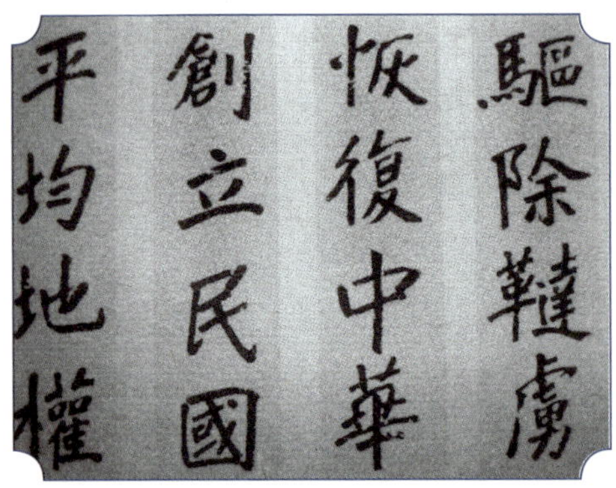

图 7–8　孙中山手书

具鼓动性，如邹容的《革命军》、陈天华的《猛回头》等。革命党人创办《民报》与保皇派主导的《新民丛刊》进行论战，论证革命的合理性。兴中会、华兴会、同盟会等团体的纲领和指导思想也均体现了革命理念，经孙中山提炼，形成“驱除鞑虏，恢复中华，创立民国，平均地权”（见图 7–8）和“民族、民权、民生”等革命口号。在实践层面上，历次反清武装起义均体现了革命党人坚定的革命意志，陆皓东、徐锡麟等人士成为一些学生的偶像，革命思想的传播取得了一定的成就。

值得注意的是，晚清政府对革命党人等的恶意攻击与打压，不仅没有遏制革命势力的发展，却激发了民众对革命的同情，促使更多的人走上革命道路。经过革命先行者的理论宣传和行动示范，革命意识和革命思想在社会上的影响力越来越强，革命由意识经过思想逐渐汇聚成为思潮，呈现出混合发展的态势，为革命的爆发与成功奠定了坚实的基础。1911 年，辛亥革命爆发，最终将清王朝推向万劫不复的灭亡之境，促使民主共和之国成立。

当然，辛亥革命之后，中国民主主义革命的任务仍未真正全部完成，所以后来孙中山先生提出“革命尚未成功，同志仍需努力”的主张与勉语。无数革命人士以此为座右铭，奋斗不已，继续探索通过革命救国救民、富国强民的真理与路径。事实上，中国在整个 20 世纪都是在革命与启蒙双重基调的影响下前行，革命思潮或潜滋暗生，或汹涌澎湃，推动着中国近代化进程，具有很大的历史贡献和理论价值。

六、经世思潮

近代中国社会经历了大变革、大动荡，日益严重的内部矛盾与外部忧患造成深重的民族危机，使各个阶级、阶层的有识之士都深感切肤之痛，无不奋发图强，思考如何救国救民、强国富民、以夷制夷、克敌御侮等问题，于是产生了不同的应变与革新方案，涌现出各种经世济邦的主张和理论。

所谓经世思潮，是指讲求通晓儒家经学以服务于现实政治和社会实际的崇实学风和价值趋向。[①]实质上，它是传统儒家学以致用、治国平天下的理想在历代社会实践中的理论表现形式，故有“经世之学”的称呼。中国近代各种社会思潮的兴起都与这种传统经世思想有密切的关联。一般认为，经世之学初由明朝遗臣黄宗羲、顾炎武等人倡导、正式提出，成为当时实学思潮的重要组成部分。及至嘉庆、道光时期，清朝国势衰落，政治腐败，已成“日之将夕，悲风骤至”的末世。一些开明官僚和有识之士以治国平天下为己任，提倡重振经世致用之学风，探求缓解民困、匡救时艰的良策，遂使久已湮灭的经世之学迅速复兴，发展并形成了晚清经世致用的社会思潮，简称“经世思潮”或“经世运动”。实质上，它是封建统治阶级自我调节、缓和社会矛盾的自救举措，也是有益于社会安定与发展的进步思潮。晚清经世思潮的复兴，以魏源代贺长龄纂辑的《皇朝经世文编》一书为标志，它集清初至道光经世致用文章之大成，清晰地体现了经世派注重研究当代制度及历史沿革的特征，反映出一种注重实用、功效、变革与进取的治世精神。

在鸦片战争爆发之前，经世派重点关注两大问题：一是如何解决贩食鸦片问题，二是消除由此引起的统治危机。当时，随着鸦片走私的猖獗和吸食者激

① 参见陈振江：《发微集》，中华书局 2003 年版，第 3 页。

增以及“银漏”“兵荒”等问题的日益严重，经世派与社会舆论主要集中在严厉禁烟上，几乎所有的经世派官僚、学者都把禁绝鸦片当作刻不容缓的任务。另一方面，他们揭露社会黑暗与政治腐败，要求整饬吏治和更法变革，龚自珍、魏源是这方面的典型代表。尽管清王朝政治腐败，旧制弊端积重难返，社会矛盾重重，仅靠经世派士人以传统的兴利除弊、治乱兴衰的学说来修补维持，难以奏效，更无法抵挡西方资本主义文明和坚船利炮的挑战，于是经世派开始学习西方文化的长处，使经世致用思潮迅速地向学习西方长技的方向发展。

鸦片战争失败后，经世派人士目睹西方工业文明的威力，他们的目光从封闭的中国转向外部世界，并以经世致用的思想为指导，尽力了解世界历史和现状，学习西方科技文化，探求富国强兵和抗敌御侮之术。经世派健将林则徐、魏源等人成为认识西方、学习西方的倡导者和先行者，为传统经世致用之学增添了新的内容。鸦片战争前后，魏源极力提倡经世之学，倡导学习西方文明，传播西学。他受林则徐的嘱托，在《四洲志》的基础上广泛搜集中外资料，扩编而成《海国图志》，以备了解“夷情”，抵御外侮，并明确提出“师夷之长技以制夷”，成为近代中国经世思潮演变的重大转折点。

第二次鸦片战争的失败对清王朝的打击和震撼远比第一次强烈，经世派官僚士人素以关心时务、讲求实际为己任，故纷纷发表言论，著书立说，为谋求“师夷长技”和求富图强献计献策。冯桂芬著《校邠庐抗议》一书，鼓吹“采西学”“制洋器”，并提出“以中国之伦常名教为原本，辅以诸国富强之术”的主张，成为经世思潮进一步演变与发展的显著标志。洋务派接过林则徐、魏源等人倡导的“师夷之长技以制夷”的旗帜，实践和发展“师夷”的主张，将经世思潮推进至一个新的阶段。至 19 世纪七八十年代，一批在野的知识分子不断接受西学的影响，逐渐认识到只有学习西方资本主义国家的政治体制，进行社会改革，才是富强的根本。他们要求建立一套有利于资本主义工商业发展的政治制度（即君主立宪制度），认为必须改变封建专制，建立资产阶级议会制度才是长治久安之策，经

世思潮至此发生了新的变化。

在甲午战争后，西方自然科学和应用技术中的许多重大发现、发明等成果被源源不断地引进或介绍到国内的同时，西方政治制度和人文社会科学理论也被广泛引进和传播，使中国人接受的西学更加完整、系统，国内学术思想和社会舆论风气为之一新，促使维新思潮蓬勃发展。经世思潮与维新思潮合流，并渐被之替代，在很大程度上标志着近代经世思潮的终结。

总之，传统经世思潮在近代西方资本主义文明的冲击下经历了不同阶段的发展，与各种社会思潮并向而进，兴盛一时，最终合流。其中经世致用、强国富民的精神内核被后人完整地继承并发扬光大，激励着无数中国人为之前赴后继，奋斗终生。正是在他们的不断探索和努力实践中，现代中国才逐渐走向并最终实现独立自主和繁荣富强。

七、魏　源

魏源（1794 ～ 1857 年），字默深，湖南邵阳人，近代中国杰出的思想家、改革家、史学家。（见图 7-9）魏源是新旧时代交界点上的学者。鸦片战争前，他针砭清朝黑暗腐朽的政治，主张经世致用，在漕运、盐政、水利、吏治等方面提出了一系列改革主张。1840 年，鸦片战争爆发。英军马德拉斯炮兵上尉安突德（Anstruther）在测绘地图时被定海县民众抓获，并送往宁波。魏源受友人之托，奔赴宁波军营，亲自审讯安突德，详细记录供词，并加以增补，写成《英吉利小记》。次年，他进入裕谦幕府，参与研究对英作战计划，殚精竭虑，出谋划策，希望以自己的学识经世

图 7-9　魏源像

济民。然而，鸦片战争的失败无情地击碎了他的理想，无奈与痛苦之余，他受好友林则徐的嘱托，他详细搜集有关西方历史、地理、科学技术等方面的资料，希望更多地了解西方国家，以期战胜对方。1842 年，在林则徐主编的《四洲志》基础上，魏源撰成 50 卷《海国图志》，后又扩充至 60 卷、100 卷，篇帙浩繁，内容丰富。魏源因此被后人称作近代最早“睁眼看世界”的中国人。

《海国图志》是近代中国最早、最系统地介绍世界各国概况的著作。由于该书出于反对和抵御侵略战争的需要而编，因此重点介绍了西方先进的科学技术，尤其是火枪、火炮、轮船、练兵技术等（见图 7–10）。我国第一艘轮船“黄鹄号”就是采用了《海国图志》中的相关技术资料。魏源较早地从晚清士大夫“天朝上国”的自大美梦中清醒过来，认识到清朝与西方资本主义国家在物质文明方面存在着较大的差距，在《海国图志》中提出“师夷长技以制夷”的主张，即在承认西方列强船坚炮利的基础上，主张通过向西方强国学习，最终回应西方列强的挑战与入侵。这是近代中国人向西方学习的起点，对后来洋务运动、维新变法思潮等都有很大的启发，具有划时代的意义。魏源视野开阔，在“师夷长技”方面的认识卓尔不凡。如他研究过欧美国家的政体，认为民主制度和国家富强存在一定的联系；对西方的法律、外交和世界大势也有深刻的认识；主张发展民族工商业；提倡开设新式学校，培养具有近代科学知识的新式人才；等等。可以说，魏源对外国军事、政治、文化等方面的

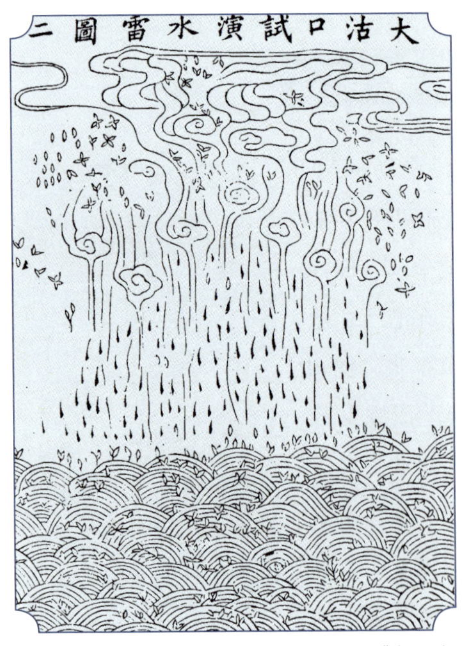

图 7–10　大沽口试演水雷图（《海国图志》插图）

介绍及“师夷制夷”的主张代表了当时中国人对世界认识的最高水平，冲破了那个时代绝大部分士人官僚守旧落后的观念。正因如此，他编纂的《海国图志》起初并不被时人重视，反而遭到官僚士大夫中保守势力的排斥。但在洋务运动和维新变法相继兴起后，国人才渐渐意识到《海国图志》的巨大价值，不断宣传和利用之，从事各种思想文化启蒙与社会政治改革活动。

总之，魏源是近代中国最早“睁眼看世界”的开明士人，是先进的中国人向西方学习、探索救国救民真理的杰出代表。他的思想主张启发并推动了洋务运动和维新变法的发展，对日本、朝鲜等国的近代化进程也产生过很大的影响，具有重要的历史贡献和理论价值。

八、严　复

1894 年，甲午战争爆发，清军战败，北洋水师全军覆没。在战前，据说北洋水师战舰的战斗力在亚洲排名第一，《泰晤士报》曾称其重炮的穿透力无比强大，甚至超过英国海军最强的战舰。为何如此强大的海军力量会一败涂地呢？这给北洋水师学堂总办以强烈的刺激，他深深地意识到武器装备固然重要，但更重要的是使用武器的人。人的素质得不到提高，再好的装备也难以充分发挥其作用。因此，他决定弃武从文，将毕生精力奉献给启发民智、宣传西方先进思想、探求国家富强之路的事业。他就是被胡适称为“介绍近世思想的第一人”——严复（见图 7–11）。

图 7–11　严复像

严复（1854 ～ 1921 年），字几道，福建侯官（今福建福州）人，中国近代著名的资产阶级启蒙思想家、翻译家。和康有为、梁

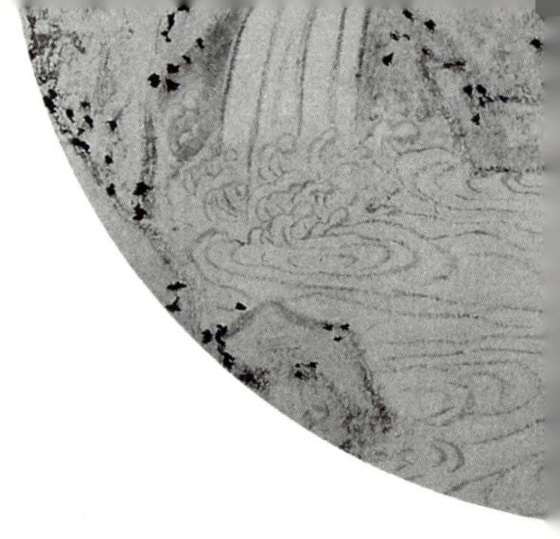

启超等思想家不懂外语、西学知识有限不同，严复曾留学英国，长期关注西方学术，因此对资本主义文明有较深的了解。严复将翻译西方学术名著作为启蒙民众、宣传变法维新思想的工具，所以他的译作往往能切中时弊，具有救亡图存、启迪人心的价值。他引进西方进化论、自由平等、民主宪政等思想，将向西方学习的重点从技术层面引导深化到思想文化层面，有力地推动了中国传统文化的现代化进程。

严复对近代中国最大的贡献是引介进化论思想，改变了国人传统的历史观念，并由此激发了人们救亡图存的爱国热情。1897 年，他翻译了赫胥黎的著作《天演论》。该书认为自然界的生存法则就是“物竞天择，适者生存”，生物之间会展开残酷的生存竞赛，强者战胜弱者，不能适应环境的失败者就只能被淘汰。人类社会也是如此，弱肉强食，优胜劣汰，不奋发图强就只能亡国亡种。在列强掀起瓜分中国狂潮的危急时刻，这种思想主张的译介与宣传无异于当头棒喝，震惊了当时中国整个思想界，并在全社会引起了巨大反响，有力地推动了维新变法思想的传播。

严复在介绍西学时，标举西方民主和民权思想。他认为，中国当时遇到的困境并不是技术危机或政治危机，而是前所未有的思想文化危机，只有与西方文化交流沟通，才能使中国走向富强。而造成这种文化危机的最重要的原因，他归结为中国社会历来缺乏对自由和民权的保护与尊重，没有自由，文化就无法创新，进而失去活力。西方文化之所以强大，是因为西方社会以“自由为体，民主为用”，即自由是终极价值，民主只是保障自由的一种手段。有了自由的保障，才会有文化的强大。严复是近代第一位认识到自由为西方终极价值的思想家，其思想之深刻，超越同时代学者的认识水平。此外，严复还提出“三民说”，鼓民力（主要是禁止鸦片和缠足）、开民智（废八股、提倡西学）、新民德（开设议院，实行民主政治），主张借鉴和引用西方“自由为体，民主为用”等治世理念，学习西方的科学方法（如归纳法）和科学精神，批判宋明理学，斥之为“无用”“无

实”之学，提倡渐进式改良，反对革命运动等。

总之，作为近代第一位系统介绍西方思想文化的中国人，严复既是一代思想启蒙大师，也是中国自由主义的先驱，他的译作与主张奏响了那个时代救亡图存的最强音，具有重大的理论贡献与深远的历史影响。

九、康有为

康有为（1858 ～ 1927 年），号长素，广东南海人，晚清著名政治家、思想家，戊戌变法的领导者，资产阶级改良派的代表人物（见图 7–12）。1891 年，康有为到广州万木草堂讲学，其间初步形成了维新变法理论。甲午战争失败后，清政府被迫与日本签订了《马关条约》，割让台湾、辽东半岛，并赔款 2 亿两白银。消息传来，举国震惊。正在北京参加科举考试的康有为写了一篇 18000 余字的文章，强烈反对丧权辱国的《马关条约》，提出拒和、练兵、迁都以救亡图存等主张，认为只有维新变法，才能使国家真正强大。此文得到 1300 余名举人的联名支持，上奏朝廷，即“公车上书”。这次上书虽未被清政府采纳，但在社会上产生了很大的反响。甲午战争后，康有为以变法图强号召士人，在北京、上海等地宣传维新变法思想，启发民智，一跃成为维新派的领袖。同时还创办《万国公报》《时务报》《强学报》，组织强学会，广泛宣传变法主张，产生了很大的影响。

图 7–12　康有为像

1898 年，康有为领导了历史上有名的戊戌变法。变法失败后，他流亡海外，思想渐趋守旧，曾组织保皇党，并与资产阶级革命派进行论战。虽然康有为晚年反对革命，沦为保守派，渐渐走向革新力量的反面，但他的维新变法、托古

改制等思想在20世纪初引起了巨大反响，具有深远的历史影响。直至今日仍是学人不断研讨、津津乐道的议题。

康有为的思想涉及面较广，内容丰富。在政治哲学层面上，有著名的“公羊三世说”。“三世说”出自儒家经典《公羊传》，指孔子对不同时代的描述，东汉学者何休将其归纳为衰乱、生平、太平三个历史时期。康有为把“三世说”和《礼记·礼运》中的“大同”“小康”结合起来，认为人类社会的发展是一个由低到高的过程，即由野蛮时代、“据乱世”的君主专制，发展到渐渐文明开化、“生平世”的君主立宪制（即“小康”），最终进化到文明兴盛、“太平世”的民主共和制（即“大同”）（见图7–13）。由于当时中国正处于君主专制的衰落阶段，积弊重重，为害颇深，因此改革变法、君主立宪势在必行，康有为的这种思想主张为戊戌变法提供了必要的理论基础。康有为的政治哲学具有浓重的经世致用色彩，除了体现在上述“公羊三世说”之中，这在《新学伪经考》和《孔子改制考》中也有集中的体现。前者认为，注重文字训诂的古文经学是刘向、刘歆父子伪造的，重视微言大义、有着强烈经世致用倾向的今文经学才是孔子真传。后者将原本较为保守的孔子塑造成变法改制的先驱，以此作为与守旧者进行斗争的理论武器。康有为将他的政治主张付诸实践，这在戊戌变法期间颁布的变法诏令中多有体现。

图7–13　清·康有为《山居图》

除了政治哲学之外，康有为

还主张全面学习西方政治、经济、军事、文化、教育、科技等方面的先进理论与经验。主张博爱，提倡人人平等；主张性无善恶，反对性善论、性恶论；主张政府应该满足人民合理的欲望与需求等，反对禁欲说，充分体现了改革陈腐、除旧布新的个人思想与时代精神。

康有为通过对传统政治哲学和经学的创新性阐释，引入西方政治理论与制度，为维新变法提供理论指导，引导了中国近代资产阶级政治改良与思想启蒙运动。从此，变法救亡的思想深入人心，民主、法治等思想得到广泛传播，为后来的资产阶级革命和新文化运动奠定了坚实的思想基础。

十、梁启超

梁启超（1873 ～ 1929 年），字卓如，号任公，又号饮冰室主人，广东新会人，近代著名学者、政治家、思想家（见图 7–14）。1890 年，年仅 17 岁的梁启超师从康有为，接触到维新变法思想。1895 年，与其师发动了著名的“公车上书”活动，请愿改革。之后，梁启超又参与戊戌变法，成为维新运动健将。民国成立后，梁启超组建政党，积极从政，希望引导中国走向光明的未来。1915 年，袁世凯积极筹备恢复帝制，刚刚成立不久的民国面临夭折的危险。是年年底，他的学生蔡锷在云南组织护国军，武装讨袁，发动了著名的“护国运动”。梁启超发表了反对袁世凯称帝的文章《异哉所谓国体问题者》，对恢复帝制的行为进行了猛烈抨击，使得袁世凯的复辟丑行大白于天下，有力地配合了护国运动的进行。但政局的动荡和险恶让他步履维艰。几年之后，他退出政坛，转而从事学术研究和文化教育。他一生从

图 7–14　梁启超像

图 7–15　《饮冰室文集》书影

事政治社会活动，闻名于世。同时在思想上锐意革新，引领学术风气之先，颇有建树，取得了瞩目的成就。梁启超的政治主张、学术见解等被后人整理成集，印行于世，如《饮冰室文集》（见图 7–15）、《饮冰室合集》等，是研究其人其学和传统思想文化的重要资料。

在中国近代思想文化的发展进程中，梁启超启蒙新文化之功颇巨，除旧布新是其思想的重要特征。他热情歌颂资本主义制度，无情批判封建旧制，在当时知识分子中引起了很大的反响。和当时很多具有革新意识的士人一样，梁启超认为，欲改变中国落后挨打的现状，就必须全面学习西方资本主义国家的政治、经济、军事、文化和教育制度。他根据西方资产阶级的民权学说，竭力宣扬民权论，主张保障人民的权利，设立议院，实行君主立宪。梁启超抨击君主专制，认为它是阻碍中国社会发展进步的总根源，因此实行君主立宪是维新变法的重中之重。

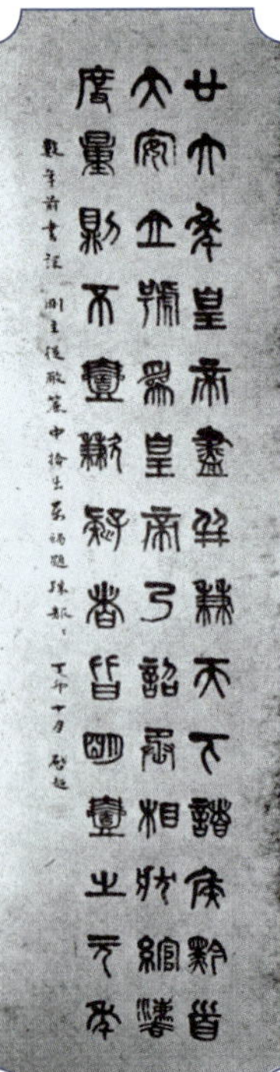

图 7–16　梁启超手迹

梁启超对我国近代史学、文学、哲学等方面的创新与发展都发挥了重要的推动作用。他反对传统史学只关注帝王将相，批评历史循环论，主张用进化论的观点描述民众的历史，成为我国近代新史学的奠基人。他反对诗歌创作脱离实际、一味仿古的不良风气，主张诗歌应该反映新的时代和新的思想，提倡写作能启发民智、教育民众、推动社会改革和进步的新小说，破除鄙视小说的传统偏见，是近代文学革命的首倡者。此外，梁启超在佛学、儒学、墨学等传统文化研究方

面也具有很深的学术造诣，取得了很大的成就。（见图 7–16）

总之，梁启超既是一位杰出的政治理论家，宣传西学，启发民智，领导戊戌变法，提倡维新改良，反对君主专制，拥护民主共和，思想与时俱进；又是一位锐意创新、成就卓越的百科全书式学者，在史学、文学、哲学、宗教等人文学术领域造诣良深，做出了杰出的贡献，在我国近现代学术发展上具有非常重要的地位。

十一、孙中山

孙中山（1866 ～ 1925 年），名文，号逸仙，广东香山人，近代民主革命先行者、政治家、理论家。1879 年（光绪五年），孙中山随母赴檀香山，长兄孙眉资助他先后在檀香山、广州、香港等地比较系统地接受西方式的近代教育。青年时期的孙中山（见图 7–17）目睹了清政府的专制积弊和政治腐败，产生反清革新思想。他经常发表反清言论，与早期改良主义者何启、郑观应等交往。他曾上书直隶总督、北洋大臣李鸿章，提出“人能尽其才，地能尽其利，物能尽其用，货能畅其流”的改革主张，但未被接受。1904 年 11 月，孙中山重返檀香山，成立了兴中会。次年 8 月，他与黄兴等人以兴中会、华兴会等革命团体为基础，在日本东京创建全国性的资产阶级革命党——中国同盟会，并被推举为总理。孙中山提出“驱除鞑虏，恢复中华，创立民国，平均地权”的革命主张，被同盟会采纳，作为革命行动的指导纲领。1911 年 10 月 10 日，辛亥革命爆发。次年 1 月 1 日，亚洲第一个资产阶级共和国——中华民国临时政府成立，孙中山被选举为

图 7–17　青年时期的孙中山像

临时大总统。2月12日，清朝宣统帝溥仪宣布退位，延续2000多年的传统帝制从此退出历史舞台。由于受到帝国主义势力和国内封建军阀的双重施压和阻挠，加之革命党本身又涣散无力，孙中山被迫于1912年2月13日辞去临时大总统职务，让位于袁世凯。同年8月，同盟会改组为国民党，孙中山被推举为理事长，从事实业救国和革命运动。后来，孙中山又接受了中国共产党和苏俄的帮助，提出“联俄、联共、扶助农工”三大政策。1924年1月在广州召开中国国民党第一次全国代表大会，通过党纲、党章，重新解释了三民主义。同时他创办了黄埔军官学校，为建立革命军队打下了坚实的基础。1925年3月12日，孙中山因患肝癌在北京逝世。弥留之际，他仍遗嘱同仁“革命尚未成功，同志仍须努力”，为中国的革命事业“鞠躬尽瘁，死而后已”。

孙中山的思想体大思精，内涵丰富。在哲学方面，他提出“知难行易”说，颇具特色。我国古代有“知之非艰，行之惟艰”的哲学命题，意指一些道理很容易理解，但是很难去付诸实践。孙中山却提出了相反的观点：知难行易。他认为人类文明经历了三个时期：第一个时期是从蒙昧时代进入文明社会，特点是浑浑噩噩，行没有得到知的指导；第二个时期是文明进一步发展的时期，特点是通过行而获得知；第三个时期是近代科学产生以后，知对行可以产生科学的指导作用。这三个阶段构成了知与行辩证发展的过程。孙中山指出：先有事实的发生，然后才有人的认识，知从行来，要想获得新知，就必须有行动。因此，知悉道理应该去做，不知道理更要去做，不能以不知为借口，拒绝付诸行动。事实上，革命者要从事开启民智、救亡图存的革命活动，更要不畏艰难，勇于探索和实践。孙中山强调行的重要性也是从这个意义上而言的。当然，他并不否认知对行的指导意义，提出了“以行求知，因知以进行”的命题，认为知和行可以互相促进，二者均不可偏废。孙中山的“知难行易”说具有理论和实践方面的双重意义。就哲学方面而言，“知难行易”说突破了“知易行难”的旧说，着重于个人思想修养的局限，全面阐发了认识与实践的关系，成为近代解放国

人思想的理论武器。从对革命的影响来看，在辛亥革命胜利果实被军阀篡夺、革命党人丧失信心的背景下，“知难行易”说反驳了那些认为革命事业理想过高而不切实际的荒谬言论，激发仁人志士继续从事革命的勇气。

在政治理论方面，孙中山提倡的三民主义是其思想的精华所在。在《民报》发刊词中，孙中山提出“民族、民权、民生”三大主义，即旧三民主义。民族主义是指“驱除鞑虏，恢复中华”，反对专制的清朝政府，求得国内各民族的平等。民权主义是指“建立民国”，人民依法享有选举权、罢免权、创制权、复决权以管理政府，政府则有立法权、司法权、行政权、考试权、监察权以治理国家。民生主义是指“平均地权”，使耕者有其田。第一次国共合作时，孙中山又将旧三民主义改为新三民主义。在民族主义中，增加了反对帝国主义侵略的内容；在民权主义中，强调国家政权为“一般平民所共有”，即强调它的人民性、群众性；在民生主义中，增加了节制资本，防止资本家控制国家经济命脉。新三民主义有了明确的反帝反封建内容，并且同“联俄、联共、扶助农工”三大政策相结合，与共产党的民主革命纲领基本一致，为国共合作奠定了坚实的理论基础，使中国革命进入了崭新的阶段。

总之，纵观孙中山出生一生，从改良变法到资产阶级革命，从旧三民主义到新三民主义，他始终致力于除旧布新，振兴国运。他不断探索、勇于超越，在“知行合一”“三民主义”等哲学与政治思想方面卓有建树，并将思想主张付诸实践。他为探求救国救民、强国富民之路和建设民主共和国的伟大事业奋斗终生，做出了杰出的贡献，赢得了世人的尊敬，被后人尊称为“国父”。

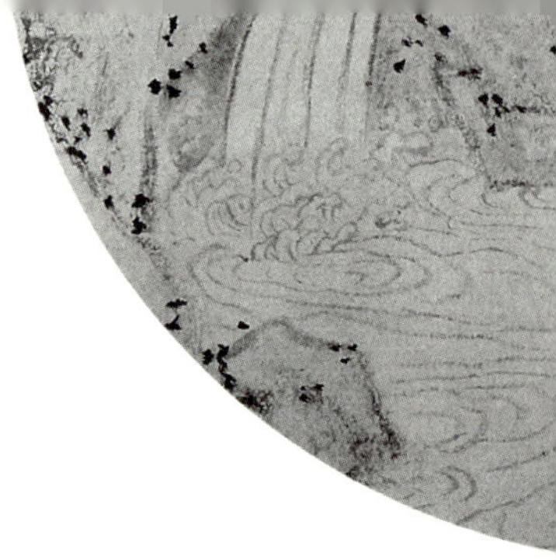

主要参考书目

1. 张岂之主编 :《中国思想史》，西北大学出版社 1993 年版。

2. 庞朴主编 :《中国儒学》（4 册），东方出版中心 1997 年版。

3. 侯外庐主编 :《中国思想通史》（6 册），人民出版社 2004 年版。

4. 葛兆光 :《中国思想史》（3 册），复旦大学出版社 2005 年版。

5. 童书业著，童教英增订 :《先秦七子思想研究》（增订本），中华书局 2006 年版。

6. 韩星编著 :《中国古代思想简史》，陕西师范大学出版社 2006 年版。

7. 李泽厚 :《中国古代思想史论》，三联书店 2008 年版。

8. 冯友兰 :《中国哲学简史》，三联书店 2009 年版。

9. 黄克剑 :《由“命”而“道”: 先秦诸子十讲》（修订版），中国人民大学出版社 2010 年版。

10. 钱穆 :《中国思想史》，九州出版社 2012 年版。

11. 何善蒙 :《先秦诸子导读》，商务印书馆 2015 年版。

12. 郭齐勇、吴根友 :《诸子学通论》，商务印书馆 2015 年版。

13. 钱新祖 :《中国思想史讲义》，东方出版中心 2016 年版。

14. 皮锡瑞著，周予同注释 :《经学历史》，中华书局 2011 年版。

15. 孙筱 :《两汉经学与社会》，中国社会科学出版社 2002 年版。

16. 姜广辉主编 :《中国经学思想史》，中国社会科学出版社 2010 年版。

17. 汤用彤 :《魏晋玄学论稿》，上海古籍出版社 2001 年版。

18. 余敦康 :《魏晋玄学史》，北京大学出版社 2004 年版。

19. 汤一介主编 :《佛教与中国文化》，宗教文化出版社 2000 年版。

20. 汤用彤 :《隋唐佛教史稿》，江苏教育出版社 2007 年版。

21. 赖永海主编 :《中国佛教通史》，江苏人民出版社 2010 年版。

22. 方立天 :《中国佛教哲学要义》，中国人民大学出版社 2012 年版。

23. 蒋维乔 :《中国佛教史》，东方出版社 2013 年版。

24. 洪修平主编 :《儒佛道思想家与中国思想文化》，江苏人民出版社 2015 年版。

25. 陈鼓应、辛冠洁、葛荣晋主编:《明清实学思潮史》，齐鲁书社 1989 年版。

26. 葛荣晋主编:《中国实学思想史》(3 册)，首都师范大学出版社 1994 年版。

27. 陈来 :《宋明理学》，三联书店 2009 年版。

28. 钱穆 :《宋明理学概述》，九州出版社 2012 年版。

29. 嵇文甫 :《晚清思想史论》，东方出版社 1996 年版。

30. 郭汉民 :《晚清社会思潮研究》，中国社会科学出版社 2003 年版。

31. 龚鹏程 :《近代思潮与人物》，中华书局 2007 年版。

32. 高瑞泉主编 :《中国近代社会思潮》，上海人民出版社 2007 年版。

33. 谭丕模 :《宋元明清思想史纲》，上海书店出版社 2010 年版。

34. 戚其章 :《晚清社会思潮演进史》，中华书局 2012 年版。

35. 丁伟志、陈崧 :《中国近代文化思潮》，社会科学文献出版社 2011 年版。

后 记

本书系《中国文化四季》丛书之一，受丛书主编、业师马新先生所嘱，我于2015年初冬开始拟撰提纲、组织编写各章，并于次年盛夏完成初稿，复经调整修改，最终于2017年仲春定稿。

该书写作提纲由本人起草，经丛书主编两度审阅、确定。全书各章节初稿的撰写分工如下：第一章，巩宝平、张巧巧；第二章，刘厚琴；第三章，巩宝平；第四章，苗春宝、巩宝平；第五章，董卫国、巩宝平、项泽仁；第六章，陈以凤；第七章，赵敬蕊、娄华、衣抚生。全书概述、各章概述和书后参考文献及后记，均由巩宝平执笔。出于全书体例一致、质量保障、语言简洁和篇幅限制等方面的考虑，在后期完善书稿的过程中，我对初稿作了较多的改动和调整，有的章节几乎全部重写，对具体语段与字句亦多反复斟酌、屡加润色，颇费功夫。同时，马新先生对初稿和二稿乃至三稿作了高屋建瓴的审订与相当到位的雅正，倾注了很大的心力，使书稿在整体上更为合理可观。另外，吕厚轩、闫春新、潘波涛等师友受邀审阅了部分初稿，指正了其中一些错讹。再者，在稿子的最后修订和图片编辑中，几位青年朋友赵敬蕊、秦星星、褚燕、魏灵芝、刘小娜、张亚朋、孙尧尧、马兴才等也做了大量清誊与校对工作。对于以上师友、同仁付出的辛劳，这里均致以衷心的感谢。本书参考和引用了很多前贤时达的著述、图片等，未能一一注明，在此亦致谢忱。

古印度迦梨陀娑有诗《罗怙世系》言："生性不敏却奢求诗人之荣，我将会遭到一片讥笑嘲讽，犹如高身大汉采到了果子，侏儒贪心也举手臂向天空。"余不敏，贪心地"举手臂向天空"，愿以此凑泊之作为起点，为培育和采摘中国思想史中更甜美的"果子"不断努力，砥砺前行。"士不可以不弘毅，任重而道远。"难道不是这样吗？

巩宝平

2017 年 3 月 20 日

图书在版编目（CIP）数据

天人之际：中国传统思想 / 巩宝平著 .
—济南：山东大学出版社，2017.10
（中国文化四季 / 马新主编）
ISBN 978-7-5607-5734-6

Ⅰ . ①天… Ⅱ . ①巩… Ⅲ . ①思想史—研究
—中国 Ⅳ . ① B2

中国版本图书馆CIP数据核字(2017)第197118号

特约编辑：马德青
责任编辑：陈海军
装帧设计：牛　钧

出版发行：山东大学出版社
社址：山东省济南市山大南路 20 号
邮编：250100
电话：市场部（0531）88364466
经销：山东省新华书店
印刷：山东华鑫天成印刷有限公司
规格：787 毫米 ×1092 毫米 1/16
15.75 印张 221 千字
版次：2017 年 10 月第 1 版
印次：2017 年 10 月第 1 次印刷
定价：39.00 元